M. Carmen Díez Navarro

El piso de abajo de la escuela

Los afectos y las emociones en el día a día de la escuela infantil

Biblioteca de Infantil 3 GRAÓ

Colección Biblioteca de Infantil
Serie Didáctica / Diseño y desarrollo curricular

C/ Francesc Tàrrega, 32-34. 08027 Barcelona
www.grao.com

1.ª edición: septiembre 2002
2.ª edición: abril 2004
ISBN: 84-7827-284-4
D.L.: B-20.130-2004

Diseño de cubierta: Maria Tortajada
Diseño de interior: Xavier Aguiló
Imagen de portada: Yara Orozco García, Escuela Infantil Aire Libre (Alicante)
Fotografias: Reme Picó. Página 15: Jesús Espin
Impresión: Imprimeix
Impreso en España

Dedico este libro a mi hijo Frederic por su radiante sonrisa

REYES
LOGROÑO
ABRIL 2005

Índice

Agradecimientos

Quiero agradecer el cariño, la colaboración y la disponibilidad a mis compañeros de escuela y a los amigos que aparecen en este libro. De manera especial a los que me han prestado algunas de sus palabras para hacer compañía a las mías en este nuevo libro.

Janet Stobbs y Edo Revuelta
José Enrique Pastor
José Luis Guillén
Mar Marco
Mercedes Gálvez
Nani Carrasco
Teresa Jaureguizuría
Vicent Giner
Victoria Pastor
Fuensanta Rovira
Joana Pavía
José Antonio Latorre y
Pilar Playans

Padres de Arturo y Pablo
Peluquero, Alicante
Padre de José Luis
Madre de Andrea
Madre de Indra y Amiel
Madre de Jorge
Madre de Raúl
Padre de Sara
Madre de Victoria, Ana y Maite
Madre de María y David
Tutora de prácticas
Padres de Javi y Elena

Prólogo

Leyendo las páginas de este libro de M. Carmen Díez he ido hilvanando la idea de que la educación nos exige avances en cuatro dimensiones: la *pasión*, la *inteligencia*, la *comunicación* y la *creatividad*.

Precisamos apasionarnos. No basta con el cariño, se nos exige vehemencia. Pasión por la utopía, por la compleja ilusión que significa construir la humanidad en cada individuo. Entusiasmo que es de donde mana la energía para hacer posible lo que de otra manera se antojarían horizontes imposibles.

Pasión por la utopía y apasionados por las personas que nos son confiadas. Alentados por este entusiasmo vemos cómo surge de los niños y de las niñas esa creciente inquietud para acercarse al límite de la zona iluminada y rebuscar en los espacios ignorados. Ese entusiasmo les hace sentir el coraje para inventarse a sí mismos como nuevos adultos. La valentía de la maestra y del maestro se contagia tanto como contaminaría su mediocridad.

Pero el entusiasmo y el esfuerzo no son garantía de acierto y mucho menos de éxito. Las maestras y los maestros precisamos saber tejer dudas y esperas.

Si la niña y el niño tienen cerca quien les sostenga sus posibilidades, les escuche sus sensibilidades, les secunde iniciativas, les ampare en sus intentos, etc. poco a poco la niña y el niño se van encaramando desde las ideas a los proyectos y así acaban gozando de enhebrar pensamientos. Esta tarea la hace quien cuenta con las delicadas herramientas de la profesión: conocimientos, astucia e inteligencia para manejarlos.

La pasión y la inteligencia constituyen dos puntales. Pero nada se sostiene estable con sólo dos apoyos. El hecho educativo acaece en el marco de la comunicación. Comunicación que se inicia en el diálogo del maestro consigo mismo: poniendo al descubierto de sí mismo sus angustias y sueños, ensartando sus ideas en un diálogo que para ser creíble debe ser vital. Y en ese soliloquio tienen cabida incertidumbres y soledades tanto como las brillantes intuiciones. De todas las conversaciones, la reflexión es la más costosa y la cuna de toda honestidad.

El hecho educativo nace y se mantiene como ejercicio de intercambio de emociones entre todos los presentes e incluso los ausentes. La comunicación también tiene que ver con evocar lo que no está. Cuando la maestra y el maestro logran crear la sensación de que lo recién pensado es del todo inédito entonces estallan ideas que luchan a empujones para emerger en la conversación y en la misma medida se convierten en buscadoras de nuevas ideas, nuevos pensamientos y, en definitiva, nuevos proyectos en los que confluirán los esfuerzos y capacidades de todas y de todos.

Así, cogidos de la mano, ya no aparecen ansiedades sino intereses. Cogidos de la mano todos nos transmitimos sentimientos hasta organizarlos en vivencias e inventarnos futuros.

Es así como la educación deja de estar enclaustrada sólo en el planteamiento de objetivos, de retos, de metas para tener que ver también con poner sobre la mesa miedos, temores, dudas...

Es así como la educación, la escuela, deviene plenamente humana.

Al iniciar esta presentación decía, a tenor de la propuesta de M. Carmen, que el hecho educativo para serlo plenamente debe ser creativo. El sentimiento de que el itinerario que cada uno recorre es peculiar sostiene la conciencia de individuo. La creatividad de la maestra y del maestro da conciencia de exclusividad en las alumnas y los alumnos y así cada cual saborea ser quien es.

Pero que nadie se llame a engaño: la creatividad que emerge en estas páginas no tiene nada que ver con «hacerlo bonito», sino con emprender cuanto se precisa sin someterse a las propias cortapisas, dejando que los sueños puedan palparse pero sin confundir sueños y hechos. La creatividad que emerge es seductora porque es transgresora de normas pero honesta y profundamente sincera. Las propuestas de M. Carmen contienen la dosis necesaria de temeridad para sentirse llamados a la aventura.

No agoto con lo reseñado los elementos escondidos en el libro que sin ser intimista está escrito desde dentro, desde debajo la piel y nos muestra cómo se van tejiendo ideas, sentimientos, proyectos, esfuerzos, sacrificios... hasta atraparnos en el mismo ambiente en el que los «peques» se encaraman para crecer.

Vicenç Arnaiz
Alumno de M. Carmen Díez

A modo de introducción: El oficio del maestro es aprender

En la escuela como en la vida, hay días nublados, en los que se tuerce el corazón a golpe de desastres, de inseguridades, o de errores solemnes...

Y días claritos, en los que se te espabila el alma sin poder evitarlo.

Voy a intentar aquí contar algunas historias chicas que me han pasado en las aulas recorridas a lo largo de estos años, para disfrutar otra vez con su recuerdo y para invitar a mis compañeros, los maestros de a pie, a *reconocer* como bueno este oficio nuestro tan vivo y tan cambiante, en el que uno puede gustar de escudriñar saberes, de acompañar cariños y de reestrenar palabras... con los alumnos.

Mirando hacia atrás, lo primero que tendría que decir es que yo empecé a prepararme para ser maestra muy tempranito (y el tiempo, en estas cuestiones de los oficios, es muy importante...). Según me cuentan, recorría el pasillo de la escuela de mi madre, probando a dar lecciones a los muñecos, hasta que, metida en el engranaje de esa especie de escuela escalonada que organizaba ella (para tenernos ocupados a todos, creo), fui aprendiendo a manejarme con los demás niños en el juego continuo que suponía ser maestro y alumno simultáneamente. Allí aprendí a buscar mis propios recursos para explicar las cosas, a leer en voz alta y clara para que me entendieran y, atendieran, los más pequeños cuando les leía un cuento, a hacer «buena letra», a gesticular teatralmente, a soportar ser la última para casi todo (tenía que dar ejemplo) y a aprovechar cualquier ocasión para soñar. Bueno..., también aprendí a reñir. Como se puede ver, todas ellas herramientas muy útiles para el trabajo que nos ocupa.

La primera vez que hice de maestra de verdad

Fue cuando tenía diecinueve años. Entré a trabajar en una unitaria con cuarenta y ocho niños y niñas entre los seis y los catorce años. Eran tantas las ganas que tenía de hacer las cosas a mi manera, que llené las pizarras de planes y de inventos, para que todos pudieran aprender mucho, enseñar un poco y pasarlo bien en compañía de los demás. Y ahí fue cuando me di mi primer tropezón con la realidad que, sin embargo me enseñó algo importante ya que, huyendo de las exigencias absurdas de la dirección de la escuela, aprendí a resistir, y a no enterrar mis deseos a pesar de las dificultades. En estas historias de aula no puedo dejar de incluir lo sucedido uno de aquellos días, que, por cierto, acabó de manera bastante sorprendente.

Eran las cuatro y media, la directora acababa de irse con los portazos, trompi-

Artículo publicado en *Cuadernos de Pedagogía*, n. 266, pp. 58-61, febrero 1998.

cones y advertencias agrias de siempre: que si han leído los pequeños, que si han hecho dictado los mayores, que cuantas veces he dicho que no se sienten en grupitos, que cómo es que hay juguetes en la clase, que qué es eso de que los mayores les cuenten cuentos a los pequeños...

Normalmente, cuando esto pasaba, se hacía un grueso silencio, yo me ponía muy colorada y se me apretaba un nudo en la garganta, que no me dejaba ni argumentar. Sin embargo, aquel día no era como los otros. Teníamos un plan. Un inaudito plan que nos comprometía en un secreto alegre a las tres alumnas mayores de la clase y a mí.

Lucía, Marta y Toñi querían saber «de donde vienen los niños y todo eso», y como en el colegio existía una prohibición expresa de hablar de sexualidad, les propuse venir a merendar a casa, y explicárselo con calma. Sus padres estuvieron de acuerdo, por eso estábamos tan contentas.

Lo que ninguna de nosotras esperaba era que el plan acabara de esa manera. Después de la merienda y de la explicación, me puse de parto prematuramente, con lo cual las niñas tuvieron un *acercamiento al tema* de lo más real y significativo. ¡Qué cosas!

La que se llevó un buen berrinche fue la directora: «¡Qué bochorno! ¡Qué vergüenza!», iba diciendo. Los demás en cambio, nos alegramos mucho.

Han seguido otras escuelas

Y en cada una de ellas he podido aprender, entusiasmarme, divertirme, equivocarme, dudar... En casi todas he podido encontrar algún compañero con quien compartir la tarea, algún padre o madre con quienes pensar sobre la educación, algún niño o niña con quien asombrarme, a quien admirar, a quien rodear de esperanza.

Y esas cosas te acompañan por dentro, te hacen más fácil la profesión, te llenan de deseos de seguir adelante.

Recuerdo

Recuerdo vivamente a Isidro, un niño de nueve años, paralítico cerebral, cuando se cayó de la silla de ruedas, al dar un brusco aspaviento, porque había oído que alguien me decía que no nos lo llevaríamos de excursión, ya que «se atragantaba demasiado al comer y eso era un problema». No puedo olvidar cómo me miró, y cómo se hizo entender sin palabras, imprimiendo a su mirada toda la rabia, la impotencia, la demanda, la pena.

También recuerdo a Juani, una alumna de sesenta años, que lloró de alegría al conseguir leer el nombre de su calle, expresando con esa frase simbólica su entrada en la cultura: «¡Ya no soy ciega!». Y a Rafa, el nieto de «la ermitaña» que se asombró al aprobar por primera vez un examen de lengua: «Ah!, pero si yo pensaba que era tonto...».

Recuerdo las reuniones de padres que organizaba mensualmente Alberto Barrios, amigo y maestro compañero, y que se convirtieron en un auténtico foro de reflexión conjunta con las familias. En una de ellas escuché decir a un padre este comentario difícil de olvidar: «¡Qué envidia me da mi hijo! Él puede estar aquí todos

los días y hablar y aprender con los otros. Yo no tuve esa suerte; ésta es la primera escuela que piso en toda mi vida».

Veo

Veo a los más pequeños jugar, preguntar, mirar, aprender. Los veo imitarse, hasta que se atreven a ser como son, hasta que se deciden a mostrar que son distintos, hasta que se convencen de que son valiosos en su particularidad única. Los veo descubrir la vida poquito a poco, investigando cada gesto, cada interrogante, cada deseo. Los veo entrenarse en reconocer lo que sienten e ir aceptando lo que sienten los demás. Los veo, en fin, empezar a recorrer su propio camino. Y me gusta el espectáculo.

Me veo a mí misma preparando materiales, programando, discutiendo, observando al alimón con mis compañeros del momento... Me veo haciendo informes, calibrando cómo encarar una entrevista para lograr entenderme con los padres, preocupándome de por qué Alba aún juega sola, por qué Roberto apenas habla, por qué Juan se pasa el día pegando y molestando a los demás... Me veo pringada de pintura, de pastel y de risas. Me veo leyéndoles poesías, bailando con ellos, haciendo teatro... Alentando sus valiosas discusiones, como aquella de si era bueno o malo ser presumidos, o la de si se tiene que jugar con quien tú no quieres o te puedes *separar*...

Me veo también, en los tiempos nublos, con mis resistentes dificultades para aceptar no ser tan querida, tan imprescindible, tan *escuchadora* como quisiera... Me veo cabezota, llena de prisas, poniendo excusas para no tener que asumir mi propia ignorancia... Me veo rehuyendo el papel (necesario) de *controladora*, de señaladora de límites, de *frustradora* de deseos, de detectora de problemas...

Me veo calmando a Adriana que no quería morirse porque «eso está muy oscuro», moderando la indignada asamblea que se quejaba de los desmanes de Pablo, escuchándole la rabia a Marta, celosa ante el nacimiento de su segundo hermano, riéndome al leer la carta que se escribió Manuel a sí mismo, y que decía escuetamente «Aupa Manuel». Emocionándome al oír como se despedían Javi e Ignacio una de las últimas tardes de este curso pasado.

Me veo, en fin, *afectada de tantos afectos* que discurren a mi alcance que no puedo por menos que reafirmarme en mi deseo de seguir en esta profesión llena de *encuentros*, de *asombros* y de *curiosidades* jugadas en comandita.

Un encuentro

El año pasado conocí a Tonucci. Con el encuentro, además de otras virtudes, obtuve la de rescatar de la inconsciencia un recuerdo que se me había perdido. Ocurrió al escucharle hablar del espacio que los niños necesitan y que casi nunca coincide con los grandes parques que suelen hacerse, llenos de jardincitos domesticados y de columpios repetidos hasta la saciedad. Él hablaba de esos pequeños lugares, medio inverosímiles, donde se meten los niños a jugar, a disfrutar de estar solos, a esconderse para asustar a los padres, a probar si les cabe la mano, la cabeza, o si caben enteros...

Y así, escuchándolo, me atravesó sorpresivamente el recuerdo del portal de mi abuela. Fresco, oscurito, discreto, desde donde se podía ver y oír casi todo lo que pasaba en la casa, y hasta en un tramo de calle.

A partir de ese día (y desde aquí se lo agradezco), me siento más cerca de los niños cuando se ponen de *maniobras* para organizar una cabaña, para subirse a un árbol o para desaparecer en cualquier huequecito que se les ofrezca.

Un encuentro de *afuera*, que me puso en contacto con mi *adentro* productivamente, placenteramente... Algo así me pasó con los tesoros, con los cromos, con las telas, y con tantas otras cosas...

Un asombro

Hace algún tiempo me llegaron unas fotocopias muy interesantes de parte de mi amiga Mercè, que es bibliotecaria. Se trataba de una entrevista a Eduardo Galeano[1] que me hizo pensar inmediatamente en Javi, un niño de mi clase, de cinco años, al que los padres llaman Séneca por sus acertados razonamientos y que, cuando alguien le gusta, sentencia solemnemente que esa persona «dice verdad».

En lengua guaraní, según contaba Galeano en los papeles, parece ser que «palabra» y «alma» se dicen de la misma manera.

¿Sería Javi de por aquellas tierras?, me preguntaba asombrada, y antes de que se me pasara ese calorcito que dan las cosas buenas y emocionantes, les

1. Eduardo Galeano (1993): *Las palabras andantes*. Madrid. Siglo XXI.

envié a sus padres una nota con el recorte del texto: «¿Sabés que en lengua guaraní hay una expresión que en cierto modo resume lo que yo creo que es una ley del lenguaje y también de la vida? La palabra es Ñe'é. En guaraní, Ñe'é significa palabra, y también alma. Y para la cultura guaraní, quien miente la palabra, o quien la dilapida, está traicionando el alma. A mi me gustaría ser digno de definición tan perfecta».

Y una curiosidad

Dando un curso en el centro de profesores de mi ciudad, se dio una de esas conversaciones curiosas e interesantes, en la que nota uno que se están compartiendo realmente las ideas y los sentimientos.

Un compañero decía que para él lo más importante en la vida era la «voluntad», tener voluntad era la clave para avanzar las personas, tanto los niños como los mayores. Al preguntarle qué era para él la voluntad, dio una explicación, tipo «virtud teologal», más en cuanto al tesón y al esfuerzo que en cuanto al deseo propiamente dicho.

Yo recordé la etimología tan bonita de la palabra, de *volo*, querer, y ahí entramos en una serie de comentarios de todo el grupo sobre la importancia de tener ganas de hacer algo, de desear aprender, de ese querer que nace de la más pura curiosidad que llevamos todos dentro, y no de la simple puesta en marcha de un hábito, esfuerzo o demanda externa por hacer las cosas. De cómo el niño desea saber, y eso es lo que le mueve, y a lo que hay que dar paso. E incluso es lo que nos conmueve a nosotros, maestros, –acompañantes–, y nos hace volver a aprender con ellos, a su lado en la andadura de reinventar, curioseando, la realidad.

Cuando acabamos de hablar, estábamos muy contentos. Salimos a la calle sonrientes, entre bromas y charla incesante.

Qué fuerza tiene el deseo, pensé, y qué alegría convoca...

A lo largo del tiempo

Desde que empecé en este oficio ha ido cambiando mi modo de entender la educación. He ido bajando muchos escalones, tarimas, pedestales. He ido pasando por muchos miedos, dudas, inseguridades, errores. Cómo no, por infinitas pruebas, métodos, cursillos y debates. Y por el trabajo en solitario. Y en grupo. Y por lecturas y lecturas. Y por personas y personas.

Todo ello me ha llevado a acumular muchos recursos didácticos, mucha costumbre de estar en clase, muchos ejemplos y otras cosas más. Pero yo creo que ha sido el poner la oreja atenta y escuchar lo que dicen los niños lo que me ha dado la clave para saber cómo irme manejando en este momento. Así que, guiada por sus pequeñas voces, ahora entiendo la escuela como un sitio adonde vamos a aprender; donde compartimos el tiempo, el espacio y el afecto con los demás; donde siempre habrá alguien para sorprenderte, para emocionarte, para decirte al oído algún secreto magnífico.

Y lo demás... sólo es pedagogía. Ir probando y probando maneras de estar en la clase. Tantear qué va mejor o peor a la hora de plantear las tareas concretas. Cuestiones de forma, de método, de planificación, de *librico*.

Sin embargo, a mi modo de ver, lo importante es otra cosa. Si podemos mostrarnos como somos y contagiar a los niños algunas de nuestras apasionadas relaciones con los libros, las montañas, el saxofón, o el punto de cruz..., qué más dará si elegimos las letras grandes, o las chicas, los talleres integrales, o los rotativos, los papeles redondos, o de lunares...

Sin ir más lejos, a mi me gusta cantar, bailar, y recoger tesoros. Me gusta leer, escribir y preguntarme el porqué de las cosas. Me gusta la poesía, las cajas, estar con los amigos, el mar... Y reírme, y aprender, y jugar con los niños...

Y aunque no puedo demostrar que esto tenga que ver con el buen hacer de la profesión, estoy tan segura de ello que, siempre que puedo, propongo una escuela donde la gente hable, se relacione, comparta lo suyo, lo pase lo mejor posible y aprenda, en compañía de los demás.

I. Se aprende afectivamente

La curiosidad

La curiosidad tiene algo *de insolencia*
de deseo apremiante
de agujero dudoso

La curiosidad se atreve *a pasear el vacío*
a reconocer la falta
a pisar lo infranqueable

La curiosidad viene vestida *de impaciencia*
de chispas en los ojos
de colores de cara

La curiosidad tiene bastante *de lo hermoso*
de lo nuevo y reciente
de la ternura chica

La curiosidad tiene mucho *de añoranza*
de ganas de retorno
y a la vez de alocada carrera hacia un futuro caliente

1

Llamando al piso de abajo

Siempre he sido bastante aficionada a los matices, a los adjetivos, a las metáforas y a las exageraciones. Envidio a quien escribe corto y claro. Yo suelo necesitar decir las cosas de tres o cuatro maneras, con ejemplos, con paréntesis, con puntos suspensivos... Como si quisiera con todos esos aditamentos trasladar con el mayor realismo posible mis vivencias a las demás personas, a pesar de que sé que es prácticamente imposible que otros perciban con exactitud cómo viví tal o cual situación, cómo me emocioné al ver tal o cual encuentro entre los niños, cómo sentí tal o cual cambio en alguno de mis alumnos.

Y debió ser en uno de esos intentos míos de explicarme con clarividencia, colorismo y exhaustividad cuando inventé esto del *piso de abajo*, queriendo evocar con esta expresión, llena de simbolismo (para mí), un hipotético «lugar», cueva y cobijo de nuestros afectos todos, que vendría a estar situado algo menos a la vista que la imagen que solemos mostrar cara afuera y que estaría «abajo y adentro» de cada uno de nosotros.

Allí quedarían contenidos nuestros deseos, nuestros miedos, nuestras creencias, nuestras dudas y nuestros más primitivos impulsos, conformándonos de manera genuina y diferenciada según las particulares circunstancias de vida, herencia, crianza y experiencia vividas por cada cual. Allí se gestaría, contendría y mantendría nuestro universo emocional todo. Desde los cariños a las rabias, desde las envidias a las ternuras, desde las incertidumbres a las esperanzas, porque cualquier persona juega su mundo emocional entero en cada acto, en cada palabra, en cada amor y en cada desamor. Me pareció y me parece una manera de expresarlo clara, útil y casi, casi, visual, capaz de recoger de un solo golpe el *piso de abajo* de los niños y también el nuestro.

Cualquiera de nosotros, cualquiera que esté cerca de un niño, sabe el interés enorme que él tiene por su cuerpo. ¿Cómo he llegado aquí? ¿Cómo es esto de la vida? ¿Cómo haré para no perder el placer que tanto necesito? ¿Será verdad que tendré que morir?

Y el interés tan grande que tiene también por los otros, a los que percibe «iguales» y a la vez distintos, que le dan alegría, miedo, curiosidad, confianza, inseguridad, malestar o cariño... ¿Serán amigos o enemigos? ¿Les gustaré? ¿Me aceptarán? ¿Me querrán?...

No tenemos más que tomar un día cualquiera y ver cómo va sucediendo todo tan mezcladito, ¡un verdadero mercadillo de emociones al lado nuestro! Sólo se trataría de aceptar que están ahí y atrevernos a ir probando a hacerlas aflorar, y volverlas así «legales», conscientes, explícitas, para vivir con ellas, con toda la tranquilidad y el sentido común de que cada cual disponga.

Algo parecido pasa en el caso de los adultos. Hay un batiburrillo emocional que nos afecta siempre. Podemos mostrarlo más o menos, podemos taponarlo, podemos expresarlo mejor o peor, pero desde luego, a estas alturas, lo que no podemos hacer es ignorar su existencia. Preocupaciones, dudas, saberes, miedos, emociones, proyectos, deseos... todo nos bulle pugnando por recolocarse lo más equilibradamente posible, satisfaciendo así nuestras necesidades, nuestros agujeros, nuestras expectativas...

Hay, además, en nuestro caso, como maestros, un *piso de abajo* propio del oficio, que compartimos con los compañeros de profesión. Un *piso de abajo* en el que se cuecen, tanto los aconteceres afectivos de cualquier adulto, como los que devienen de nuestra propia tarea como educadores. Miedo a no saber, a fracasar, a equivocarnos, a ser demasiado autoritarios, o permisivos, a la racionalización, a la espontaneidad, a los conflictos con los compañeros, con el director, con los padres, con los niños...

También nos rondan los deseos de aprender, de cambiar, de tener una mayor formación, de tener más tiempo, de trabajar en equipo, de saber escuchar a los niños, de conectar bien con las familias, de disfrutar en el trabajo... Y cómo no, frecuentemente nos conmueven y nos preocupan las dudas, el cansancio, las inseguridades, la sensación de impotencia, la rutinización, las exigencias propias y ajenas, las prisas, la omnipotencia, la soledad...

En cuanto al *piso de abajo* de la escuela, habría que abrir pozos de prospección algo mayores. Aquí el sujeto se amplía, se multiplica, se vuelve plural, se vuelve «institución». Intervienen intereses ideológicos, políticos, económicos... con suerte, también educativos. Pero aunque las cosas se complican, no deja de ser válida la metáfora, porque ¿qué clase de *piso de abajo* tiene una institución que ha de perseguir por definición la salud, el aprendizaje y el desarrollo armónico de los ciudadanos niños, y emplea un presupuesto para ello mucho más simbólico que realista? ¿Qué preocupaciones, deseos y movimientos internos tiene una institución que se manifiesta tan inmóvil, tan resistente al cambio, tan rígida? ¿Qué tipo de persona quiere educar? ¿Qué caminos emplea para conseguirlo? ¿Qué desea, qué sueña, qué pretensiones tiene, qué proyectos, qué esperanzas?

Con motivo de diversos encuentros en cursos, o seminarios, otros compañeros de profesión me han reflejado los significados que tenía para ellos este título del *piso de abajo*. A algunos les sonaba a «subsuelo», a «sotanillo», a «trastienda», a «trastero desordenado y oscuro a falta de un buen barrido». A otros a una especie de caja de Pandora de donde podían salir cosas desconocidas, poco manejables, atractivas o amenazadoras.

Ha habido quien lo ha comparado con esos cuartos laberínticos donde se escondían tesoros, o libros, o secretos... También lo relacionaron con la intimidad, con un lugar... personal. No han faltado quienes lo veían en plan descriptivo, el piso de abajo era donde solían estar los más pequeños en todas las escuelas. Incluso hubo quien lo interpretó de un modo bastante despectivo, como si definiera lo menos reconocido, lo más bajo, lo que menos vale, lo más fácil, las cosas «de los párvulos»...

Una maestra comentó que, lamentablemente, ella había sido formada como maestra de «azoteas», pero no de «pisos de abajo» y que estos asuntos sentimentales... le costaban. Varios han manifestado miedo a no oír, a no entender, a «traumar», a no saber intervenir, a no saber manejar lo que surgiera... Y la mayoría hablaban de la necesidad de aprender sobre estas cosas y de plantearse en serio la escucha del mundo afectivo de los niños.

¿Y cómo es esto de la vida?

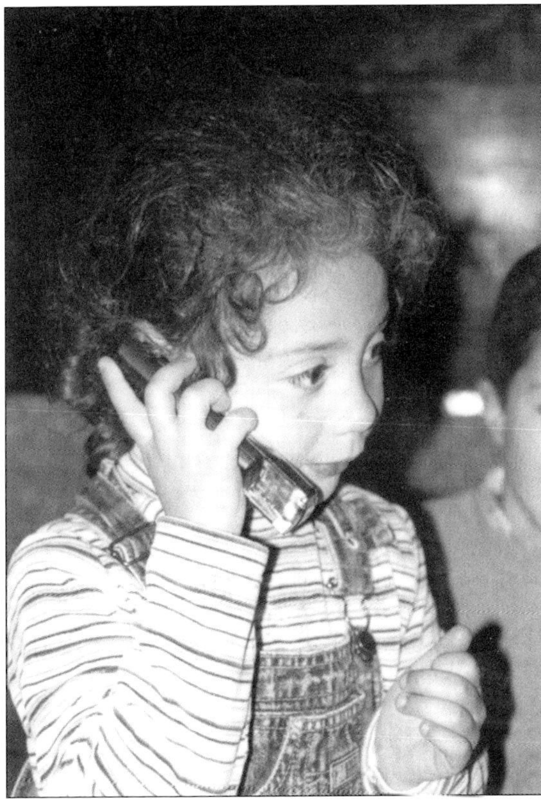

Me pareció muy interesante el comentario de una de las participantes en un seminario, que hablaba de que lo difícil para ella era lograr «bajar y subir» fluidamente del *piso de abajo* al de arriba y viceversa, integrando los aprendizajes, las relaciones y los afectos en la vida diaria. Yo también lo veo difícil, pero creo que se puede intentar. Desde luego tomando conciencia de las limitaciones, pero también con la seguridad de hacer algo que acerca a la salud y al bienestar de los implicados en la tarea educativa.

El año pasado, en Granada, conocí a una intérprete italiana (entusiasta y fogosa), que relacionó este *piso de abajo* del que yo hablo con otro que había leído en un libro de Julio Cortázar, *Historias de cronopios y de famas*[2]. Me lo recomendó tan vivamente que lo compré y lo leí. Fue emocionante para mí compartir simbolismos y acercarme a las asociaciones de otra persona. El fragmento, de una gran belleza, dice así:

> *[...] corre desde el centro hacia la pared y ábrete paso. ¡Oh, cómo cantan en el piso de arriba! Hay un piso de arriba en esta casa, con otras gentes. Hay un piso de arriba donde vive gente que no sospecha su piso de abajo y estamos todos en el ladrillo de cristal; y si de pronto una polilla se para al borde de un lápiz y late como un fuego ce-*

2. Julio Cortázar (1999): *Historias de cronopios y de famas*. Barcelona. Edhasa.

niciento, mírala, yo la estoy mirando, estoy palpando su corazón pequeñísimo, y la oigo, esa polilla resuena en la pasta de cristal congelado, no todo está perdido. Cuando abra la puerta y me asome a la escalera, sabré que abajo empieza la calle; no el molde ya aceptado, no las casas ya sabidas, no el hotel de enfrente; la calle, la viva floresta donde cada instante puede arrojarse sobre mí como una magnolia, donde las caras van a nacer cuando las mire, cuando avance un poco más, cuando con los codos y las pestañas y las uñas me rompa minuciosamente contra la pasta de ladrillo de cristal, y juegue mi vida mientras avanzo paso a paso para ir a comprar el diario al kiosco de la esquina.

También he tenido el placer de leer en una entrevista que le hicieron al poeta Eduardo Galeano algo relacionado con estas cosas[3]:

Son mucho mejores y mucho más dignas de escuchar las voces que suenan adentro y abajo que las que vienen de afuera y de arriba.

Pues bien, éstos son mis referentes, éstas son las connotaciones que me han llevado a la elección de este título para un libro en el que espero que aparezca como hilo conductor el *piso de abajo*, pero con ese «subir y bajar» que decía la compañera, ese «abajo y adentro» que decía Galeano, o ese vivir lo más enteros que podamos, en la escuela, y en la vida, que digo yo.

3. Eduardo Galeano (1994): Entrevista en la revista *Viejo Topo*, n. 74.

2

Valores tempranos

Si en la escuela infantil pudiéramos acompañar a los niños en el comienzo del conocimiento de sí mismos y de los demás, en el reconocer, cuidar y respetar las diferencias, otros modos de ser, de vivir, de entender el mundo, ya habríamos hecho bastante.

Pero, eso sí, siendo conscientes de que las cosas llevan su tiempo y de que en estas edades tempranas, donde todos son «empezares», para un niño pequeño la realidad sólo pasa por el centro de si mismo. Además de que, sin el paso por ese lugar fundamental, que no es otro que el de la propia identidad, no habría sitio después para considerar bueno apenas nada, ni siquiera tan grandes valores como la libertad, la igualdad, la felicidad, la justicia, el respeto o el conocimiento.

Valores obligatorios

A mí me dan miedo estos golpes de moda que lanzan hacia la escuela «deberes» fundamentales e ineludibles. A veces son «deberes ecológicos»: la Naturaleza, la contaminación, el reciclaje, los animales en extinción. Otras, son «deberes cívicos»: la educación viaria, el cuidado de la ciudad. O «sanitarios»: higiene dental, deportiva, alimentaria. También los hay «críticos»: ante la televisión, la prensa, los juguetes bélicos, el consumo en general. Por lo visto, todo es cosa nuestra. Como también lo son las «actitudes, valores, normas» y demás «transversalidades» al uso: la paz, el no sexismo, la multiculturalidad, etc.

Parece que es nuestro deber poner al día a los niños sobre todo ese cúmulo de cosas que he nombrado, para que así aprendan a manejarse en esas lides y sean ciudadanos: democráticos, cooperadores, no sexistas, críticos, ecológicos, respetuosos, pacíficos, tolerantes, sanos y buenos.

Sin embargo, a mí estos deberes me suenan demasiado a una «depositación» en la escuela de las preocupaciones de todo el grupo social, que delega en su fiel y an-

Artículo publicado en *Aula de Innovación Educativa*, n. 79, pp. 12-16, febrero 1999.

cestral servidora, la escuela, el papel de *educar.* Y como la institución escolar no sabe, o no puede decir que no, por la costumbre de asumir todo encargo que se le hace desde lo alto, acepta el reto, y se carga de deberes, que devendrán en culpas, en indiferencia o en sobrecargas omnipotentes.

Me pregunto qué es lo que está pasando para que la sociedad en su conjunto deje caer en nosotros, los maestros de a pie, todo este cúmulo de responsabilidades bien prensadas y etiquetadas como «los valores». Si en las casas, en las calles, en los trabajos y en la televisión lo que se prima es ser el primero, el mejor, el ganador, el «tenedor», ¿a qué viene este terrible encargo (o descargo) que nos encomiendan?

Es una especie de doble juego, no sé si ingenuo o malintencionado. Y viene a decir algo así: No enseñéis a los niños la moral al uso: es tan competitiva e individualista... Enseñadles, mejor, a ser tolerantes, solidarios, respetuosos, nobles; a ver si así cambian las cosas un poco, y si no, en todo caso, así verán por dónde van los tiros.

Mi impresión es que los marcos habituales de relación, de afecto, de comunicación, en donde los niños aprenden con naturalidad lo que se puede o no hacer, lo que significa cuidar una planta o un animal, lo que implica tener un amigo, respetar una farola, no engañar a otra persona o ayudarla, se están diluyendo a base de prisas, de ocios programados, de tardes llenas de clases de inglés o de ballet, de televisión. Y en este vacío de formatos de interacción cotidianos, en este hueco peligroso en el que nos estamos colando cada vez más deprisa, alguien ha pensado en la escuela como lugar de amarre, de salvamento, de freno.

Y sí, ciertamente la escuela tiene un papel normalizador, y, aunque a trancas y barrancas, aún mantiene su encuadre educativo, pero no es bastante, ni mucho menos, para recoger los deberes de los padres, de las familias, de los adultos, de toda la sociedad.

Es por eso que no debemos aceptar sin más esta ingente tarea, ese abarcarlo todo en un solo y magnífico abrazo «consentidor». Que cada palo aguante su vela y que no nos adjudiquen a los maestros el deber sacrosanto de aguantar las velas de todo el mundo.

Valores desnudos

Ayer tarde sorteamos en mi clase unas pegatinas que «salieron» en los batidos de la merienda. Fue a propuesta de uno de los niños, y previa votación (yo proponía coleccionarlas, para evitar un posible jaleo, que en efecto se produjo). Después de avisarles de que quizás alguno se enfadaría si no tenía suerte, procedí al sorteo. Efectivamente, varios se pusieron serios, y una niña casi lloró. Pedro, que fue uno de los ocho agraciados, se puso a despegar su pegatina para colocársela en algún sitio, pero se le partió en dos, y rompió a llorar como un desesperado. Marisa, entonces, se me acercó y me dijo al oído: «Mira, como estas pegatinas no valen casi nada, y yo tengo más, voy a darle la mía a Pedro».

Pues bien, este amago de generosidad, de preocuparse por el amigo, de compartir lo de uno, es una de las cotidianas muestras de un valor que apenas se vislumbra, pero que hay que alentar y esperar para que pueda ir creciendo.

Estamos «en son de paz»

Desde luego, supone un paso más que el contundente empujón que le dió Eliseo a Ángel porque no quería «compartirle» la rueda gorda del patio, pero también supone un paso menos con respecto a la escena que tuve el gusto de presenciar hace unos cursos entre dos amigos que intentaban preparar su despedida (cada uno iba a ir a un colegio distinto de primaria después del verano):

> IGNACIO: Voy a ir a un colegio con piscina «imanizada».
> JAVI: Será «imatizada».
> IGNACIO: Bueno, sí.
> JAVI: Ay, pues yo me iría contigo a ese colegio.
> IGNACIO: Lo dices por la piscina, ¿verdad?
> JAVI: No, lo digo por ti.

Y es que en este momento evolutivo, en estas edades que tienen los niños con los que trabajamos, los valores se desnudan de polvo y paja, y se viven, como todas las demás cosas, a grandes rasgos, grosso modo, en contrastes absolutos.

De tal manera es así que un niño puede percibir a otro como un ser peligroso y malísimo porque le ha quitado un juguete, o le ha dado una patada, aunque un momento antes él mismo haya hecho otro tanto. Las únicas pautas de las que parten son su deseo de placer, su narcisismo, su total centrarse en sí. Y hará falta un doble proceso: el externo, de ver a los otros, copiar actitudes, acumular maneras y costumbres llegadas del afuera más cercano, y el interno, de asimilación de lo que va entrando, y de construcción de las estructuras que van a permitir que capte, comprenda y desee ir caminando hacia el mundo de la negociación, la convención, el intercambio, el mutuo entendimiento que suponen las relaciones con los demás.

El adentro y el afuera trabajando juntos, pero sin olvidar las bases biológicas, familiares, históricas... que serán los cimientos de la propia identidad, y de la adquisición-construcción de los valores morales.

Visto así, ¿cómo pensar en los valores de arriba abajo, de fuera adentro, de deber a obligación, de sermón a comportamiento, de moraleja a castigo?

A lo largo de mi experiencia profesional y personal he tenido ocasión de escuchar largas peroratas aleccionadoras cuyo motivo parecía ser el evitar un control que costaba imponer de parte de los adultos, y cuyo resultado venía a ser la más completa desconexión del niño del discurso de los mayores, enemigos potenciales de su tranquilidad y de sus necesidades de juego y de placer. O sea, que por no decir «No le quites el balón al niño», había diez minutos de aleccionamiento sobre el respeto mutuo y las virtudes de ser amistoso, por ejemplo.

También he visto quien sacraliza la idea del *compartir* (y hasta la palabra), de tal modo y manera que los niños o bien la repiten y utilizan «barriendo para dentro»: «Oye, ríñele a éste, que no quiere compartir la bicicleta conmigo»; o bien la hacen servir de parapeto disimulador cuando están en presencia de adultos, pero, cuando creen estar solos, vuelven a ese primitivismo de la edad, y hacen lo que quieren: «Si no me das zumo, no te invito a mi cumpleaños»; o «Si no me das zumo, le diré a mi hermano que te pegue».

Incluso he visto quienes obligan a los niños a ceder, a repartir, a sentarse con quien no desean, a jugar con tal o cual compañero.

Recuerdo una escuela en la que cada semana se trabajaba con los niños «un valor». Una semana tocaba ser amistosos; otra, solidarios; otra, pacíficos, etc.

Valores cotidianos

Yo, la verdad, no me siento capaz de dictarles moral para que ellos la cumplan, ni de «explicarles valores» como si, sólo por entenderlos, ya los fueran a llevar a la práctica. Más bien lo que hago es actuar y opinar con la mayor claridad que puedo sobre lo que va pasando entre ellos y conmigo. También les doy pie a que hagan sus tanteos y expresen sus hipótesis sobre lo que consideran que ocurre y por qué, sobre lo que sienten, sobre lo que creen que sienten los demás, sobre qué razones creen que les mueven para hacer o no hacer tal o cual cosa.

Me parece que hay todo un alfabeto de sentimientos, de comportamientos, de reacciones, de comprensión de las situaciones, de discriminación de los gestos, palabras, movimientos, actuaciones, ideas de uno mismo y de los demás, que ha de conocerse para poder dar un paso más allá, que sería elegir cuáles de esos sentimientos, ideas, actitudes y comportamientos «le van» a uno, y cuáles de ellos «les van» a los demás. Cuáles creer. A cuáles adherirse. Son tantas cosas las que han de tenerse en cuenta...

Habrá que esperar a que crezcan un poco, a que cubran suficientemente su etapa de «autovaloración total», de ir a la suya a ultranza, sin compartir, sin respctar, sin escucharse. Esto lo digo so pena de escandalizar, porque he visto que llega un día en que prefieren ceder el sitio, las natillas o el juguete a los amigos y no sólo para que los quieran, sino también por la satisfacción de verlos contentos.

Por qué tantas prisas si ellos, construyéndose paso a paso, en los avatares de la rica cotidianidad que vivimos en la escuela, pueden llegar a *compartir* partiendo de sus propios deseos o necesidades.

Por qué tanta artificialidad, buscando los valores semanales o los libros de valores que algunas editoriales ya ofrecen, cuando continuamente tenemos a mano el hablar de los sentimientos, los roces, los acercamientos, los cariños y las manías, es decir, todo lo que se cuece en el mundo relacional de cada grupo.

Aprender a saber cómo es uno mismo, qué significan los propios sentimientos, cómo hacerse entender y cómo entender a los otros. Aprender a elegir, a perder, a mostrarse cariñoso, enfadado, agradecido, triste. Aprender a jugar con los demás y a trabajar, a discutir y a bailar. Aprender a sentir, a discriminar y a encajar envidias, negativas, equivocaciones, malas caras o alabanzas, caricias, amores. Aprender a estar solo y a estar con los otros sería ya mucho aprender para tener tan pocos años.

El valor de no dejarse invadir

Comento en clase que hablé con los padres de Begoña, y ni ellos ni yo entendíamos por qué no protestaba, chillaba o hacía algo cuando le quitaban las cosas o la molestaban. O bien su hermano o algún otro compañero.

Ella no sabe por qué, dice muy seria y afectada. Les pregunto a los otros qué hacen en esas ocasiones y les dan algunas pistas: «Pues estirar, o empujar, o pegar...».

Yo le recuerdo que el año pasado gritaba un poco cuando algo de esto le pasaba. Al día siguiente la veo sujetando un bolso que le quitaba Laura, y enseñándole los dientes mientras le decía con firmeza: «¡Laura, déjame en paz, que ahora ya puedo defenderme!».

El valor de aceptar los propios errores

Empieza la sesión de talleres y veo que Manuel, como suele hacer, se va al de construcciones, y de ahí pasa al de plastilina. Otras veces lo observo sin intervenir, pero pienso que algo tendría que hacer ante su dificultad para enfrentarse a lo que le cuesta, que es el trabajo minucioso, así que le pido que cambie de taller. Había dos más: de dibujo libre (*collage*) y el de recortar «mantelitos». Me extraña ver que acude a este último, porque le cuesta aún un poco recortar, pero, por lo visto, le atrae. Veo que está dando una ojeada rápida a ver si alguien está pendiente de él (la imagen tan buena que tiene de sí mismo, parece que lo atrapa). Dobla el papel rápidamente, y, sin cuidar de que quede bien plegado, recorta las puntas a toda velocidad. Al abrirlo ve que no le habían salido del todo bien y pone cara de fastidiado (y de una especie de fingida indiferencia, que ya le he visto en otros momentos similares).

Entonces tropieza con mi atención, y me pregunta (con los ojos) qué hacer. Voy a ayudarlo, y le comento que ha de ir con calma, que doble bien y que luego corte trocitos triangulares como yo les enseñé. Me siento a su lado, y lo hace con una pequeña ayuda por mi parte. Al ver el resultado se pone contentísimo, y hace dos mantelitos más él solo.

A la hora de merendar comento lo que había pasado, porque me interesa explicitar (por él y por los otros) que Manuel tiene una dificultad y que le cuesta asumirla. Aprovecho también para ofrecer la actitud de Ana ante el error como una alternativa válida, y además para desdramatizar.

Ocurrió así:

—Hoy he visto en los talleres algo interesante que me ha hecho entender lo que le pasa a Manuel. Yo había notado que él elegía el taller que menos trabajo tuviera, pero no sabía por qué, y hoy me parece que lo he entendido al ver lo que ha pasado. Ha hecho tres mantelitos, y estaba muy alegre, porque le han salido bien. O sea, que él a lo mejor no va a esos talleres de trabajar por si le salen mal las cosas, porque a él le gusta hacerlo todo siempre bien, y si no, se enfada.

—No, no me enfado, sólo me pongo muy serio —aclara Manuel en ese momento, dando por bueno el resto de mi explicación.

—Pues mejor será que te hagas a la idea de que no todo podemos hacerlo bien, porque se aprende poco a poco, y además, «el que tiene boca se equivoca».

A Ana también le ha pasado hoy una cosa en los talleres: ha dibujado una muñeca y la cara no le ha quedado bien, porque se había manchado de cola el papel y se ha emborronado. Así que me ha dicho: «Esta niña me ha salido pachucha, ya la arreglaré», y se ha quedado tan tranquila. No se ha preocupado nada y cuando se ha secado la cola, la ha dejado preciosa. Buena idea, ¿no?

El valor de «aguantar» los sentimientos

Para hacer «el regalo de la madre», María le regaló a su amiga Laura una tela muy bonita, llena de incrustaciones de pedrería a todo color, que sembró la envidia del personal.

Marta se atrevió, por fin, a decir lo que sentía, y comentó con voz clara: «Me gustaría ser Laura para tener esa tela». Salí al paso con un acto «solidario» más simbólico que real: «A mí también me gustaría tener esa tela, es preciosa». Entonces, Marta reaccionó volviéndose muy rabiosa contra mí: «¡Pero qué dices, si tú ya sabes escribir!».

Ahí fue cuando caí en la cuenta de que la cosa no iba nada en broma, y le pregunté aludiendo claramente a su envidia: «¿Y tú, es que no tienes nada que sea bonito?». Después de una pausa para pensar, contestó: «Pues sí, que ahora ya sé pararle la mano a mi hermano Lucas cuando la levanta para pegarme».

Está tan cargada de celos con dos hermanos detrás de tan sólo cinco años y medio, que salta cuando menos te lo esperas por ese «agravio comparativo» que siente a cada instante, ya sea real o imaginario.

El valor de saberse diferente

Hoy, al sentarse a oír el cuento, Candela ha dicho:

—Vaya, con lo bajito que es Miguel y ya sabe leer.

—¿Bajito? No sé, yo lo veo mediano. Ha crecido bastante en este verano. Pero sí, es verdad, ya lee.

—Claro que leo —responde él—, de tanto oír a Pablo el año pasado.

—¿Y te ha costado mucho tiempo?

—Sí, bastante.

—Pues yo, hace tiempo que quiero aprender a leer —dice Candela—, pero como a mi madre no le da la real gana...

—Yo también sé ya leer, pero «por dentro»; por la boca aún no me sale —comenta Ana.

—Yo sé escribir una palabra, zoo, y sin moverme de aquí. Cierro los ojos, y ¡la veo, la veo! —añade Jorge.

En este momento, «poseer» la habilidad de la lectura es una diferencia más entre nosotros: los altos, los bajos, los medianos, los del pelo rizado o liso, los que llevan gafas o no, etc.

El valor de expresar lo que uno siente

Una tarde, a la hora de merendar, me sorprendió una pregunta que Rubén me formulaba como portavoz de todos:

—Oye, en el patio hemos hablado de lo que hacemos cuando estamos «enrabiados», y queremos saber también lo que haces tú.

—Bueno, yo os digo a vosotros lo mío, y vosotros a mí lo vuestro, ¿de acuerdo?

Ante su asentimiento, les conté que cuando estaba nerviosa salía a caminar si podía, que otras veces me ponía a chillar de muy mal humor y que en las peores ocasiones, me callaba en seco.

Ellos fueron diciendo entonces lo suyo:

IGNACIO: Yo, sí tengo rabia me la aguanto.
CLAUDIA: Yo le pego a mi madre.
JAVI: Yo a mi hermano.
RUBÉN: Yo lloro y digo palabrotas.
MANUEL: Yo veo una «peli» que me guste.
LAURA: Oye, y chillas también, que a mi me chillaste un día.
LAURA: Yo me salgo a jugar.
CLAUDIA: Yo me chupo el dedo.
MARINA: A mí me engañan para que se me pase la rabia. Me dicen que me van a contar un cuento y es mentira.
MARINA B.: A mí se me va la rabia o jugando o perdonando.
M.C.: ¿Seguro que se te quita perdonando?
MARINA B.: Bueno, un día no, y le di un bocado a mi hermano y se me cayó el diente que se me movía.
MARTA: Yo chillo.
YARA: Ya, ya te oímos.
CLARA: Yo lloro y me peleo con alguien.
JOEL: Yo miro por la ventana.

Recursos no les faltan..., pero no es fácil.

Lo que propongo es que nos convenzamos de una vez por todas de que los principales valores que hay en la escuela son los propios niños. Con sus diferencias, sus características, sus peculiaridades. Con su autoestima tan necesitada de riego. Con sus ideas, repetidas y nuevas a un tiempo. Con la vida que traen y que convocan.

Vayamos, pues, a su ritmo y manera, que en esto es de cierta parsimonia. Pero vayamos poniendo también algo nuestro: abriendo hambres.

3

Lo bueno y lo malo de ser quienes somos

Me dicen que mis escritos pedagógicos hacen reír, pensar, recordar, imaginar...; que parecen un cuento, que parecen una poesía... Sin embargo, mirado desde mi punto de vista, la impresión es algo distinta. Me parece que, al escribir, lo que hago es, por un lado, una crónica de lo que veo que va pasando, y, por otro, una confesión-narración-declaración de lo que pienso, siento, recuerdo, etc., etc.

Escribo tan subjetivamente como cualquiera, creo, pero sentir la consciencia de la subjetividad, y «permitírmela», hace que me vea libre para elegir las palabras, para dibujar las hipótesis y hasta para explicitar los errores y las inseguridades.

Quizás por este motivo se den esos sentimientos, esa conexión que de tan diversas formas nombran los que me leen, y es que se notan de algún modo invitados a entrar a compartir conmigo ese mundo diario que vivo con los niños.

Esta vez voy a contar lo sucedido en mi clase de niños y niñas de cinco años, en torno a los lugares que ocupa cada cual en la familia. Ha sido una apasionada y sentida reflexión, en la que nos hemos implicado todos y en la que ha habido quejas, melancolías, suspiros y hasta sueños. Ser «el mayor», «el pequeño», «el mediano», «el único» o «el mellizo», con las ventajas e inconvenientes de cada una de estas circunstancias, ha constituido el punto de atención, de puesta en común y de elaboración del grupo entero durante esta semana de carnaval temprano que acaba de terminarse.

La crónica

Lunes, 3 de febrero de 1997

El viernes, a la hora de la comida, oí que Alba le decía a Rubén en tono entre resignado y serio:

Artículo publicado en *Infància*, n. 106, pp. 22-27, enero-febrero 1999.

—¿Sabes? Ser hermana mayor, es un rollo...
—Sí, lo sé, es lo que mi hermano me dice siempre...

Y siguieron hablando...

Esta mañana, al ponernos a preparar el día, he recordado el comentario y se lo he contado al resto de los niños. Enseguida Marta se ha puesto a argumentar alguna de las magníficas ventajas de ser hermana mayor, en su calidad de experimentada hermana de Lucas y del bebé que viene en camino.

Que si «los mayores estrenamos la ropa y los pequeños no, porque se la pasamos después». Que si «podemos apuntarnos a gimnasia». Que si «podemos ir a muchos más sitios que ellos»...

María V. la apoyaba calurosamente, porque a ella su abuela le hacía «unos disfraces preciosos» y además sus pijamas eran «muy suaves y muy nuevos», y cuando se los pasaba a su hermano o a su prima... ya no estaban tan bien y raspaban...».

«Pues yo siempre estoy con celos»

A Rubén no le ha convenido el cariz que tomaba la conversación y ha dicho que él, como era «el pequeño», no tenía que ir «a entrenar», que es, según dice su hermano, «una cosa pesadísima». Y tampoco tenía que hacer los deberes.

María V. le replica: «Pues a mí, me gusta hacer los deberes, y además, este verano, cuando me separen de David (porque ahora no tienen tiempo para nada), podré invitar gente a dormir conmigo, y él no podrá aún, porque para eso es mucho más pequeño que yo, que le adelanté en nacer tres años enteros...».

En este punto, y viendo que se polarizan en exceso las posturas, situándose «los pequeños» y «los mayores» un tanto enfrentados, se me ocurre que convendría dar un respiro al tema, para que se pueda pensar con algo más de calma, así que propongo seguir hablándolo por la tarde, ya que tenemos muchísimo trabajo con la preparación de los carnavales.

Y, en efecto, las caretas de estrellas, lunas y soles, y los trajes de «hawaianos» nos están ya esperando. Sin embargo, parece que interesan más los papeles que representamos día a día en ese carnaval casero de los núcleos familiares de cada uno. Con toda probabilidad buscar claridades en esto nos hace bastante falta. Son tantas las «removidas fraternas» que nos hacen trastabillar el inestable equilibrio en el que solemos movernos...

Por fin nos sentamos a hablar. Ellos discutiendo por los turnos de palabra. Yo, con el papel y el bolígrafo. Y ahí es donde se escuchan las cosas que resumo a continuación y que voy recogiendo en unos gráficos, titulados: «Lo bueno y lo malo de ser el mayor, el pequeño...».

Propongo no hacer papel para «los medianos», porque no hay ninguno, pero Marta protesta porque, según dice, ella puede hablar de los medianos, porque sabe muy bien lo que les pasa. Mariana pide un cuadro especial «para mellizas», porque ella no es ni la pequeña, ni la mayor, ni la única.

Cumplimentados los requisitos formales, tengo la suerte de escuchar una buena sarta de vivencias en las que abundan tanto los insomnios, las quejas y las rabias, como la valoración, el orgullo de ser imitados por los hermanos, de saber más, de alcanzar más alto...

En un primer momento todo eran prisas, por contar «lo de uno», después se entró en diálogo, en escucha mutua, en comprenderse y... en fin, en verse juntos en este berenjenal de vivir con «el otro», claramente rival y posiblemente amigo. O de vivir «solo», con ganas siempre de salir a buscar compañeros de juegos. O de vivir «de a dos», con el gusto; el hartazón de la constante presencia. O de ser «el de en medio»... con las dificultades que tan bien nos explica Marta en sus apasionadas intervenciones.

Martes, 4 de febrero

Sitúo los gráficos bien a la vista, para leerlos y hacer alusión a ellos con comodidad, y también por si se presenta añadir alguna cosa. Efectivamente, hemos incluido, a petición suya, las opiniones de Elena, Laura y Claudia, que habían faltado por estar enfermas.

Me choca observar cómo se parecen las aportaciones de Elena a las de Mariana, su hermana melliza, y cómo aparece de clara en las palabras de Laura la ambivalencia de sentimientos que tiene hacia Lucía, su hermana pequeña. Primero, todo lo que cuenta es *lo malo*, pero luego, al pararse a respirar, dice sonriendo tiernamente: «Pero Lucía es muy buena...».

Un poquitín de «lavar las culpas», un poquitín de irlas aceptando, un poquitín de cariño también... o sea, una buena mezcla de esas cosas que suelen agotar tantísimo al personal.

Una vez leídos y completados los gráficos, han empezado a llover propuestas:

—Vamos a hacer teatros de lo que hemos contado.

—Yo voy a traer dos vídeos de Celia y Chuchifritín, que dan mucha risa.

—Podríamos traer fotos de los hermanos y de nosotros en casa.

—En el cuento de *La bruja Petrina* salen hermanos, ¿lo leemos hoy?

—Podemos buscar más cuentos de hermanos, en la biblioteca tenemos: *Me encanta mi hermanita, La flor del lililá* y *El Tragaldabas.*

—Yo quiero jugar a ser el mayor y no el pequeño.

—¡Eso, vamos a jugar a ser «otra cosa»!.

—Podríamos jugar a pelearnos con los hermanos, como yo con Álvaro.

—Yo quiero hacer un dibujo con mi hermana en la bañera peleándonos y luego cuando cenamos en la cocina.

—Yo tengo que hacerle una carta a mi madre para que no le deje a mi hermana pasarse a su cama por la noche, que a mí no me deja.

Lo bueno y lo malo de ser el mayor, el pequeño...

SER «EL MAYOR»	
Lo bueno	**Lo malo**
– Yo, como soy la mayor, sé dónde está todo en mi casa. (Marta) – Yo escucho lo que hablan y así sé lo que pasa; lo oigo cuando me acuesto, desde mi cama. (Marta) – Si eres la mayor, dibujas más bien que el pequeño. (Carla) – Y puedes hacer mejores cosas, por ejemplo una torre. (Marta) – Te puedes subir a un árbol sola, y «ella» no. (Alba L.) – Los pequeños destrozan los juguetes y yo no. (María V.) – Lucía desordena lo que yo ordeno y dice «es mío», es mío siempre. ¡Y es que tiene más «morro»!... pero es muy buena. (Laura) – A mí me gusta ser la mayor, pero voy a tener un hermano y me tendré que aguantar de lo que me haga. (Carla) – Yo juego cuando mi hermana está durmiendo, si no me lo destroza todo. (Joel) – Yo le tengo que decir que mi madre tiene chucherías para que se vaya y me deje en paz. (María B.) – Yo también se lo digo, pero luego se las doy en verdad. (María V.)	– Lo peor es que te lloran los pequeños y te molestan. (Marta) – Y si te rompen los juguetes, eso es un rollo. (Joel) – Mi hermano toca los cables de la tele y se mete detrás. (Clara) – Para mí lo malo es que mi hermana me estira de los pelos, me muerde, me pellizca como una monja, me quita la cena... ¡Ah! ¡Y por cierto! ¡También me pega! Y cuando yo hago una cosa ella se pone a repetir, y a repetir... (Alba L.) – ¡Yo estoy harta de mi hermano David! Me pega, me pellizca, me empuja y se pasa a mi cama a molestarme. (María V.) – Mi hermano no quiere dormir nunca y me fastidia a mí. (Javi) – Cuando yo hago una cosa, mi hermano me mira mucho, y luego se copia. (Clara) – Yo quería que se llevaran a mi hermana a otra casa, porque lloraba y me molestaba, pero como no se la llevaron, me tuve que acostumbrar... (Laura)

SER «EL PEQUEÑO»	
Lo bueno	**Lo malo**
– Que mi hermano hace cosas y yo me copio de él. (Rubén) – Cuando son los Reyes, a él le traen menos cosas que a mí. (Rubén) – La cosa más buena es jugar con mi hermano. (Javi) – Para mí lo bueno es tenerlo, a mi hermano. (Manuel) – Yo, como soy el pequeño, no tengo que ir al entrenamiento de fútbol, ni hacer los deberes. (Rubén)	– Antes me hacía mucho «de rabiar», ahora un poco menos. (Rubén) – A veces te pega tu hermano. A mí me da pellizcos y cuando estoy con él, me echa atrás en la silla para que me asuste. (Rubén) – A mí mi hermano me pega, me estira del pelo y me asusta. (Javi) – Mi hermano me engaña. (Yara) – A mí me molesta. (Javi)

SER «EL MEDIANO»
Lo malo
– Yo hablaré de los medianos, porque sé lo que le pasa a Lucas: Que a veces le cojo y le doy de palos (jugando a luchas), y él dice *¡ay!*, y entonces le apago la luz y lo asusto. Y otras veces le digo que le voy a quitar la nariz, y se lo cree y llora, y yo me río. Yo quiero que nazca el bebé pequeño, pero al que no quiero es a Lucas, el mediano. (Marta)

SER MELLIZAS	
Lo bueno	**Lo malo**
– Es mejor ser melliza, porque así puedes jugar con dos, «eres dos». (Mariana) – Es bueno poder jugar con otra hermana. (Elena)	– Lo malo es que yo quiero ir a los sitios y ella no me deja. (Mariana) – Lo malo es pelearnos y, cuando no tenemos cosas iguales, discutir por ellas. (Elena)

SER «HIJO ÚNICO»	
Lo bueno	**Lo malo**
– A mí me miman mis padres y, como no tengo hermanos, nadie me hace rabiar. (Alba N.) – Yo, como estoy solo, juego a lo que quiero. (Ignacio) – Yo juego con mi primo y repito lo que dice él y se enfada. (Marina) – Como estoy sola, nadie me molesta. (Claudia)	– Lo malo es que a veces me pegan si hago algo mal, aunque sea la única. (Alba N.) – A mí me gustaría tener un hermano, pero no pequeño, sino ya mayor. (Alba N.) – Lo malo... nada. Bueno, si tuviera otro, sería mejor para jugar. (Claudia)

Miércoles, 5 de febrero

Hoy es el día de las lunas, los soles y las estrellas, primer día de carnaval en la escuela. Pero como nuestro tema ronda, de buena mañana Rubén me pregunta: «¿Y tú qué hacías cuando te entraba rabia con tu hermano?... ¿Te pensabas que a ti ya no te querían?».

Quedamos en hablarlo por la tarde, porque tenemos que salir a ver el teatro de *Estrellita de Oro* y a bailar con todos los de las demás clases.

El día pasa con el ambiente «carnavalero» de rigor, pero, a la hora de la merienda, emprendemos la conversación de cómo encajar, atajar y aguantar... las «rabias».

Es una conversación corta, pero seria, concentrada, interesante. Lo vemos difícil todos. Yo les cuento que a veces me iba a mirar por el balcón... para no ver a mi hermano por un rato, o a leer un cuento, o que cantaba a toda voz, para que se me fuera pasando... Ellos dicen que se pelean, que lloran, o que no cenan cuando están «enrabiados».

Hay soluciones muy variadas: chuparse el dedo, aguantarse, pegarle a mi mamá, ver una película, jugar, chillar, pedir que te mimen, buscar a una amiga, irse a otro cuarto, morder, perdonar, «devolverla»...

Los que son «únicos» riñen a los otros, o se extrañan:

> –¿Y por qué le pegas a Roberto, con lo guapo que es? ¿No ves que llorará?
> –Bueno, pues que llore y que se aguante.
> –Aguántate tú, que eres más mayor.
> –Si yo ya me aguanto mucho...

Jueves, 6 de febrero

A pesar de ser *El día de los países* y tener un trajín de vestimentas increíble (éramos hawaianos y bailábamos un baile con maracas), ha habido varias puntas del tema que nos ocupa, en forma de comentarios y de críticas a las incomprendidas hermanas que se quejan de unos hermanos pequeños, que, según los hijos únicos, son tan dulcísimos.

Por la tarde viene Violeta, la hermana de Alba, a recogerla con su madre y en un minuto desmonta media clase, ante la mirada perpleja de todos, y la cara de resignación de Alba, que por fin no puede más y nos dice, mirando de reojo a su madre: «¿Lo veis como es malísima?».

Viernes, 7 de febrero

El gran día de carnaval mata las penas bastante. Hay un ambiente muy divertido, y como todo el mundo se ve tan elegante, hasta se perdona a los hermanos pequeños que también estén guapos...

De todas maneras, a última hora de la tarde, María V. recuerda en voz alta a los demás: «El lunes traeros las cosas que tenemos de hermanos, y ya veréis qué risa nos va a dar ver en el vídeo que yo traeré de Celia cómo mete en la bañera a su bebé recién nacido...».

¿Un proyecto que empieza o una «simple» reflexión en grupo?

Pues la verdad, me da lo mismo. Recorrer con ellos sus dificultades cotidianas ya es lo suficientemente rico en relación con su avance, su equilibrio creciente, su vida emocional, así que, aunque no haya grandes conclusiones y aunque no sean tan globales como otras veces, considero que está muy bien haber podido discriminar lo que sentimos, contarlo a los demás y saber lo que significa tener celos, rabia, sentirse solos... y tantas cosas más...

Lo que sí que hemos descubierto es que tanto tener hermanos, como no tenerlos, o tenerlos a montones... tiene sus ventajas y sus inconvenientes, y, sobre todo, que no es fácil vivirlo algunos ratos, pero que estas cosas nos pasan a todos...

¡Ya es bastante!

4

El dinosaurio de Alba

El nirvana pedagógico

Hay quienes piensan que yo vivo en la escuela una especie de «nirvana pedagógico». Que todo me sale muy bien. Que escucho a los niños amorosamente. Que ellos se portan genial, y que, además en sus ratos libres se dedican a dictarme frases para mis escritos... Pero las cosas no son tan así, y ni siquiera un poquito... Ni todo me sale tan bien. Ni siempre escucho a los niños, ni estoy tan disponible para ellos como pueda parecer. Ellos se portan como saben y pueden..., que no siempre es de la mejor manera. Y en cuanto a eso de anotar las frases, de donde proviene es de mi afición a coleccionar, de mi rapidez de mano, y del momento evolutivo de los niños, que aún son inconsciente puro, sin ninguna tapadera.

He de reconocer, eso sí, que sin ser un nirvana, es un trabajo que me gusta, y me sirve de alegría y entretenimiento. Un trabajo con sus más y sus menos, con sus altibajos, con sus parones y sus carreras, pero también con sus placeres, y sus hermosas vivencias, que a mi tanto me apasiona contemplar y contar.

Para demostrar, pues, que no es oro todo lo que reluce, voy a describir ahora un proyecto de trabajo llevado a cabo con un grupo de veinticuatro niños de cuatro años, y que les ha servido para estrenarse en estos menesteres de averiguar cosas junto con los otros. Confío en poder dejar ver tanto mis dudas y dificultades para intervenir y acompañar sus comienzos, como las suyas por su momento evolutivo aún tan narcisista y tan mágico.

El grupo: «Els Dofins»

Me encontré este septiembre con un grupo movido, peleón, falto de normas, con más interés por armar ruido y jugar corporalmente, que por ninguna otra cosa. Les costaba escuchar, seguir las más sencillas consignas, y hasta les costaba comer,

Artículo publicado en *Investigación en la Escuela*, n. 43, pp. 73-84, enero 2001.

lavarse, recoger los juguetes y realizar los hábitos mínimos de funcionamiento diario. Las causas eran varias, algunas las pude detectar, otras no. La principal era que eran «pequeños», (la mayoría aún no tenía cuatro años), había varios con personalidades fuertes y con dificultades para aceptar las normas, y para encajar el «no» más simple. También había algunos que atravesaban momentos delicados: embarazo de las madres, hospitalizaciones, celos, ausencias de familiares cercanos...

De los veinticuatro, hay nueve hijos únicos y doce que ocupan el lugar de «pequeños» de la casa, habiendo sólo tres chicas como «mayores» en sus familias. Si reunimos los nueve con los doce con el criterio de estar situados en una posición de cierto «privilegio», veremos cómo el grupo-clase queda conformado por veintiún niños y niñas en un lugar de ser cuidados, escuchados y «requetemirados», y tres en otro lugar más «paritario». Y aunque estas cuentas no sean las más exactas verdades matemáticas, sí que dicen algo sobre una constelación grupal, que requiere y demanda una atención del adulto, que tiene dificultades para repartirse tiempos, espacios y juegos, y que se resiste a abandonar el cómodo sillón del «protagonista».

Si pienso en esto comprendo mejor que Tono me pida que le «repele» lo que le queda en el plato..., teniéndolo prácticamente lleno, que Ayrton tire la chaqueta al suelo cuando se la quita, o que Sara me diga: «Como se te ha olvidado darme las tijeras, aquí estoy sin poder recortar...».

Por suerte, eso sí, eran amigos de la juerga, y se entusiasmaban con todo lo que les sonara a diversión, baile, teatro, broma... Visto el panorama, decidí ir dirigiendo y proponiendo yo «lo que había que hacer», mientras daba paso a que se pudieran ir trabajando ciertas cosas previas, sin las cuales no se puede (o debe) pretender empezar a funcionar de un modo que sea a un tiempo autónomo y cooperativo... por muchas ganas que se tengan.

Las cosas previas

En mi escuela hay un planteamiento educativo que pretende preparar el terreno para dar paso a un aprendizaje activo y en dinámica de investigación. Esto supone:

- Favorecer el conocimiento mutuo.
- Proporcionar un baño de acogida y seguridad diarias.
- Preparar un clima de interés y deseo de aprender, (ganas de tocarlo todo, de preguntarlo todo, de conocerlo todo...).
- Ofrecer una disponibilidad real de los espacios, los tiempos, los materiales, las personas.
- Mantener un contacto continuado con las familias.
- Actuar con tolerancia y flexibilidad, y a la vez con unas normas claras y estables.
- Incluir el mundo afectivo en la tarea y la convivencia cotidianas.
- Organizar un ambiente festivo y alegre.
- Intentar que cada cual note que tiene un sitio en el grupo, y en la mirada de los adultos, y que se espera su avance, su crecimiento, su propuesta, su atrevimiento hacia el saber.

«¿Será verdad o no lo que dice Alba de que tiene un dinosaurio vivo en su casa?»

Pero además de este caldo de cultivo que supone el trabajo global de la escuela, hay que mirar determinados *indicadores* muy concretos, que señalarán si los niños van estando maduros o no para empezar a trabajar juntos. Para mí estos *indicadores* son:

- Las propuestas cada vez más frecuentes.
- Las aportaciones de material «investigable» (hojas, piedras, imanes, semillas, etc.).
- Empezar a querer averiguar cosas con algún compañero.
- La «paciencia» más armada, o sea, que puedan esperar o seguir un asunto con interés durante unos días.
- Ciertos intentos de hipótesis, o resumen.
- Querer «probar» y «comprobar» sus ideas e inventos.
- Empezar a prever, relacionar, recordar, extrapolar...
- Las críticas sobre algo que yo hago, sobre todo si tienen razón: «¿Por qué será que hoy chilláis tanto?». «Si nos hubieras dado las telas cortadas, o más deprisa, no habríamos chillado».
- La aceptación del resultado de un acuerdo o de una votación.
- La autoorganización: «Pues vamos a votar». «Esto lo tendremos que sortear». «Apunta esto allí para que no se te olvide». «Podríamos hacer este taller en el patio, más frescos...».
- La escucha y el respeto ante las opiniones de los demás.

Resumiendo, en una clase en la que haya problemas con las normas, dificultad en escucharse, poca flexibilidad, poco contacto con las familias, excesiva autocentración, poco ambiente de grupo..., habría que empezar por trabajar primero estas «cosas previas» para poder iniciar un proyecto de trabajo colectivo.

Así que eso fue lo que hice durante todo el primer cuatrimestre. Me dediqué a revestir el espacio de palabras, de colecciones, de tareas y de afecto. A frenar los desmanes narcisistas. A enunciar y mantener las normas. A leerles cuentos y poemas, a hacer teatro, a bailar. A mirarlos, escucharlos, valorarlos, reñirlos y jugar con ellos... En una palabra, intenté mostrarles que estar en grupo era rico y agradable, y que era precisamente eso lo que yo les proponía.

Empezamos

En diciembre me pareció que ya podríamos iniciar la aventura y les pregunté qué querían aprender cuando volviéramos de las vacaciones de Navidad. Ganaron la votación «los dinosaurios», con Freddy de promotor y padrino. Había varios entusiastas más del tema... y una película de moda que también influyó lo suyo. Sólo hubo un voto en contra, María D., y es que le daban miedo «los terribles lagartos». Envié una circular a los padres para que estuvieran informados de la buena nueva y nos fuimos de vacaciones.

En la primera asamblea de padres, que fue a finales de octubre, ya estuvimos hablando de mi intención de trabajar en clase en torno a los temas elegidos por el grupo de niños. Suelo informar lo mejor que puedo a las familias para pedirles que colaboren en los proyectos de trabajo. En principio con su actitud de «entender lo que pasa», con sus pequeñas o grandes explicaciones, con algún material, con algún comentario, con su valoración a los logros, o con su ayuda directa, ya sea como expertos o como ignorantes que también quieren aprender, y se suman a nuestra búsqueda. Pero sobre todo con su alegría al ver que sus hijos desean saber y dan pasos para conseguirlo.

Y suelen entenderlo. De un tiempo a esta parte les cuento, a modo de ejemplo, un suceso real que me ocurrió con el representante de una editorial pedagógica y que ilustra muy bien el mensaje principal que les quiero transmitir.

El representante vino a ofrecerme unos libros de fichas que, según él, *invitaban a los niños a investigar porque les permitían proyectar sus propios trabajos.* Tenía la lección muy bien aprendida, y no era fácil convencerlo de que no me interesaba ese tipo de materiales, porque, en mi opinión y muy al contrario de lo que él aseguraba, en ellos todo está ya atado y bien atado y a los niños apenas les queda un resquicio para pegar algún «gomet» que otro.

De pronto se me ocurrió preguntarle si él tenía alguna afición. Me contestó sonriente y un tanto sorprendido que sí, que arreglaba relojes. Le pregunté entonces que cómo había aprendido y dijo que destripando muchos, rompiendo bastantes y preguntando sin parar en los talleres de relojería de su barrio. También comentó que eso le había acarreado mucha diversión y algún que otro palo, pero que ahora toda la familia acudía a él para estos menesteres.

Pues mira, le dije, esto que hiciste tú sólo a base de mirar, curiosear, manipular y preguntar es lo que hacemos aquí cuando surge un interés en los niños, pero lo hacemos en grupo. Ellos eligen el tema, van indagando, preguntan, traen libros, revistas, vídeos... Yo les leo cosas y vamos recopilando toda la información que podemos. Según qué temas sean, a veces invitamos a expertos para que nos expliquen o demuestren lo que nos interesa, y luego intentamos resumir, recordar y aplicar lo que hemos averiguado a nuestra realidad, jugando, pintando, hablando y plasmando del modo que podemos lo aprendido para que no se nos olvide.

Todo esto lo hacemos con ayuda de las familias, y en esta tarea colectiva, las propuestas e iniciativas vienen directamente de los propios implicados, los niños... Así es como aprendemos en esta escuela, ya sea de los huesos o del tigre de Bengala. Ya sea de cómo hacer magdalenas, o de cómo tienen los hijos los pájaros... ¿Crees que tus libros de fichas encajan en esta manera de trabajar?

Ahí fue cuando él se levantó para despedirse con este único comentario: «¡Seguro que lo pasáis estupendamente...!» ¡Por fin lo había entendido!

Así empezó la charla de Luis G. sobre los dinosaurios: «Exactamente, exactamente, exactamente... Oye, ¿pero me habías preguntado algo?»

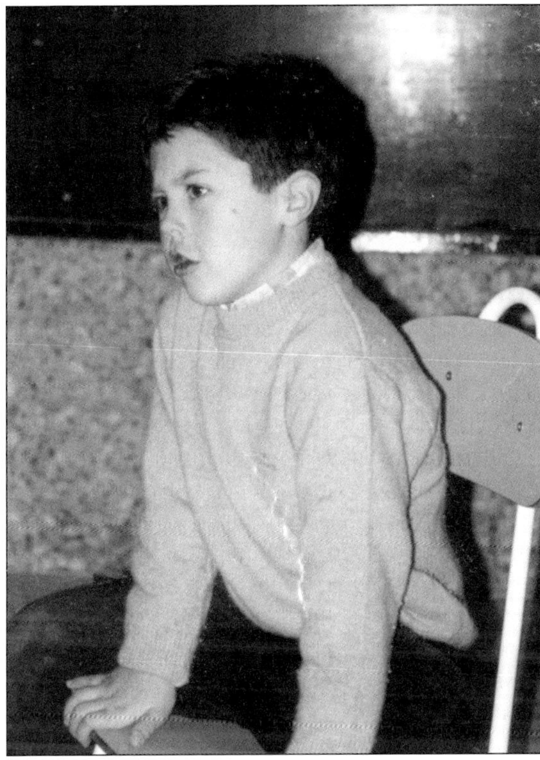

A sangre y fuego

Enero del año 2001

El día 8 ya teníamos la clase llena de dinosaurios y de ilusiones. Las ganas se habían acrecentado por la obligada espera de la interrupción de las clases, así que algunos niños habían confeccionado con sus padres, dibujos y libretas de dinosaurios. Otros los traían de juguete, y muchos venían cargados con libros, cuentos, fotocopias y vídeos de películas o documentales.

Yo también había hecho los deberes y aporté una cinta con «música de dinosaurios», (regalo de Pablo, un antiguo alumno entusiasta del tema). También traje dos cajas de colonia transformadas en parajes prehistóricos, con dinosaurios que se movían por allí al tirar de los hilitos.

Empezamos «a sangre y fuego», lo que quiere decir que, o bien no habíamos trabajado suficientemente «las cosas previas», o bien en las vacaciones se les había vuelto a subir el egocentrismo a la cabeza... o sea, que había luchas diarias para que se leyera el libro *de cada cual*, se vieran *sus* dinosaurios, o *su* vídeo, o *su*... lo que fuera. También había lucha (esta vez mía) para que pudieran esperar a que se respondiera a *sus* preguntas particulares. Para que prestaran *sus* materiales. Para que escucharan cualquier respuesta o lectura que no fuera *la suya*... Y eso duró bastante, dos semanas enteras, que se me hicieron eternas.

Colocamos en la mesa destinada a los proyectos lo que iban trayendo, empapelé las paredes con las láminas que aportaban, y me dispuse a empezar este proyecto tan, tan, tan primitivo (por el tema... y por ellos). No pude hacer, como venía haciendo últimamente, aquello de extender ante mí tres folios en los que anotar sus comentarios (conocimientos previos), sus preguntas y sus propuestas... Tuve que conformarme con apuntar algunas preguntas y ejercer de árbitro de las discusiones que surgían al hablar.

Las lecturas que les hacía de los libros que iban trayendo tenían que ser reconvertidas rápidamente o bien en «teatros» en los que se dramatizaban escenas con las cosas que acabábamos de conocer, o bien en dibujos, o en debates a grito pelado, que yo intentaba moderar manoteando entre unos y otros. Por suerte contamos con un experto de seis años (muy al nivel de lo que allí se cocía) y con las soñadoras intervenciones de algunos que conducían a discusiones que mantenían la atención por su virulencia y su originalidad.

Día 9

Antes que nada, Freddy dice:

—¿Por qué están esos dragones ahí? Los de dos cabezas no son dinosaurios, ¡que lo sepáis!

—¿Seguro?, le pregunto.

—Si, ésos son de las películas.

—No sé, habrá que averiguarlo. Freddy, ve a preguntarlo a la clase de «Les Jirafes», que saben de esto, porque el año pasado lo aprendieron.

Va y vuelve con Luis G., que afirma que *no* existieron ésos de dos cabezas, que son para los cuentos y las películas. Y además, dice que él sabe de dinosaurios.

Venía dispuesto a quedarse, pero le decimos que mejor será que le preparemos unas preguntas con lo que queremos saber. Aprovecho la ocasión para hacer dos cartelitos, en uno pone: «sí» y en otro: «no». Cuelgo el de «sí» sobre la mesa, y el de «no» debajo, y bajamos al suelo los dinosaurios que «no» existieron.

A continuación, van diciendo sus preguntas. ¿Qué queréis saber de los dinosaurios? ¿Qué os interesa?

—Yo quiero saber cosas de los dinosaurios de juguete que *yo* he traído. (Luz)

—Yo quiero saber los nombres de muchos dinosaurios. (Lucía)

—Yo quiero saber del Tiranosaurio Rex porque Freddy y Tono juegan a eso, y así yo sabré jugar a eso. (Marina)

—Yo quiero saber del Tiranosaurio Rex también, porque a mí novia María B. le gusta. (Dani)

—Yo quiero saber de Pterodáctilos y quiero saber si los Pterodáctilos son dinosaurios. (Tono)

—¿Cómo comen los Tiranosaurios Rex? (Manuel)

—¿Cómo son los dientes de los Tiranosaurios Rex? (Freddy)

—Yo quiero saber sus nombres, porque sólo me sé los de la película: «Tron, Clon y Cron». (Anna)

—¿Por qué viven en la hierba? (Claudia)

—¿Cuándo les nacen los hijos? (María Moreno)

—Yo quiero saber el nombre de los dinosaurios que he traído porque como no lo sabía, a uno le he puesto «Choped», y al otro «Queso». (Sofía)

—¿Cómo se llamaba la dinosauria vieja de la película? (María B.)

—¿Los de los picos, cómo se llamaban? (Alberto)

—¿Qué comen los dinosaurios? (María D.)

—¿Cómo comen? (Andrea)

—¿Es verdad que los dinosaurios rojos salen al mar a luchar? (Ayrton)

—¿Y cómo ponen los huevos? ¿Por un agujero o por la vulva? (Laura)

—¿Cómo se llaman? (Lourdes)

—¿Cómo beben? (Alba L.)

—¿Cómo es que son tan grandes? (Sofía)

—¿Por qué tienen la barriga tan gorda? (Olga)

—¿Los huevos nacen, o qué? (Sara)

—Yo quiero saber de los huevos. ¿Cuáles salen de cada clase, y si se pueden equivocar de familia al salir los hijos, o no? También quiero saber si van al médico los dinosaurios. Y si los caimanes son los últimos dinosaurios que quedan vivos, o no. (Javi)

Veo a través de sus preguntas que algunos ya saben cosas, y otros no. También veo repeticiones, alusiones a *sus* propiedades, proyecciones... Es curioso constatar cómo cada cual pregunta según su *piso de abajo* (su mundo emocional). Así María D., que votó en contra, pregunta: «qué comen», dejando ver su miedo a ser comida. María M., que tiene un bebé de dos meses, pregunta «cuándo les nacen los hijos». Algunos se apoyan en los amigos o las novias para preguntar, y otros se quedan en la fantasía de la película, precisamente los dos más pequeños de la clase.

Intento leerles algo, pero los veo cansados. Dicen que tienen sueño y la verdad es que ha sido una sesión larga, así que nos vamos al patio. Han traído más materiales elaborados en sus casas con los padres y muy bonitos, por cierto.

A lo largo del día los veo ir y venir a la mesa de los proyectos, miran los libros, tocan el «huevo» de dinosaurio (una piedra ovalada enorme). Al irse, unos cuantos se llevan los materiales que han traído, cosa normal por ahora, es el modo habitual de aportar en los primeros momentos. Después ya será otra cosa... y hasta disfrutarán al ver que los amigos gustan de las cosas que ellos han traído. Habrá que esperar.

Por la tarde recortamos Pterodáctilos y luego reparto fotocopias de una hojita que ha traído Lourdes, en la que anuncia que esta tarde habrá un eclipse total de Luna. Nos lo ha explicado a su manera, y hemos quedado en verlo, con permiso de los dinosaurios.

Día 10

Hablamos del eclipse, que hemos visto ocho. «De pronto, todo el cielo se puso negro», decía Lourdes.

Les leo el librito que nos trajeron los Reyes, y dos páginas del de Sara, en una de las cuales sale el Albertosaurio, para satisfacción de Alberto... al que hoy llamamos todos así. Vemos imágenes de Internet que trae Freddy y un cartel hecho por Lucía y su mamá. También la portada del libro de Dani, mañana ya lo leeremos.

Surgen varias discusiones aprovechables:

- Si se dice Terodáctilo (Freddy), Perodáctilo (Javi), y Pterodáctilo (yo misma). Intento explicárselo, pero no hay manera, suena casi igual...
- Si el mamut es elefante o no. Laura dice que sí, porque es «elefante antiguo» y Sofía que no, porque tiene unos «cuernos muy grandes y pelos negros».
- Si el *homo sapiens* es el hombre mono, o no. Laura dice una cosa y Marina la contraria.
- Si será verdad o no lo que dice Alba L. de que tiene un dinosaurio vivo en su casa.

Así se dio esta última y trascendente discusión:

—Yo tengo un dinosaurio vivo en mi casa, hemos comprado un dinosaurio mamá, que «ha tenido» un huevo, y hoy mismo le saldrá el bebé, y vendrá, y os comerá a todos. ¡A los niños de aquí, y a ti!

—¿Y te cabe en casa?, le dice Alberto seriamente.

—Sí, en el pasillo. Hemos puesto tres camas, para el padre, para la madre y para el hijo.

—¿Eso puede ser?, pregunto.

—No, porque cuando había dinosaurios sólo había *homo sapiens*, dice Laura.

—Querrás decir hombres mono, comenta Marina.

—Pero a ver, ¿por qué dices esto, Alba?, le digo en tono de «volver a la tierra».

—Porque es verdad, lo hemos «pescao», contesta riéndose.

—Si se ríe, no es verdadero lo que dice, que yo lo sé, dice Luz rápidamente...

Esto me obliga a llamar otra vez al experto Luis G. Mientras viene, les pido que se sitúen separadamente. En un lado los que creen que lo que dice Alba L. puede ser verdad, y en otra los que creen que no. Al lado de Alba L. (y para mi asombro), se colocan siete, entre ellos Javi, que me parecía uno de los más realistas... En el otro lado se pone Marina, que asegura que su madre le ha explicado que los dinosaurios ya no existen, que no hay «ni uno». Junto a ella se sitúan el resto de los niños.

Entonces entra Luis G. y le pregunto si puede ser verdad que Alba tenga en su casa un dinosaurio vivo. Contesta con gran fuerza y cara de risa: «¡Nooo! ¡Eso es imposible!». Y ante esta respuesta tan clara y tan sentida, Alba L. cede por fin y aclara que «era de juguete».

Día 11

La lectura de hoy es sobre el Tiranosaurio Rex y sobre la alimentación de los dinosaurios. Utilizo varios de los libros para que todos se sientan incluidos. Están atentos. Se habla de herbívoros y carnívoros, y veo que se sitúan afectivamente del lado de los herbívoros, a pesar de que Javi señala que nosotros somos también carnívoros y Laura dice que «ellos nacieron así». Oímos la música de los dinosaurios y hacemos unas escenas teatrales de lo que hemos leído. Después dibujan a los Tiranosaurios Rex, con sus dientes de punta, haciendo líneas quebradas.

Por la tarde viene Luis, el experto, a contestar a nuestras preguntas. La clase estaba colocada como para una reunión de padres, con una silla alta para el ponente. Al entrar se ha ido al sitio de los niños y le he recordado que el que iba a hablar era él. Se ha sentado, algo nervioso, y ha empezado a decir: «Exactamente, exactamente, exactamente...» De pronto, me ha mirado, y me ha dicho: «Oye, ¿me habías preguntado algo?». Entonces empiezo a leerle las preguntas que teníamos anotadas y contesta muy bien. Corto, claro, sencillo, natural. Una vez ha dicho: «No me acuerdo de eso, lo sabía, pero se me ha olvidado». A Javi le ha dejado claro que el caimán no es un dinosaurio, pero que el Spinosaurio sería su antepasado.

Ante las preguntas «mágicas» sonreía y me miraba, notándose ya en otro «nivel», más «mayor»... Cuando le he dicho la otra pregunta de Javi «¿Van al médico los dinosaurios?», ha sonreído y se ha callado. Creo que no sabía ni qué decir de lo rara que veía la pregunta... Mientras él meditaba, los otros niños contestaban por él:

—No van, porque no caben.
—No van, porque morderían al médico.
—No van, porque lo tirarían todo.
—No van, porque ellos nunca están enfermos.

Al final ha decidido decir sólo: «No, no van al médico», sin más comentarios.

Total, que nos ha confirmado que ahora no hay dinosaurios y que cuando los había, no existían las personas. Además, nos ha recordado muchas cosas que habíamos leído y, sobre todo, ha hecho un alarde de naturalidad y respeto que le hemos agradecido con aplausos y «gracias».

Día 12

Ha habido talleres «mezclaítos», excursión y teatro, pero los oigo hablar y jugar a dinosaurios todo el rato. En el campo buscan piedras y al regresar al colegio las colocan en orden decreciente tras nuestro «huevo» de dinosaurio. Marina dice: «Ahora ya tenemos una escalera de huevos».

Día 15

En la asamblea del fin de semana algunos hablan de que han visto la película *Dinosaurios* y cuentan parte de ella. Se discute si son de una clase o de otra. Hacemos «crestas» de dinosaurios con la línea ondulada.

Previamente la hemos vivenciado a nivel corporal: recorriendo un camino que era como las olas del mar, dando curvitas entre los árboles del patio, pintándola luego en la arena, y por último en la pizarra. Los dinosaurios con crestas onduladas han salido preciosos.

Por la tarde había talleres:

- De ver los libros y cuentos de dinosaurios.
- De jugar con los dinosaurios que tenemos en la mesa de proyectos.

- De hacer simetrías con pintura.
- De hacer serpientes onduladas
- De dibujar dinosaurios altos y bajos.

Día 16

Hoy se ha incorporado un alumno de Prácticas y hemos empezado el día presentándolo: Nacho (según Alberto, «macho»). Le han dicho sus nombres, le han contado algunas cosas de las que saben sobre el tema que nos ocupa, y él nos ha dicho algo suyo: donde vive, su edad...

Les he leído hoy dos cosas sobre el «fin» de los dinosaurios, a raíz de una pelotita con purpurina que ha traído Manuel, diciendo que era «el meteorito», y otra sobre los Stegosaurus (de varios libros que han traído estos días). En lo del «fin», Marina ha explicado que «no sólo era por el meteorito que habían muerto, sino por la lava de los volcanes y porque no había bastantes plantas para comer».

Hacemos después dos escenas para representar lo recién aprendido:

En una de ellas se veían unos cuantos dinosaurios «en su bosque», y de pronto caía el meteorito, que era la pelota de Manuel, que él mismo lanzaba con energía, y se oía sonar un gran ruido orquestado por Sara con el pandero en la mano. Iban cayendo la mayoría de ellos, menos uno, que era un Diplodocus, que apuraba el resto de plantas que quedaban por allí, después de tantos desastres. Todo el mundo quería ser «el que no moría», sobre todo Javi, que se ha puesto a dar saltos: «¡Yo soy el vivo, yo soy el vivo!», y hemos tenido que sortear el codiciado papel. Antes de pasar a la siguiente escena hemos hablado un poco de esto:

> –¿Y por qué todos queríais ser «el que se moría el último»?
>
> –Porque yo no quiero morirme, dice rápidamente Javi, como portavoz improvisado. Los demás se adhieren con calor: ¡Yo tampoco! ¡Ni yo!...

La segunda escena ha sido para los Stegosaurios, que se encontraban muy rígidos y anquilosados, porque como tenían la sangre fría, necesitaban que el sol les calentara para poder moverse, recogiendo el calor en las picudas placas de su lomo.

Hemos disfrutado, pues, de dos «funciones», en la primera ha actuado una mitad de la clase, mientras la otra mitad miraba, y en la segunda han cambiado los lugares, los espectadores han sido los artistas, y viceversa. Ha sido divertidísimo, además de que hemos consolidado los conocimientos recién adquiridos. Después han dibujado y recortado Stegosaurus, y nos hemos ido a comer.

Por la tarde teníamos una sesión de psicomotricidad. He repasado las nociones que tenía previsto trabajar y me ha parecido que el contraste *rápido/lento* le iría muy bien al punto en el que estábamos. Así que hemos estado haciendo gestos, movimientos, poniendo caras, diciendo nombres y frases, dando zancadas de dinosaurio... lenta y rápidamente. La semana que viene trabajaremos la noción: *duro/ blando*, ya que la de *alto/ bajo* sale mucho en este tema y la tocaremos haciendo gradaciones de alturas y no como «contraste absoluto».

A veces me parece irrisorio «trabajar» las nociones de modo tan «absoluto», y contabilizando las que me faltan o las que me sobran. Lo cierto es que es hacer una especie de resumen, de balance, o de facilitación. Supongo que deben ser restos de serie de otros momentos más «ordenados y sistemáticos» de mi práctica educativa. Lo que sí que veo es que cada vez que surge en la vida del aula algo aprovechable en este sentido, lo incluyo, lo uso, me sirve y noto que no hace falta que le demos más vueltas..., ya «está trabajado»... Y ahora que lo pienso, quizás sea porque a veces me encuentro con niños que tienen dificultades para nombrar las nociones, para simbolizarlas con el dibujo, el gesto o la palabra. A lo mejor, sólo por ellos mantengo esta insistencia que les hace detenerse y fijar su atención en si Francisco es más delgado que su amigo Sergio, o más bajo, o más alto...

Esto me hace pensar en la preocupación tan frecuente entre nosotros, los maestros, sobre si se trabajan los objetivos o no, cuando se está en dinámica de proyectos. Pues sí, se trabajan. O bien integrados en el tema, o sin integrarse, según decidamos, según vaya bien. Generalmente yo intento hacer coincidir en las sesiones de lenguaje corporal, gráfico y matemático algo referente al proyecto en el que estemos, con algún respiro para que no sea tan totalizador. Pero luego lo que veo es que los propios niños hacen que todo quede teñido de aquello que les viene interesando, incluso en las sesiones de juego simbólico libre y los talleres de libre composición.

Día 17

Les he leído sobre los Stegoceras y luego los han dibujado. Hemos mirado el libro de Luz, en el que había unas páginas con el proceso de encontrar, limpiar y ordenar los huesos para colocarlos en un museo. También les he leído las hojas que trajo Alba H. de Internet, en las que un niño de ocho años cuenta cosas de dinosaurios. Por la tarde había juego simbólico y he contado los niños que estaban jugando a dinosaurios, o mirando libros sobre el tema. Eran catorce de veinticuatro.

Andrea ha vuelto a venir con el vídeo que ya trajo y se llevó, y Luz insiste en llevarse su libro nuevo. Ayrton y Dani traen en una mochila muchos dinosaurios de plástico, pero no los ponen en la mesa de los proyectos, sino que se los dejan entre sí o a algún otro amigo. Las aportaciones de material van «así»... por el momento.

Veo a unos cuantos copiando las palabras: SÍ, NO y FIN en la pizarra, así que añado un cartel con la palabra FIN a la pared donde están las otras, tras la mesa de los proyectos.

Día 18

Laura ha entrado con una propuesta en la boca: «¿Separamos los herbívoros de los carnívoros?», y varios se han puesto a ello. Los ponían «por familias», los ordenaban, además, por tamaños: «el padre» delante, «la madre» detrás, y a continuación todos los hijos «en disminución». He visto una gradación de once Diplodocus, otra de ocho Stegosaurus, otra de seis Triceratops y una de cinco Tiranosaurus Rex. En el centro de la mesa estaban dos Anquilosaurus, un Spinosaurus en solitario y un Velociraptor, también sin compañía.

Ha sido un trabajo intenso en el que han participado todos, menos cuatro niñas, que han tenido una discusión. Como se puede ver, el objetivo de gradación de tamaños ha sido trabajado y por encima del nivel previsto para esta edad. Y lo mismo ha ocurrido con las nociones matemáticas: muchos, pocos, uno, dos, igual...

Les he enseñado la canción:

> Queremos un diplodocus
> con un lacito azul
> con un letrero que diga:
> «Ay, Dios, que guapo soy!»

Día 19

Hoy hemos puesto por fin el vídeo de Andrea y no ha dado tiempo a nada más, porque es el día de los talleres «mezclaítos», la excursión y el teatro. El campo se llena hoy de dinosaurios.

Día 22

Hacemos la asamblea del fin de semana y un mural con autorretratos en tonos de marrón. También les enseño la poesía de García Lorca:

> Si tu madre quiere un rey
> la baraja tiene cuatro
> rey de oros, rey de copas,
> rey de espadas, rey de bastos.
> Corre que te pillo,
> corre que te agarro,
> mira que te lleno
> la cara de barro.

El caso es que tenemos que ir a una alfarería y he pensado que el color marrón «va bien» para el barro y también para pintar dinosaurios. En cuanto a la poesía... siempre es un regalo para el oído.

Marina me pregunta si ya hemos acabado de aprender de dinosaurios, porque no hablamos de eso hoy. Le digo que creo que no, pero lo tengo en cuenta. Es la única que lo dice. Por el contrario, Alba L. trae una película y Javi pide hacer patrullas de dinosaurios de sus tres clases preferidas: Triceratops, Tiranosaurus Rex y Diplodocus. En los talleres de por la tarde hay dos de dinosaurios: ver libros de dinosaurios y dibujar dinosaurios. Los otros no: puntería, construcciones y esculturas con tiras de cartulina.

Día 23

Les leo sobre los nidos y los huevos, y sobre los Triceratops y surge una pregunta que plantea uno de los libros: ¿saltaban los dinosaurios? Enseguida Freddy contesta que sí y Laura que no, matizando que «los de la cresta, que parecían pollos, sí que saltaban, porque pesaban poco». Seguidamente lo representamos mediante unas escenas teatrales. Al leer que los Triceratops tenían tres cuernos porque *tri* significa «tres», Luz ha dicho: «¡es verdad!». Y al hablar del Torosaurio, Alberto ha dicho que *toro* era como *tono*. He escrito en la pizarra las dos palabras y las hemos comparado.

Por la tarde dedicamos la sesión de psicomotricidad a jugar a dinosaurios. Forro cuatro mesas con telas grandes y les doy por única indicación: «No pegarse». Lo pasan muy bien, se oyen terribles rugidos, asaltos, peleas, persecuciones... Casi todo era simbólico, pero tuve que parar a tres que pegaban de verdad. Luego lo hablamos un rato antes de la merienda.

Día 24

Nos vamos de excursión a una alfarería. Nada más llegar le preguntan a Emili Boix, el artesano, si sabe hacer dinosaurios de barro y también insisten en recitarle la poesía de García Lorca que aprendieron. Contemplamos con admiración como trabaja.

Por la tarde «estrenamos» la arcilla que hemos comprado y nos llevamos a casa unas huchas en forma de cerdo.

Día 25

Talleres «mezclaítos», excursión al campo y teatro.

Día 26

Hacemos una escultura muy alta, con cajas blancas, en las que estampamos con pintura de colores las manos de todos los niños del colegio. Quiere decir: «que estamos en son de paz».

Día 29

Hoy dedicamos el día a hablar de la paz y de la guerra y a hacer palomas con alas de papel de seda. Hay una pelea por un sitio en la mesa pequeña y Javi dice: «Se pelean como los dinosaurios, por los sitios más buenos». ¡Buena relación!

Día 30

Es «El día de la paz». Hay teatro, juegos, baile... Nada de dinosaurios.

Día 31

En el juego simbólico hay más variedad de elección y veo que ya no comentan tantas cosas sobre los dinosaurios, salvo Dani, Javi, Freddy, María B., Ayrton y Laura. Alba L. me persigue con su película de dinosaurios, le digo que la veremos mañana.

Acabamos

Para detectar el final de un proyecto hay que estar muy atentos a los emergentes, como aquel comentario de Marina de hace una semana. Empieza a decirlo alguien, luego alguien más. Baja algo la intensidad del trabajo, de las conversaciones, de los juegos... Hay quien se lleva lo que ha traído. Hay ambiente de final.

Esta vez el proyecto está durando bastante, a pesar de que ha habido otros sucesos que se han intercalado: lo del eclipse, la excursión a la alfarería, la fiesta de la paz, la incorporación de Nacho... También hemos escuchado música de Verdi, hemos aprendido poesías y canciones, hemos leído cuentos, hemos pintado, y unas cuantas cosas más.

Han sido cuatro semanas intensas dedicadas a los dinosaurios, pero ahora ya se nota que la curva desciende y es mejor darle fin.

Día 1 de febrero

Llevo unos libros-resumen de «lo que hemos aprendido de dinosaurios», y le voy preguntando a cada niño una cosa sobre el tema. Noto que hay quien lo tiene todo «registrado» y ordenado en su interior, y quien aún capta las cosas de modo «mágico», a su gusto y sin tener en cuenta las conclusiones de lo que se discutía... Por ejemplo, al preguntarle a María B. si son buenos los herbívoros y malos los carnívoros (uno de los puntos más hablados), contesta que «sí». Le pido a Laura que se vuelva a explicar y así lo hace, pero no sé si María B. la atenderá.

Dibujan en la tapa del libro su dinosaurio preferido y se lo llevan a casa, junto con el material aportado, que estaba expuesto en clase. Los veo pasar las hojas del librito, comentar cosas, hablar de los teatros que hemos hecho... Ahora podrán compartir con sus padres las vivencias que les evoquen las imágenes y también volver a escuchar las lecturas que más les han llamado la atención. Es un modo. Otras veces acabamos con la confección de un mural, con la elaboración de una comida, con una excursión o con la inauguración de una nueva colección. Pero el libro-resumen es bastante habitual. Con o sin dibujos de los niños, más gordo o más flaco, más bonito o más feo, porque viene muy bien para recordar y para hacer partícipes a las familias de los acontecimientos de la clase.

A la hora de irse Javi me pregunta:

—Y ahora que ya hemos aprendido de los dinosaurios, ¿de qué vamos a aprender?

—No sé, ¿tú de qué quieres aprender?

—Yo, de monos.

Blanca, que oye esto, dice:

—Yo de peces.

Y Sofía, al ver que no le digo nada a ella, me dice:

—¿Y yo qué?

Le aclaró que no podemos hablarlo aún, porque no estamos todos, y que lo vaya pensando para comentarlo mañana.

Tono, que nos está oyendo, añade:

—Pues, yo no quiero pensar en nada, porque si pienso me canso.

Para mañana nos queda ver la película de Alba L. y empezar a planear qué haremos después. A ser posible no lo decidiremos hasta el lunes o el martes, porque creo que es necesario *notar la falta para poder desear.* Un ligero descanso no nos vendrá mal y así habrá más tiempo para que se comente, se haga «campaña electoral» y, en fin, para que cada cual piense qué es lo que quiere... aunque alguno se canse.

«El piso de abajo»

Las incidencias afectivas y grupales, como siempre pasa, han ido emergiendo en este tiempo dedicado a los dinosaurios, en el que se han entremezclado las cosas de cada cual con las cosas del grupo y en el que los niños se han comparado con los dinosaurios en poderío, luchas, gusto por el otro sexo, costumbres, tamaño... Han aflorado sentimientos de miedo, de ternura, de envidia, deseos de crecer, aproximaciones a criterios morales.

La preocupación por la muerte ha salido con frecuencia, a partir de las lecturas, de las ilustraciones y del centenario de la muerte de Verdi, que un niño comentó en clase.

La agresividad también se ha podido hablar a raíz de las luchas de los dinosaurios y de la fiesta de la paz, en la que, como siempre, hablamos de la guerra.

PUNTOS NUCLEARES DE ESTA METODOLOGÍA

Autonomía:

- Para elegir.
- Para actuar.
- Para descubrir lo nuevo a partir de lo que se sabe.
- Para equivocarse.

Partir del deseo de saber:

- Innato en el niño.
- Generado en el grupo por la especial dinámica del aprendizaje significativo.

Descentralización del profesor, que se sitúa como agente impulsor del desarrollo y canalizador de los intereses del niño. Como observador, receptor de dudas, organizador, dador de seguridad y soporte afectivo.

Globalización a partir de lo que los niños quieren saber e incluyendo los aconteceres afectivos y grupales.

El hilo principal de la experiencia es que «así es como se aprende»:

- Quiero saber algo.
- Lo busco en las fuentes adecuadas.
- Lo reúno, recopilo, ordeno.
- Lo voy aprendiendo.
- Esto lo hago con mis amigos, mi familia, mis maestros.
- Como me gusta... seguiré.

También mi *piso de abajo* se ha «rebolicado» bastante. No sabía si estaba haciendo un proyecto de trabajo, o «marimandoneando» a la antigua usanza. No sabía si me había equivocado al empezar tan pronto en este grupo, o si estaba bien así, y con el funcionamiento los niños irían avanzando. No sabía si alguien escuchaba a alguien cuando estaban hablando, ni si alguien me escuchaba a mí cuando les leía sobre lo que ellos mismos decían *querer saber*...

Un mar de dudas... pero ya no me resisto, acepto este equilibrio inestable que me hace estar en la escuela *dudosa*, pero *despierta* y *vigilante*.

Valoro como rico este tiempo y este trabajo. Lo valoro y lo agradezco. ¡Está tan lleno de vida! Me hace conectar con los niños reales y no con esos ilusorios niños de los libros de fichas, que se conforman con pegar un «gomet» rojo al papá oso y un «gomet» azul a la mamá osa...

Aunque entiendo muy bien (porque los he tenido y aún colean...) los miedos, dudas y resistencias maestriles a esta apertura del *currículo* tan «descolocadora» y tan aparentemente ligera de cascos. Primero decimos que es miedo o preocupación a no cubrir los objetivos, a no encontrar materiales, a no saber organizar el trabajo, a no atrevernos a improvisar...

Pero hay más: nos da miedo el cambio, el romper las costumbres, lo previsto, el orden, el calendario, la programación... Y a veces, más aún: nos da miedo aumentar la dosis de trabajo, de lectura, de formación, de reuniones; tener que llegar a acuerdos con los compañeros, tener que convencer a los padres, a la dirección del centro... E incluso suele haber un miedo aún más hondo y con más connotaciones personales: el miedo a reconocer el no saber, a no ser entendidos..., en definitiva, el miedo a fracasar.

Un proyecto «chico»

Estoy casi segura que, después de leer este escrito, ya nadie me volverá a hablar de aquel nirvana que nombraba al comienzo. Espero que se hayan visto tanto las dificultades, como las satisfacciones y la anchura que da el trabajar así.

En conjunto, creo que éste ha sido un trabajo rico, movilizador y divertido. Con pocas propuestas «formales» por parte de los niños (o menos que otras veces); con más parte mía que en otros proyectos; con más magia que rigurosidad; con bastante apoyo de las familias, con mucha fuerza y mucha ilusión en el ambiente.

Un proyecto «chico» lo bastante grande como para suponer un verdadero *empezar*.

5

La serpiente de Ignacio

El curso pasado, uno de los niños que se incorporaron a mi clase, «Els Dofins», de 4 años, estaba bastante asustado.

Cambiaba de escuela y, por tanto, de compañeros, de maestra, de espacios, de costumbres, de dinámica de trabajo... Y como no sabía aún de qué modo hincarle el diente a la nueva situación, durante los primeros días de su trance adaptativo optó por «engancharse» literalmente a una serpiente de plástico, que le sirvió de talismán protector.

Gracias a él aprendí lo importante que puede llegar a ser para un niño pequeño tener como asidero algún objeto conocido, tranquilizador y revestido de afecto.

No tuve más remedio que armarme de valor y acompañar al grupo en un proyecto de trabajo que nacía un poco repentinamente, sí, pero tan vivo... Además, puse en cuarentena uno de los mitos más arraigados en mi andadura pedagógica: las peligrosas «lagunas».

Sobre la serpiente mediadora

Todo empezó el día en que Ignacio vino con sus padres a visitar la escuela. Mientras hablábamos, él lo inspeccionaba todo con gran atención. Se le veía moverse con rapidez, mirarme de reojo cuando pensaba que no iba a darme cuenta. Me observaba... y yo a él. Cuando se acercó a la caja donde estaban los animales de plástico, dejó esa actitud vigilante y se puso a jugar. Tomó con la mano izquierda una serpiente, y con la otra fue colocando los demás animales en una fila larga y bien organizada. No soltó la serpiente en todo el rato, ni al ponerse a hacer un rompecabezas, ni al ver cuentos, ni al ir al patio... Cuando se iban, le pedí que la dejara en su sitio, y le dije que, sin duda, la encontraría allí el día que empezaran las clases. Accedió sin problemas y, bien cogido de la mano de su madre, se despidió de mí con una sonrisa tímida. Por eso no me extrañó verlo llegar el primer día y dirigirse a la caja a coger la serpiente.

Artículo publicado en *Cuadernos de Pedagogía*, n. 280, pp. 18-21, mayo 1999.

Tomaré del «Diario de clase» las anotaciones correspondientes a ese momento:

Ésta mañana, y a los sones de cumbia de Carlos Vives, ha empezado el curso en mi clase, y en mi persona. Bueno, ayer ya estaba algo alterada y con los nervios a flor de piel... En fin, como todos los años...

Hoy han llegado «ellos», y ha sucedido el encuentro. Con las variantes particulares, los sucesos graciosos, los llantos y las carreras. He visto un buen ambiente: alegre, movido, curioso... Los «nuevos» estaban bastante bien, salvo en algún momento; los «viejos» los guiaban, acompañaban, o arrastraban explicándoles con todo detalle hasta las cosas más mínimas. («Esto es el jabón para lavarnos», «Esto es la toalla», «Esto el borrador...»).

Ignacio ha entrado alterado y tenso, se movía tembloroso, daba pequeños gritos incontrolados... Enseguida ha cogido la serpiente, calmándose mientras la manipulaba sin parar. Así que, con este buen objeto mediador, se ha dado a conocer un poco ante el grupo, en parte como amante de los animales, y en parte como algo inseguro.

Varias niñas vestían de azul, y otras de rosa, Marta nos lo hace notar: «Todas las chicas vamos de rosa y de azul».

Las miramos un poco.

Hay quien nombra a los ausentes (algunos han cambiado de escuela, y otros de clase), entonces Ada pide que le guardemos sus fotos en el álbum de la clase «de recuerdo». Javi asegura que Carlos aún es de su patrulla, aunque vaya a otro colegio.

Han hablado, han jugado, han visto toda la clase, les he regalado una poesía para cada uno (unos pareados con sus nombres). También han habido unas presentaciones iniciadas espontáneamente por Manuel, que no podía dejar de hablar. Nos ha dicho su nombre completo, su dirección, que tenía conjuntivitis crónica, que le traían a la escuela en furgoneta, que tenía un hermano mayor... y mil cosas más. Así que se han apuntado la mayoría a hablar largo y tendido de sí mismos. Lo hacían cuando les tocaba el turno, hecho que se simbolizaba (a petición mía) con la entrega de la serpiente de goma a la que se ha había «adherido» Ignacio. He pensado que podría prescindir de ella un ratito, y que así los otros se fijarían en él. Se lo he preguntado y ha dicho que «bien», que «la dejaba».

Óscar ha llegado a las doce, y para gastarles una broma a los otros le he escondido en el armario mientras entraban del patio a escuchar el cuento con el que inaugurábamos la biblioteca. En plan efectista he llamado a la puerta del armario y he preguntado: «¿Hay alguien ahí dentro?», a lo que ha contestado él a voz en grito: «¡Síií!», y en medio del asombro general, ha salido sonriendo con su puñal en la mano, y pose guerrera.

De pronto, inesperadamente, Ignacio se le ha plantado delante y, aunque bastante nervioso, le ha dicho con energía: «¡No vayas a hacerle nada a mi serpiente, porque si no, le puedo decir que te ataque con el veneno que tira por los dientes!». (O sea, que no sólo la quería para calmarse...)

Haciendo caso omiso de la amenaza, y del hecho de no conocerlo de nada, Óscar ha discutido con él: «No lo tira por los dientes, sino por la lengua, que lo vi en la *tele*».

«No, eso no es», ha afirmado Ignacio, que en esto de los bichos, se muestra muy seguro, y entonces me han mirado los dos a ver qué decía yo... He remitido la duda al grupo, porque «no me acuerdo bien», y ahí ha empezado el proyecto de trabajo más repentino que he vivido hasta ahora.

Sobre el repentino proyecto

Ese mismo día los niños salieron con una carta para sus familias que decía así:

> Queridos padres:
> ¿Sabéis por casualidad por dónde echan el
> veneno las serpientes, si por los dientes,
> como dice Ignacio, o por la lengua,
> como dice Óscar, que lo vio en la *tele*?
> Nos corre prisa.
> Saludos de Els Dofins.

La misiva fue respondida ampliamente en los días sucesivos. Dibujos, explicaciones, fotos, fotocopias, unos zapatos de piel de serpiente, un bolso, una piel de serpiente auténtica, telas con un dibujo «serpenteante», unos pendientes de serpiente, un cuento desplegable con una serpiente ¡de 3 metros!, una enciclopedia de animales...

Les leí los trozos que más les interesaron y recibimos dos visitas para hablarnos de serpientes. Una fue de Mari Carmen, limpiadora de la escuela vecina, que encontró una víbora y tuvo que matarla para que no anidara en el colegio. Habló de su miedo, y de la pena que le dio tener que matar a aquel animal que «total, a nadie le había hecho nada». La otra fue Consuelo, nuestra cocinera, que cuando oyó hablar

«¿Sabéis, por casualidad, por dónde echan el veneno las serpientes?»

de serpientes se ofreció voluntaria a contar su experiencia con las culebras de agua de su pueblo, con las que se bañaba en las acequias y que eran, según decía: «muy buenas».

Representamos una y otra vez las escenas reales, que pudimos experimentar en clase, en la actividad de teatro que realizamos por grupos, y fue muy divertido. Además vimos muchas láminas de los tipos de serpientes en los libros de que disponíamos. Hubo algunas que por uno u otro motivo permanecieron más en la memoria: la serpiente cascabel, la víbora, la culebra de agua, la morena, la boa, la cobra y la pitón.

Leímos e inventamos cuentos sobre serpientes, también hicimos poesías, juegos, carreras, sonidos «serpenteantes»... Aprendimos una canción, que nos servía de himno:

> ¿Adónde vas serpiente
> tan primorosa?
> Voy a comerme un huevo
> de color rosa.
> Las serpientes modernas
> no comen huevo,
> que comen chocolate,
> leche y buñuelos.

Una mañana estuvimos buscando «la forma» de las serpientes por todo el colegio, y la encontramos en la letra de ÓSCAR, de SERPIENTE, de SUPERMAN, de SALA DE JUEGOS, en el camino que se hace al serpentear entre los chopos del patio, en algunos dibujos, en las curvas que se pueden hacer entre las ruedas de jugar, en la pizarra si la dibujamos, en la plastilina, en la caja de animales, en los libros de clase... Mientras íbamos buscando hicimos un tren que serpenteaba, y hacía: «SSSSS».

En los talleres fabricamos serpientes de arcilla, de plastilina, dibujadas, recortadas, pintadas... A las de plastilina les pusimos lentejas de adorno (Ignacio decía que eran el veneno), y a las de arcilla, maíz.

Ada propuso hacer un fondo marino con morenas muy negras. Le fuimos añadiendo cosas, y quedó genial: conchas, caracolas, «peces-galleta» –que mancharon el papel...–, arena en el fondo... Mariana propuso que hiciéramos coronas de serpiente, y también resultaron preciosas. Óscar quiso dibujar uno de los cuentos que habíamos leído: *La serpiente multicolor*, y al ver lo bien que le salía, todos se apuntaron a su idea, que era como un experimento y que se hacía mezclando purpurina con témpera y cola en polvo.

Reunimos una buena colección de serpientes de juguete, y a ratos jugábamos con ellas, las contábamos, clasificábamos, etc. También hicimos pruebas juntando colores para lograr el más oscuro de la morena, o el jaspeado de la piel de los zapatos de la abuela de Ada.

A propuesta de Rubén había un taller fijo de «jugar a lo que habíamos leído» sobre las serpientes, y allí se podían ver escenas de mangostas persiguiendo serpientes, serpientes cazando ratones, poniendo huevos, paseando, al acecho...

Casi desde el principio nos enteramos de que en Alicante no hay más serpientes venenosas que las víboras, y que además quedan pocas... Éste era un punto que sembraba inquietud, y que estuvo muy bien leer y confirmar a través de varios libros. También supimos que, efectivamente, el veneno salía por los dientes, como había dicho Ignacio, cosa que contribuyó a situarlo en un buen lugar de aceptación dentro del grupo. Por un lado, por ser tan experto, y por otro (creo yo), por su original modo de presentarse.

Sobre la rotura de un mito

El caso es que tuve que abandonar mis previsiones para las primeras semanas, que rondaban los temas del «Encontrarse», y de «Els Dofins» (los delfines), y dedicarme a poner orden y concierto en las propuestas, preguntas y aportaciones varias sobre las serpientes, A pesar de que el proyecto estaba discurriendo muy bien y que Ignacio y Óscar se habían hecho casi amigos, yo tenía la sensación de que esta improvisación me había trastocado demasiado los planes.

Ahora, visto con un poco más de distancia, me parece que ello se debió sobre todo al hecho de que este asunto me removió uno de esos «pilares básicos» que se nos implantan a los maestros en nuestra etapa de formación inicial , y que se nos quedan instalados para toda la vida.

Me refiero al miedo a las «lagunas», esos lugares terribles, de ignorancia y error, en los que pueden «caer» nuestros alumnos si no tenemos especial esmero en organizarles bien los contenidos y las secuencias de aprendizaje. Como si ellos solos no pudieran acceder al conocimiento por medio de los libros, la televisión, el ordenador, la familia, los amigos...

Lo cierto es que a mí eso de *improvisar* me daba miedo. Me sonaba a espontaneidad, a salto de mata, a descuido, a desastre. Sin duda, era mucho mejor seguir lo previsto, lo seguro, lo preparado (mujer previsora vale por dos...); sólo después de darle muchas vueltas, consultar con los compañeros, acudir al diccionario, etc. me fui aclarando un poco.

En efecto, el diccionario define «previsión» como preparación (de *provinere*: prever, ver antes, ver de antemano), e «imprevisión» como la falta de preparación, inadvertencia, irreflexión (no prever, no pensar antes las cosas).

Es decir, que *prever* tenía su contrario en *no prever*. O *previsor* en *imprevisor*. Pero *improvisar* era otra cosa:

«Improvisar» es, en cambio, hacer una cosa sin haberla preparado por adelantado, o inventándola mientras se va haciendo, como un discurso, una poesía, una música...

O sea, que improvisando no se prevé, pero es porque el hecho se presenta de pronto, súbitamente, y hay que salirle al frente, utilizando los recursos que uno tiene y conoce, recursos fijos, *previstos, preparados* para lo que pueda surgir, incluso para lo que «sucede de pronto», de improviso, para lo *imprevisible*, como sería el asunto de las serpientes.

De modo que *sí* que hay una preparación:

- Los objetivos del currículo de educación infantil.
- Las fuentes del saber: libros, personas, observación,...
- Los procedimientos: preguntarse por las cosas, leer, discutir, memorizar, averiguar, archivar,...
- Mi experiencia en el aula y en las características del momento evolutivo.
- El deseo de aprender, innato y vivo en los niños.

Así que bien podría, sin tantas dudas, dirigirme hacia el conocimiento al que apuntan los niños, inventando cada vez el camino con su ayuda, reinventándolo, con las variantes que los propios niños aportan, las circunstancias diversas y mi intervención, siempre diferente. De este modo se genera una agradable impresión de soltura, de novedad, de riqueza. Quizás sean los años de oficio los que me han permitido llevar a cabo esta clase de improvisación no tan desprovista de previsiones, pero hasta ahora no me había dado cuenta.

Con todo lo reflexionado, hablado y discutido, saco la conclusión de que tener cosas previstas no sólo está muy bien, sino que es necesario, pero que tenerlas y utilizarlas a ultranza, eso ya no está tan claro. Es como si viniera una visita a casa y se le hiciera comer todo un banquete que teníamos preparado, por si acaso tuviera hambre. Y a lo mejor no tiene apetito, o sólo quiere un café.

Tener previsiones es algo bueno, sí, pero sin ánimo de exhaustividad, ni de obligaciones totales. Aunque también podemos improvisar sobre lo que la realidad nos trae y , mejor aún, sobre lo que los niños proponen. Es más relajado saber lo que se quiere, e ir a buscarlo a la despensa de nuestras previsiones múltiples, o a las despensas de las propias familias, de las bibliotecas cercanas,... ¡Nos podemos proveer en tantos sitios! Seguro que no nos quedaremos con hambre. Ni los niños, ni nosotros, en todo caso nuestras compulsivas ganas de enseñar sin parar y sin cesar a todo el que se ponga a tiro.

Ante todo, tranquilidad. Primero hay que tener hambre y luego comer. Sin miedo a las lagunas, ni a las serpientes...

6

Las piedras preciosas

Empezar un proyecto de trabajo supone siempre un conjurar de deseos individuales y colectivos, un tira y afloja, un imaginar trayectorias que, después, no siempre son recorridas según fueron soñadas por los particularísimos gustos de cada uno de los implicados en la aventura.

En el proyecto sobre «las piedras bonitas» que propuso Irene hace un tiempo en mi clase (niños y niñas de cuatro años), ocurrió algo de esto, y desde las ganas iniciales de disfrutar de la belleza de las piedras brillantes, las finas, las redondas, las «preciosas»... pasamos a averiguar de dónde salen, por qué no son todas iguales y cómo es que están heladas si antes eran «lava de fuego».

Algunos de los porqués

No sé si en el ímpetu con que ha entrado este tema habrá tenido algo que ver el hecho de que celebramos la asamblea de padres la misma tarde en que se había elegido «de lo que íbamos a hablar», y al comentarlo, di a conocer mi ignorancia en estas lides. O sea, que fue una demanda de ayuda a las familias bastante más perentoria que en otras ocasiones.

O bien se deba a que esta vez fueron «las chicas» quienes apadrinaron el tema, ya que al proponerlo Irene, se le sumaron todas las demás, muy entusiasmadas y atraídas por el brillo que prometía el asunto.

Por si fuera poco, Amiel nos recordó que los compañeros de la clase vecina (un año mayores que ellos, y continuo punto de referencia y «ejemplo»), ya habían aprendido de esto, y ahora les llamaban «minerales» a las piedras cuando jugaban en el patio.

A todo ello se añadieron unas cuantas dudas que me preocuparon bastante, y las puntualísimas aportaciones palpables de tres de los niños, que contribuyeron a animar el ambiente con sus «ejemplares de piedras» pulidos y relimpios metidos en

Artículo publicado en *Cuadernos de Pedagogía*, n. 287, pp. 19-23, enero 2000.

cacharros preparados para la ocasión. David las había encontrado en la playa, Esther en el monte y Pablo debajo de la cama, porque la suya era «la colección que su papá había recogido cuando iba al instituto».

Con este inicio, desde los primeros días del proyecto hubo cosas que decir, piedras que enseñar y hasta enciclopedias que arrastrar para leerlas en clase. Los ratos de lectura, los de ver las láminas a todo color en los libros y, sobre todo, los de pasarse los minerales de manera casi tribal, fueron sin duda momentos de aprendizaje y de encuentro, aunque también de un cierto «lío»...

Para elegir el tema se partió de un vacío

Generalmente, cuando acaba un proyecto se puede notar en el «clima» de la clase un descenso de la excitación; menos propuestas y aportaciones de material, más ratos de conversaciones en torno a otros temas, mucho juego simbólico con el contenido recién incorporado, cuentos y dibujos en torno a lo aprendido... Hay quienes nombran o preguntan por el final: «¿Hemos acabado ya que aprender de...?», o «Yo quiero llevarme a mi casa el libro que traje, que ya lo hemos visto»... Hay quienes directamente se llevan cosas, dando así por terminado el trabajo. Otros recuerdan las propuestas que quedan por hacer para poder acabar, e incluso algunos empiezan a plantear nuevos temas.

Cuando queda claro que «hemos terminado» con un tema, quitamos de la zona dedicada a los proyectos los libros, gráficos y demás materiales alusivos, dejando sólo un vacío, que suele resultar generador de nuevos acontecimientos. El vacío llama tanto la atención de los niños que empiezan a proponer cosas, a quejarse, a desear llenarlo. Algunos, «desesperadamente», otros con más calma, según sea cada cual:

–Oye, que aquí no se puede estar, no sabemos ni de qué tenemos que aprender.
–¿Cuándo vamos a empezar a hablar de otra cosa?
–Yo veo esto muy feo tan «pelao».
Esta vez surgió así la elección del tema que nos ocupa:
–Podríamos aprender algo de las águilas. (Miguel)
–Yo ya dije que mejor de cómo se hacen las galletas. (David)
–Y yo de ciegos. (Pablo)
–Irene habló sobre aprender de orugas, yo la oí. (Luis)
–Y también dije antes de piedras bonitas. (Irene)
–Pues habrá que decidir qué hacemos, esta tarde lo hablaremos con calma. (M.C.)

Por la tarde cada uno iba diciendo un tema, o se «apuntaban» al carro de otros.

Los resultados de la votación fueron éstos: Orugas: 3; Piedras bonitas: 8; Plantas y flores: 3; Gatos: 3; Águilas: 5; Coches: 1.

Así que «ganaron» las piedras bonitas... Entonces Miguel, a toda velocidad, dijo que «se quitaba» de las águilas y «era» ya de las piedras bonitas. Y varios más hicieron lo mismo. Pregunté quién quería las piedras bonitas, y levantaron todos la mano, menos dos, que se mantuvieron firmes en sus propuestas: Fernando, las «arrugas» (orugas), y Jorge los coches.

Este giro de Miguel hacia el tema ganador es algo bastante habitual. Es duro perder, y más en esta etapa evolutiva tan llena de uno mismo.

Una vez elegido el tema, les comenté que sentía no saber mucho de piedras bonitas. Agustín, entre desconcertado y enfadado, dijo entonces que cómo iban a aprender ellos, si yo no podía enseñarles «nada». Pablo optó por aconsejarme que les preguntara a los compañeros de la clase de «Els Elefants», y Blanca propuso escribir una carta a las familias para pedirles ayuda. Decía así:

> «Els Cangurs» queremos aprender ahora de «piedras bonitas», que algunos dicen que se llaman minerales. ¿Nos podéis traer algo de eso? ¿Nos podéis decir algo de lo que sepáis de eso? Queremos ayuda.

Es curiosa la reacción de Agustín. Tiene ya mucha dosis de realismo. Él entiende o permite mi «no saber», siempre que éste no sea tan alarmante como para que los deje a ellos «desasistido». Por lo visto piensa que el maestro ha de saber más que el alumno (cosa que es cierta), y mi manifestación de ignorancia, demasiado contundente, le ha alterado. Esta situación me ha hecho pensar bastante:

- ¿Puedo o debo hacer ese alarde de ignorancia?
- ¿Es buena esta estrategia que uso para despertar su autonomía, o los puede confundir?
- ¿Sería entonces mejor «hacer como si supiera», o estudiarme el tema en solitario para poder «ilustrarlos» con mis explicaciones?
- ¿O quizás no dar paso a que elijan según sus intereses y relaciones, proponiendo yo misma los centros de interés, que «sí que sé»...?
- ¿Cómo combinar el estímulo a su actividad y la seguridad y contención que necesitan que yo les aporte?
- ¿Qué papel desempeño en esta nueva dinámica de trabajo basada en proyectos colectivos?
- ¿Es esto realmente caminar hacia la autonomía?
  Porque Agustín tiene bastante razón...ellos están allí para aprender, pero ¿de mí, o mediante mi intervención?
- ¿Podré transmitirles sin que se agobien y sin abandonar mi función la idea de que pueden ir empezando a ser sujetos activos de su aprendizaje?

A pesar de las dudas y de los errores, creo que es un riesgo que vale la pena asumir, porque así el niño queda invitado a investigar, a buscar, a moverse hacia el conocimiento, y los maestros podemos ofrecer organización, pistas, procedimientos, maneras concretas de averiguar y compartir lo averiguado.

Aprender para llenar el vacío. Aprender sabiendo que no se sabe todo (ni mucho menos). Aprender porque se desea y se necesita. Aprender con ayuda, pero con el objetivo claro de ir hacia una creciente autonomía.

Mientras mis dudas, suscitadas por Agustín, iban rondándome por dentro, los niños iniciaban su proceso de aprendizaje, desde la explicitación de sus propios interrogantes, comentarios y propuestas, hasta la realización de múltiples actividades y la apropiación de bastantes conocimientos. La visita de «la experta» aportó los saberes de que yo carecía y la actitud colaboradora de las familias también puso su importante grano de arena.

El proceso

En el texto que sigue se apreciará un poco cómo se desarrolló este proyecto, que para mí ha sido tan significativo, por lo que me ha supuesto de reflexión, y tan placentero, por su animación y viveza.

Algunas preguntas y comentarios:

- ¿Cómo se hacen las piedras?
- ¿Cómo es el color de las piedras?
- ¿Cómo se hacen las piedras que vienen de los volcanes?
- ¿Cómo brillan las piedras?
- ¿Cómo se hacen las piedras del mar?
- ¿Cómo pueden los señores hacer armas con una piedra?
- ¿Cómo son tan bonitas?
- ¿Por qué son brillantes?
- Si cascan la piedra y quitan el oro, ya no serían tan bonitas.
- ¿Cómo son por dentro?
- ¿Cómo se cogen las perlas de las ostras?
- ¿Y la pirita? ¿De dónde la han sacado? «¡Es mi preferida!».
- «Yo tengo los ojos "color azurita", pero mi hermana Carmen, como acaba de nacer y tiene la nariz tan chafada, parece la pirita ésta, que es pequeñísima».
- «Mi rosa del desierto estaba enterrada en la arena y a mi mamá le tocó arrancarla escarbando mucho».
- «¡Los siete enanitos eran mineros!...».
- «La purpurina debe ser de piedra de brillo aplastada».
- «Yo de mayor quiero ser mamá y princesa, y tener joyas».

Algunos conocimientos

Hay piedras de tres clases: volcánicas, sedimentarias (de mezcla), preciosas y otras más, por ejemplo las «biológicas», como las perlas que trajo Ana. Se pueden encontrar en el mar, en el monte, en las minas y en los volcanes. Algunas brillan, otras no, otras a trozos. Algunas, si se caen, se rompen (frágiles), otras no. Algunas manchan las manos al tocarlas: el carbón, el talco, el yeso.

Unas son más blandas, otras más duras. Hay una que sirve para hacer lápices: grafito (es como carboncillo). Hay piedras que se llaman cristales y otras metales... El viento y el agua hacen formas bonitas en las piedras. Hemos visto (y tocado) cuatro (o más) piedras negras: el carbón (pesa poco y mancha), la pizarra (muy fina), el hierro (pesa bastante) y la piedra volcánica.

Existen piedras de muchos colores. Hemos visto algunas: azurita, malaquita, limonita, azufre, mármol, ágata, granate, cristal, cuarzo, jacinto... Y hay piedras preciosas que sirven para hacer collares, coronas, pendientes, etc., y son muy bonitas. Los joyeros las pulen y las arreglan para que estén aún más preciosas (como el cristal de Isabel, o las siete piedrecitas del cofre enano de Amiel). Hemos visto algunas de ellas: la amatista, el aguamarina, la esmeralda, el rubí, el diamante... También existen piedras de muchísimas formas. Se ven bien con un microscopio, también con una lupa (¡y sobre todo con la linterna!).

Las minas son túneles y pozos que hay debajo de la tierra y de aquí se saca el oro, la plata, el carbón, los diamantes, etc. Los mineros llevan casco con linterna por si se derrumba algo, y además les sirve para verse (antes llevaban una vela en vez de una linterna). Los mineros son muy fuertes y valientes.

Los hombres primitivos se fabricaban armas con sílex, que es una piedra marrón finita que trajo Fernando.

Algunas actividades

- Apagar la luz y mirar las piedras con las linternas.
- Jugar a que el armario era una mina y entrar en él con las linternas.
- Recibir a una amiga de la mamá de Amiel que tiene cristales y piedras.
- Fabricar colores «chafando» piedras.
- Recortar joyas de las revistas y pegarlas en un papel.
- Mirar y tocar todas las piedras aportadas por las familias.
- Clasificarlas: las de brillo y no brillo; las que manchan (yeso, carbón) o no; las de mezcla y las puras; y las que sirven para hacer collares o no.
- Buscar minerales en una excursión por el campo.
- Hacer coronas adornadas con «piedras» (transparencia de colores con papel cristal).
- Nos pintamos a nosotros mismos con un mineral en la mano.
- Fabricar el color granate, rosa, lila y verde mezclando pinturas.
- Jugar a ser mineros, buscadores de piedras y «fundidores» para sacar oro.
- Pintamos en un papel los cuatro minerales que más nos van gustando.
- Nos hacemos un tesoro en una caja con oro, plata, monedas y piedras preciosas.
- Hacemos teatros de mineros, hombres primitivos y princesas.
- Jugar con nuestra colección de caracolas y cosas de mar.
- Narrar cuentos: *Estrellita de oro; La niña de cristal; Los tres bandidos;* y *Blancanieves.*
- Aprender canciones relacionadas con el tema: «Los chinitos de la China cuando no saben qué hacer, tiran piedras a lo alto y dicen que va a llover»; «Soy minero»; «Ay, bo, ay, bo, al campo a trabajar...».
- Escribir poesías dedicadas a las piedras:

Carbón
pareces un melón.

La rosa del desierto
es un beso.

Azurita eres mi amiguita.	Granate pareces un bravate.
Ojo de tigre eres libre.	El cristal me huele mal.

La visita de la experta

17 de marzo de 1998

Hoy ha venido a nuestra clase Nina, acompañada por los padres de Amiel. En su calidad de experta en minerales ha ido respondiendo a todas las preguntas que le teníamos preparadas, y además ha sabido transmitirnos a un tiempo tranquila y apasionadamente su amor por las piedras bonitas.

Nos ha contado que su afición a recogerlas y cuidarlas empezó cuando era muy pequeña, a los tres o cuatro años. Y que leer las cosas sobre los cristales, mirarlos, tocarlos, hablar de ellos y dejarse atravesar por su belleza es para ella un trabajo y también un placer.

El brillo de sus ojos y la calidez y el cariño que demostraba al hablar, nos han ido envolviendo a todos los presentes, seguramente porque ha tenido la intuición de captar los hilos emocionales que se le tendían, y de tejer con ellos una potente trama, parecida a la que tejen las ostras con sus perlas, según ella misma explicaba. Así, cuando María le decía que la azurita era su preferida, ella le contestaba: «Será porque brilla como tus ojos». O cuando José Manuel le comentaba que a él lo que le gustaban eran las ardillas, ella le contestaba: «Pues a las ardillas les gustan las piedras brillantes...», con lo cual le daba paso a sumarse al interés colectivo, a incluirse en el grupo... O cuando Esther le preguntaba que «Cómo es que las piedras son tan bonitas», ella le contestaba: «Nunca tanto como tú».

Después de aclararnos todas las dudas, Nina nos ha dejado tocar muchas de sus piedras, incluso la amatista, que es su preferida. En grupos de tres nos acercábamos al suelo, en donde las tenía muy bien colocadas en unos trapitos blancos con puntillas, y nos las pasábamos por la cara, por los labios y hasta por los ojos cerrados. Estaban tan frescas...

Después fuimos mirando unas diapositivas metidas en un aparato con luz. Se veía en ellas a los padres de Amiel en unas cuevas, como si fueran mineros. Casi todos nos atrevimos a probar qué se siente con un casco de fuego en la cabeza. ¡Estuvo genial!

La sesión acabó con una sorpresa que no nos esperábamos nadie: ¡Nina nos regaló una preciosa bolsita llena de piedras de colores para cada uno! David, agradecido, habló por boca de todos: «Ay, ¡qué bien! Así siempre cuando veamos estas piedras, nos acordaremos de ti». A lo que Nina repuso con una sonrisa: «Pues muchas gracias».

Y ahí ya, nos despedimos. El que más y el que menos, con un poco de emoción cristalizada...

Algunas aportaciones de las familias

Hola, amigos y compañeros de Arturo:

Hemos traído esta pequeña piedra a clase porque es una piedra preciosa, y también porque tiene un valor especial. Se llama «ojo de tigre» u «ojo de gato», por el color que tiene, y está tallada o trabajada porque formaba parte de un collar que yo regalé a mi madre cuando tenía cinco años. Vivíamos en Kenya, África, y me acuerdo que fuimos mi hermano y yo a elegir un regalo de cumpleaños para mi madre y lo que más nos gustó fue un collar de «ojos de tigre». Es una de mis primeras memorias de cuando era niña. El collar se rompió, pero tenemos todas las piedras y vamos a arreglarlo.

La verdad es que tiene un nombre muy bonito y nos hace pensar en los ojos de los tigres, que son animales casi mágicos por lo bonitos que son. ¿Serán los ojos del tigre realmente así?

Saludos y abrazos a todos.

Janet y Arturo, padres de Arturo y Pablo

¡Hola, Mari Carmen!

Aquí te mando estas piedras que nos trajo nuestro amigo Carmelo, a quien lo que más le gusta es buscar piedras preciosas por los campos y montañas. Se puso muy contento cuando le conté que estábais estudiando los minerales. Me contestó que le sorprendía, porque él pensaba que en los colegios siempre se estudian los animales y las plantas, pero nunca los minerales.

Así que un día nos trajo estas piedras, que, aunque no conocemos, nos parecen preciosas. Creemos que una de ellas es un granate, porque es de ese color, pero no estamos nada seguros. De lo que sí estamos seguros es de que el fósil es un fósil de hojas. La blanca alargada es cuarzo y la de en medio que tiene un poco de tierra y es grande, es una rosa del desierto, que si te fijas bien, por atrás y por delante parece un duende. Otra piedra lila parece una casita.

Esperamos que os gusten.

Victoria, madre de Ana

Unas breves conclusiones

Aprendiendo de estas cosas juntos, nos hemos dado cuenta de que:

- A las personas nos suelen gustar las piedras porque son muy bonitas, y siempre es agradable mirar lo que es bonito.
- En muchas casas hay piedras de adorno, y en estatuas, en collares, o bien están guardadas en cajas, o «de recuerdo»...
- Hay quien las colecciona y se las enseña a los amigos.
- Ninguna piedra es igual, como nosotros, que no somos iguales.
- Cada uno tiene su piedra favorita: Ana, la rosa del desierto; Fernando el sílex, porque servía para hacer armas, y Nina la pirita. Y esto es porque las personas tenemos gustos diferentes.

El beneficio de la duda

Al contar este proyecto, veo que me he ido deteniendo en algunos cabos de la reflexión que siempre me acompaña, llevándome de la teoría a la práctica, y de la práctica a la teoría, en un vaivén incesante. Estas dudas que nos surgen a los maestros constituyen, creo, el germen de los cambios que vamos introduciendo en nuestro quehacer cotidiano, y nos conviene -y mucho- airearlos comentándolos con otros, analizándolos, debatiéndolos... para encontrarles un sentido, sin el cual hacer escuela se convertiría en puro activismo inútil, porque la nuestra es una profesión llena de dudas, de agujeros, de ignorancias, de desconocimiento, aunque nos han dicho que nos situemos en el lugar del saber, y que hagamos ver que lo tenemos...

Esta contradicción de base hace temblar el frágil edificio de la relación pedagógica. El alumno se acerca al maestro como «el que no tiene» al «que tiene», para poder «ir teniendo»... Pero, ¿y si el maestro «no tiene»?, ¿o «tiene menos» de lo que se supone que «debe tener»? ¿Qué pasaría si los alumnos supieran que también nosotros estamos *en falta* con relación al saber? ¿Eso les desanimaría? ¿Les haría apartar su deseo de «llenarse», de aprender? ¿O bien les estimularía a seguir buscando, al lado nuestro o solos?

Algún truco sí que podríamos contarles, alguna parcela del saber les explicaríamos, alguna herramienta les daríamos para facilitarles el camino, o compartiríamos alguna apasionada afición con ellos...

¿Qué haría falta para reconocernos en un lugar más realista con respecto al saber? ¿Dónde se fundamenta este miedo nuestro? ¿Tan terrible es el no saber que hay que taparlo?

He podido constatar que la gran preocupación de los maestros principiantes es que no se les note la ignorancia, y la gran preocupación de muchos de nosotros, los maestros con experiencia, es que no se nos note este dudar continuo, este no saber perpetuo, estas limitaciones. Que no lo sepan los padres. Que no lo sepan los niños. Que no lo sepan los compañeros. Que no se entere el director, ni las autoridades académicas, ni la opinión pública...

Pero lo cierto es que tenemos dudas, vacíos, y hasta tremendos huecos. Y a lo mejor, lo más tranquilo sería no negarlos, y avanzar desde el lado del deseo y del pisar tierra, hasta irnos aproximando al saber compartiendo el hambre de descubrir con los propios niños, con los compañeros, y con todo el que sea bravo y se reconozca tan cargado de agujeros como nosotros.

7

Empate total

Al llegar a clase los niños se sientan en el sitio que quieren, con la condición de que haya cinco niños por mesa, menos en una, en la que sólo caben cuatro. Esto hace que se cuenten, que añadan y quiten, que vean si hay igual número en las dos mesas que hay juntas, si hay más o menos en una que en otra, etc.

Hace unos días, en una de las mesas no había nadie, porque varios niños estaban enfermos, y esto hizo exclamar a Tono: «¡Una mesa de cero patatero!». En otra ocasión, las mesas estaban a cuatro y fue Blanca la que dijo alegremente «¡Será que hoy es el día del cuatro!».

Ayer mismo habían venido los 24 «Dofins», y Sara me cogió de la mano llevándome a «la mesa de los cuatro», en la que había puesto otra silla. Entonces me dijo: «Si tú te pones aquí, todas las mesas estamos iguales y empatamos a cinco». Nada más sentarme, Luz gritó: «¡Empate total!», bautizando así al acontecimiento... y a este artículo, en el que quiero contar algunos de los muchos aconteceres matemáticos que vivimos a diario en nuestras aulas.

Porque es a base de aprovechar estas situaciones naturales como «hacemos matemáticas» en la escuela infantil. Mirarnos la ropa, compararnos el cuerpo (altura, color de ojos, de pelo, llevar o no gafas, tener o no «pupas» en las rodillas...); ver cuántos días faltan para una fiesta, una excursión, un viaje.

Estar atentos a las situaciones «contables», «medibles», «observables»... y exponerlas a la curiosidad insaciable de los niños, hace que ellos «cojan costumbre» y que ese andar mirándolo todo, y tocándolo, coleccionándolo, clasificándolo...; que ya hacen espontáneamente, se haga un hábito que les ayude a poner orden en su diaria exploración, en su conocer, en su pensar, y en su modo de establecer relaciones.

Esas múltiples actividades están tan cercanas a sus juegos y a su deseo de saber, que ellos las vivirán placenteramente y tendrán ganas de repetirlas, de inventar otras nuevas, de hacer partícipes a los amigos, a los padres, y, en fin, de disfrutarlas, mientras van aprendiendo.

Artículo publicado en *Cuadernos de Pedagogía*, n. 311, pp. 23-26, marzo 2002.

¡Las matemáticas son muy importantes!

La pasada primavera acudieron unos padres a pedir información acerca de la línea pedagógica de la escuela con miras a traer a su hijo de un año el próximo septiembre. Apenas empezó la entrevista, noté al padre inquieto y algo desconfiado. En la primera ocasión que tuvo, me lanzó una pregunta sobre lo que, por lo visto, más le preocupaba:

> –¿Y de matemáticas, qué haría mi hijo si viniera a esta escuela?
>
> –Pues nada en absoluto –le contesté, contundente, y casi sin pensarlo. Mi respuesta le provocó una reacción de extrañeza considerable.
>
> –¿Cómo? Y eso, ¿por qué? ¡Las matemáticas son muy importantes! Yo soy profesor de matemáticas, y creo que esta disciplina no es algo que se pueda ignorar.

Parecía que había explotado un chispazo. Ambas partes estábamos con ganas de aclarar nuestra posición, y así lo hicimos, entre prisas y acaloramientos. Como algo que se siente. Como algo que importa.

Yo les conté que una vez escuché hablar a María Antonia Canals, matemática, maestra de maestros y persona de reconocido prestigio por su dedicación tanto a los niños y a los educadores, como a las matemáticas. Explicaba en su conferencia que estuvo en la escuela Decroly (en Bélgica, creo), y allí preguntó cómo trabajaban las matemáticas con los más pequeños. Le contestaron en primer lugar que «no las trabajaban» y, a continuación, le explicaron cómo se preparaba el acercamiento de los niños a esta materia: permitiéndoles chupar, tocar, mirar, explorar, desplazarse, jugar con la tierra, el agua, los palos, las piedras, los juguetes, la comida..., manipular objetos, amontonarlos, clasificarlos, sopesarlos, contarlos...

Y le dijeron que, si se proporcionaban al niño materiales, tiempo, y permiso para practicar con las cosas que tenía más cerca, sólo esto y la estimulante compañía de algún adulto harían que la vida cotidiana se le volviera al niño pura matemática, con el placer consiguiente y el deseo de más, que ello conlleva.

Una vez contada la anécdota, sólo tuve que añadir que esto era lo que tratábamos de hacer nosotros en la escuela: partir de la curiosidad natural de los niños y ofrecerles toda la riqueza de estímulos que podíamos, además de nuestra alentadora compañía para facilitarles materiales, para plantearles nuevos problemas, para provocarles más y más conexiones, pruebas, búsquedas... y encuentros.

El padre matemático asentía y hablaba de su afición a los números y de su preocupación por si a su hijo no le gustaban tanto como a él. La madre se reía y contaba que el niño ya tenía todos los juegos de formas y colores que había en el mercado. Entre las dos le pedimos un poco de calma.

Si había un ambiente estimulante, si no había exigencias desmedidas y si además se contaba con la compañía de un padre siempre dispuesto a compartir juegos con el hijo, la curiosidad y el deseo de saber del niño se pondrían en funcionamiento con toda probabilidad.

Sucesos matemáticos

Poco a poco

Cuando al principio del curso Alberto me pidió que no le partiera la hamburguesa, porque entonces «tendría más», comprendí en qué «momento matemático» estaba, y cuánta manipulación necesitaría para entender la conservación de la cantidad, entre otras cosas.

Ahora, pasados cinco meses, ya ve las cosas de otra manera. La otra tarde construyó una larga serpiente de plastilina que se salía de la mesa y arrastraba por el suelo hasta la pared de enfrente. Yo lo animé a seguir. Manuel le pidió, entonces, que le ayudara a hacerse otra serpiente igual de larga para empatarla con la suya. Les costó bastante trabajo y cuando ya las tenían acabadas, Tono pasó con la bicicleta por encima de la serpiente de Alberto y la partió en dos. Aproveché la ocasión para preguntarle: «¿Y ahora que está partida, ¿cuál es mayor, tu serpiente o la de Manuel?»; a lo que me contestó muy convencido: «Son iguales, ¿no te acuerdas que las habíamos empatado?».

Pues sí, Alberto ya lo ha entendido, poco a poco, como se aprenden las cosas, con cierta calma, y con algún que otro acelerón apasionado, que todo hace.

Hablando de las familias

Estábamos hablando de las familias de cada cual. Hay varios que son hijos únicos, y observan que en su casa viven pocas personas, sólo tres. Otros que son cuatro de familia, y algunos que son más de cuatro.

Éste es el fragmento final de la conversación:

—En mi casa somos muchos: el papá, la mamá, Patrick, Víctor y yo.

—¿Cuántos sois entonces?

—Uno, dos, tres, cuatro, cinco. ¡Somos cinco!

—Sí, es verdad. ¿Hay alguien más aquí como Freddy?

—Yo, porque estamos: mis padres, que son dos y mis hermanas, que son dos también, y como 2 y 2 son cuatro..., y yo estoy también, somos cinco.

—¡Vaya, Olga, qué buenas cuentas haces! Pero creo que habrá que comprobar que Freddy y tú sois cinco de familia. Sal y dibuja en la pizarra todos los que viven en tu casa. Luego Freddy hará lo mismo y contaremos a ver si «empatáis», o no.

—Yo también quiero pintar a todos los de mi familia, dice Lucía.

—Sí, es una buena idea, vamos a hacerlo todos, y después colocaremos los trabajos en grupos: los que sean tres de familia en una parte, los que sean cuatro en otra, y los que sean cinco en otra. Así «comprobaremos» a todas las familias.

Escalera de elefantes

Reunimos muchos elefantes de peluche y de plástico, porque estamos haciendo un proyecto de trabajo sobre este tema. Marina propone contarlos. Esther sugiere ponerlos en «escalera» de tamaños. Isabel dice que si los ponemos en fila, se pueden hacer las dos cosas a la vez.

Probamos y sale bien, aunque de vez en cuando hay varios elefantes del mismo tamaño, pero eso «no estropea» la escalera, como nos hace ver María. Daniel es el primero que cuenta, y exclama contento: «¡Tenemos una gran manada de 22 elefantes! son como nosotros: 20, y contigo: 21, y con otro más: 22».

Fútbol

Alba se mete en el equipo de fútbol, con lo cual hay «una chica y muchos chicos». Les propongo dibujar esto y Carla protesta, dice que entonces todos pintarían a Alba, y que eso a ella le da envidia. Le pregunto entonces que si propone otra cosa ella y dice: «Sí, pintamos todos algo que sea *de uno y de muchos*, pero lo que quiera cada uno. Así yo pintaré *una maestra y muchos niños*... y podré pintarme yo».

Cromos

Oigo una discusión entre Elena y Olga.

—Yo tenía tres cromos cuando hemos empezado, ¡así que ahora no puedo tener uno!

—Sí que puedes, porque los has perdido al darles yo la vuelta. Te los he ganado, por eso yo tengo más que antes, que sólo tenía tres como tú.

—Pues, ¡no me conformo! Devuélvemelos.

—¡No, este juego es así! Vamos a preguntarle a Mari Carmen.

—¿Cómo se juega a los cromos?

—Yo de pequeña jugaba como os he dicho: cada persona ponía un cromo en el centro y se jugaba poniéndolos boca abajo e intentando darles la vuelta con la mano hueca. Si le dabas la vuelta, te lo quedabas.

—Entonces, ¿yo puedo perder todos los cromos que tengo?

—Sí.

—Pues ya no juego más, que este juego me da pena.

Tirar al blanco

Me da risa que siempre que digo que vamos a jugar a «tirar al blanco», los niños piensan que tiraremos cosas blancas a alguna parte. Me ha pasado unas cuantas veces, y eso me hace ver hasta qué punto afinan, y están atentos a las palabras, a los mensajes, a querer captar Cuando explico las reglas del juego hay una gran expectación: se trata de montar el blanco (cajas de varias formas y tamaños), tirar con una pelota a la distancia señalada por una línea en el suelo y, a ser posible, tumbarlo.

Dibujo el marcador en la pizarra y me encargo de anotar los puntos, que serán tres si se tira completo, dos si se tira a medias, y uno si se tiran sólo una o dos cajas. Si no se tira nada, hay «otra oportunidad», y si ni aun así se tira nada... habrá que esperar a la siguiente partida.

Rápidamente, surgen los comentarios, se va afinando la puntería y hay quien se ofrece a anotar las puntuaciones. Yo cuido de las normas: los turnos, que no se acerquen demasiado al tirar, que no se apunten puntos no correspondientes... y de las demás cosas: aceptar perder (un poco al menos), no presumir de más si se gana, no permitir burlas, animar a todos, darles alguna orientación a los que, por ejemplo, tiran sin mirar, o más fuerte o más flojo de la cuenta...

Es un juego completísimo. Este año hemos empezado a jugar y ha resultado que la diversión mayor para ellos es montar el blanco en un equilibrio lo más inestable posible. Cada cual recoge las cajas, monta su blanco y tira. El siguiente repite la operación y así. Tengo que insistirles en que no tarden tanto en construirse el blanco, porque los compañeros se cansan de esperar.

Creo que este grupo de cuatro años escasos está más interesado en montar, porque esto no conlleva la tensión de apuntar y tirar al blanco, ni tampoco tener que estar esforzándose en contar los puntos logrados. Buscan ante todo el placer, y rehuyen el esfuerzo, las dudas, perder o esperar el turno. Tendré que organizar algún taller de equilibrio, ya que tanto les atrae.

«¡Tenemos una gran manada de 22 elefantes! son como nosotros: 20, y contigo: 21, y con otro más: 22»

Gráficos

Entre los gráficos «clasificatorios» de clase hay siempre unos cuantos que propongo para saber y constatar las diferencias que hay entre nosotros, para organizar los saberes, para sentirnos incluidos en el grupo... Y también hay otros que se van añadiendo a propuesta de los niños y dependiendo de las cosas que van pasando.

De mi lado estaban este año:

- Niños/niñas; altos/medianos/bajos; color de ojos; color de pelo; pelo liso/pelo rizado; con gafas/sin gafas; número de talla de zapatos; novios; amigos.

Del lado de los niños han ido surgiendo los siguientes:

- Los que tienen bebé en su casa/los que no lo tienen (a propuesta de María cuando nació su bebé en noviembre).
- Feos/guapos (a propuesta de Luz, todos estamos en los guapos, claro).
- Con perro/sin perro (a propuesta de Ayrton, cuando su perra parió ocho cachorros).
- Los que han nacido en el hospital/en casa/en una bañera (a propuesta de Olga y Alba, que están muy orgullosas de ser «anfibias»).

- Los que han nacido por la vulva de sus mamás/por la barriga (cesárea) (a propuesta de Sofía, después de una investigación particular, que se hizo extensiva al grupo).
- Los que han nacido a los nueve meses/a los siete/a los ocho (a raíz de una discusión que empezó Daniel).
- Los sonrientes/los enfadados (a propuesta de Alberto, al observar un día que Marina siempre hablaba «muy sonriente»).

Ocurrió así. Estábamos sentados en círculo comentando lo que habíamos hecho en el fin de semana, y Alberto, dirigiéndose a mí, dijo:

> –Oye, apunta ahí que Marina es muy sonriente.
>
> –¿Y cómo quieres que lo ponga?
>
> –Pon en un papel aquí los sonrientes y aquí los enfadados. Lo decía gesticulando mucho y dibujando en el aire la forma habitual de los gráficos que ya tenemos en clase.
>
> Fui por un folio y les pregunté uno a uno dónde tenía que situarlos. Cuando llegué a Alberto (que suele alternar los enfados con las sonrisas), me dijo:
>
> –Yo soy las dos cosas.
>
> –Entonces, ¿dónde te apunto a ti?
>
> –Aquí –dijo señalando la línea vertical central.

De modo que en el gráfico quedamos todos los niños y yo en «los sonrientes», nadie en «los enfadados», y... Alberto en la raya del centro, como intersección.

Trenzas

Un día acudieron a clase cinco niñas con trenzas. Estaban preciosas.

En total, había ocho trenzas. Nos dedicamos a mirarlas, a aplaudirlas, a contarlas... Después se separaron en dos grupos: las que tenían una trenza y las que tenían dos. Reflejamos en la pizarra la clasificación y los números, y recitamos una poesía del ocho que nos sabíamos: «En la casa de Pinocho, sólo caben ocho: 1,2,3,4,5,6,7 y 8, ¡PI-NO-CHO!».

Después, les hicimos una foto de recuerdo y a Javi, de pronto, le vino a la memoria que en la clase vecina tenían una foto con el número ocho. Se trataba de los ocho primeros «mellados» de ese año, que además de constar en el gráfico de «la caída de los dientes», fueron también fotografiados para no olvidar un buen «momento».

Documentos «contables» que tienen que ver tanto con el grupo, como con las matemáticas.

Limones salvajes y granadas silvestres

Sofía va de excursión al campo con sus padres y trae un puñadito de limones muy pequeños y olorosos. Al llegar a clase los enseña, y los ponemos en una cesta en la mesa de las colecciones naturales. Al rato llega Freddy y dice: «No, mejor los ponemos en la misma cesta de las granadas silvestres que trajo Antoni del monte, porque valen para comer». Así lo hacemos, pero antes los contamos para ver si hay más limones, menos, o igual que las granadas.

Resultó muy bonito ver la correspondencia de los dos conjuntos: limones-granadas encima de un mantelito azul en el centro del círculo ante los ojos atentos de todos. Ganaron los limones por nueve a seis.

La zapatería

El padre de Andrea vino el curso pasado a hablar de su trabajo como diseñador de zapatos. Trajo muchos pares, y los dejó «de regalo» para jugar en la clase de su hija, «Els Elefants».

Un día decidimos pedírselos a los vecinos para montar una zapatería en nuestra clase, pero estaban en una caja enorme y todos mezclados. La tarea de emparejarlos e irlos colocando en nuestra tienda bien ordenados fue un excelente momento matemático: los de tacones en una mesa, los planos en otra, los oscuros en un lado, los claros en otro, los de fiesta en sitio preferente, etc.

Buena clasificación y buenísimo juego.

La cuenta atrás

Cada vez que anuncio en clase algo lo suficientemente «impactante», atractivo, o motivador, por ejemplo: una visita, una excursión, una fiesta..., hay tal ansiedad en el ambiente y tal impaciencia, que se impone hacer una «cuenta atrás». La primera vez lo sugiero yo misma, después ya lo piden los propios niños.

Así pasó este viernes cuando les leí la circular para los padres en la que se avisaba que iríamos de excursión al Safari de Elche el próximo jueves. Enseguida Alberto dijo: «¿Hoy? ¿Nos vamos ya?», y Lucía me indicó con un gesto comprensivo: «Apunta los días que faltan y los iremos tachando, así estaremos más tranquilos».

Inventando caminos

Teníamos un punto de «salida»: el almendro, y un punto de «meta»: el palomar. Entre uno y otro... estaba el patio entero. Cada niño elegía e inventaba su propio camino. Por dónde quería, largo o corto, recto o con curvas, «difícil o fácil», con obstáculos o plano... y lo podía recorrer despacio o deprisa, caminando, saltando, corriendo, de puntillas, a gatas, de espaldas...

En un segundo momento, el camino se recorría con un amigo, de la mano y teniendo que acordar previamente el itinerario.

Al final todos dibujaban el camino que más les había gustado. Tenían que situar los puntos más significativos del patio y después trazar el recorrido. Fue una mañana muy calurosa y acabamos todos sudorosos... y contentos.

Con ojos matemáticos

Como se ha podido ver (espero) en estas situaciones matemáticas tan cotidianas, el *piso de abajo* afectivo es lo que impera: la preocupación por uno mismo, el deseo-necesidad de destacar, de no sufrir, de estar siempre en el candelero; en una palabra, el narcisismo propio del momento evolutivo. («Así yo pintaré una maestra y muchos niños, y podré pintarme yo». «Yo también quiero pintar a los de mi familia»...)

También surge la alegría de sentirse incluido en el grupo, querido y respetado en lo que tenemos distinto y nos representa: el cuerpo, el sexo, los amigos, el color de la piel, de los ojos, el nombre...

El placer del juego y la exploración de los objetos y de nosotros mismos, las comparaciones, el establecimiento de relaciones de forma, tamaño, cantidad, características. Y el deseo de crecer y de saber. Y la dificultad de asumir lo que aún no se sabe...

Pero si tomáramos cada uno de estos momentos del día a día en la escuela y lo escudriñáramos con ojos matemáticos, seguramente podríamos encontrar todos esos ansiados objetivos que aparecen en el currículo de la etapa. Esos mismos objetivos que muchas veces no acertamos a encuadrar en las programaciones, y que nos tienen cavilando, discutiendo con las compañeras, o investigando entre unos libros y otros.

¿Sería demasiado aventurado decir que si uno está alerta a lo que va ocurriendo en su clase y procura acompañar la curiosidad, el afecto y el razonamiento de los niños, los objetivos se colocarán ellos solos en sus sitios casi sin saber ni cómo? ¿O sonaría demasiado a imprudencia, a magia, a imprevisión, a irresponsabilidad, a descuido, a vagancia, a tontuna?

Veamos un ejemplo (cuadro 1).

Cuadro 1. Los objetivos se colocan ellos solos en sus sitios casi sin saber cómo

OBJETIVOS GENERALES DEL ÁREA 3: COMUNICACIÓN Y REPRESENTACIÓN
- Utilizar diversas formas de representación (lenguaje oral, corporal y matemático) para evocar situaciones, acciones, deseos y sentimientos, sean de tipo real o imaginario. - Expresar sentimientos, deseos e ideas mediante los distintos lenguajes, ajustándose a los diferentes contextos y situaciones de comunicación habituales y cotidianos, y a los diferentes interlocutores... - Leer, interpretar y producir imágenes como una forma de comunicación y disfrute, descubriendo e identificando los elementos básicos de su lenguaje. - Comprender las intenciones y mensajes que comunican otros niños y adultos, valorando el lenguaje oral como un medio de relación con los demás. - Utilizar las normas que rigen los intercambios lingüísticos en diálogos y conversaciones colectivas. - Comprender y reproducir algunos textos de tradición cultural, mostrando actitudes de valoración e interés hacia ellos. - Utilizar a un nivel muy elemental las posibilidades de la forma de representación matemática para describir algunos objetos y situaciones del entorno, sus características y propiedades, y algunas acciones que puedan realizarse sobre ellos, prestando atención a los resultados obtenidos (cuantificación, clasificación, ordenación).
CONTENIDOS
Conceptuales
- Atributos y propiedades de color, forma, tamaño, textura, longitud, grosor... - Relaciones de semejanza, diferencia, pertenencia, no pertenencia, presencia y ausencia de una cualidad.

- Cuantificadores: igual/diferente, grande/pequeño, pesado/ligero, largo/corto, estrecho/ancho, más/menos/igual...
- Construcción del número: contar, comparar cantidades, clasificar por número.
- Comparación de medidas: trenzas largas/cortas, delgadas/gruesas.
- Observación de formas en el espacio: arriba/abajo, a un lado/a otro, delante/detrás.

Procedimentales

- Comparación de distintos objetos.
- Agrupación en colecciones y comparación entre ellas.
- Verbalización de criterios de pertenencia/no pertenencia.
- Utilización de cuantificadores.
- Construcción de la serie numérica para contar elementos.
- Representación gráfica de la cuantificación mediante el código convencional.
- Exploración del tamaño de los objetos.
- Situación de los objetos en relación con uno mismo.
- Utilización de las nociones espaciales básicas para explicar la ubicación de los objetos.

Actitudinales

- Gusto por la exploración de objetos.
- Apreciación de la utilidad de los números y las operaciones con los acontecimientos que se presentan en la vida cotidiana.
- Curiosidad por descubrir la medida de algunos objetos.
- Actitud de precisión y rigor en la descripción de situaciones.

OBJETIVOS DE OTRAS ÁREAS

- Tener una actitud de respeto hacia las características y cualidades de las otras personas.
- Tomar iniciativas, planificar y secuenciar la propia acción para resolver problemas de la vida cotidiana.
- Conocer normas y hábitos de comportamiento social.
- Conocer algunas formas habituales de organización de la vida humana.
- Valorar las costumbres observadas: cuidado del cuerpo (imagen, higiene, estética).
- Mostrar interés y curiosidad hacia la comprensión del medio físico y social.
- Reconocer y aceptar las diferencias entre los compañeros.
- Valorar la riqueza que la diversidad aporta al grupo.

En honor a la verdad

A mí me va bien que aprendan a contar aprovechando la colocación diaria en las mesas, las albóndigas que se van a comer, los piñones que se encuentran por el patio, los dientes que se les caen, las pelotas que encestan, los caracoles que traen, y tantas cosas más... Aunque, para no quedarme corta, ni pecar de maestra «espontaneísta», también programo actividades matemáticas secuenciadamente y con los mejores infinitivos que conozco.

Como hago las dos cosas, puedo compararlas con cierto conocimiento de causa. Y he de decir, en honor a la verdad, que veo que los niños aprenden tanto de una manera como de la otra. Tanto haciendo cuadrados tumbados de cuatro en cuatro en el suelo, como emparejando pelotitas iguales. Tanto mezclando colores, como ordenando por tamaños unas zanahorias...

Sin embargo, el monto de alegría que da el descubrir algo por sí mismos, el manejar los materiales libremente con la autonomía y la capacidad de pensar que eso conlleva, el establecer comparaciones que generarán hipótesis de trabajo individual o colectivo, el partir de los problemas que van surgiendo para tratar de encontrar soluciones verdaderamente nuevas... Ese monto de alegría no es comparable con nada, y mucho menos con las actividades programadas por mí «curricularmente».

En este sentido, recuerdo uno de los grupos de alumnos de estos últimos años, que consiguió trasladar una caja de maderas muy pesada haciendo rodar unos palos, bien dispuestos por debajo, al mejor estilo de los egipcios.

O las varias maneras que encontraron otros para medir la pared de la clase y ver si cabría o no en ella un elefante.

O los cuentos numéricos que inventaba Miguel y que contagiaron a todo el grupo, teniendo que abrir un taller de «cuentos con números», en el que todo lo que ocurría en el cuento, debía estar perfectamente contabilizado: «Éranse una vez seis sirenas, que tenían un primo que era tritón y, cuando se juntaban para tomar café, tenían que poner siete tazas...».

O la pasión de Álvaro por los días del mes, que llevaron a todo su grupo a aprenderlos, haciendo él mismo de maestro en la pizarra con la tiza en la mano y la caja de maderas delante, para que fueran visualizando los objetos, al tiempo que recitaban las cantidades.

Este curso pasado, sin ir más lejos, la bisabuela de Blanca cumplió cien años, y lo celebramos regalándole cuatro flores de papel cada uno. Como éramos 25 (contándome yo), tocamos a cuatro flores cada uno, que eran precisamente los cuatro años que los niños tenían. Comparar sus cuatro flores con las cien que reunió la bisabuela, nos hizo pensar mucho en el tiempo «que aún nos quedaba», en que a ella «ya le quedaba poco», en que «la gente vive y muere» (como los canarios de Lucía), en que «cien es mucho y cuatro es poco, pero aunque cuatro sea poco, es bastante tiempo también», según comentaba Javi.

Sucesos matemáticos, cargados de vida, cargados de juego y afecto, cargados de ellos mismos.

Sucesos matemáticos que me interesan más que los que yo programo, aunque ésos también les sirvan para aprender.

Sucesos matemáticos que vienen de los juegos, de los problemas, de las necesidades que surgen, de la curiosidad, de las discusiones... o del puro gusto por aprender «a contar y a sumar», como decía Alicia, «para poder hacer los deberes bien hechos, como su hermana mayor».

8

Ya huele a Navidad

Cuando llegan los finales de noviembre, a veces incluso antes, ya se empieza a oler en el ambiente «a Navidad». De pronto, alguien dice en las casas que hay que ir lavando las cortinas, desempolvando las paredes, arreglando las despensas... y mientras el gran comercio azuza con sus llamativos adornos de purpurinas y brillos, los maestros nos sentamos a planear qué haremos en la escuela este año en las próximas *felices, entrañables, tradicionales,* y *mágicas Navidades...*

Felices

A mí siempre me ha chocado eso de que se digan en plural las fórmulas rituales de felicitación: felices Navidades, felices Pascuas, felices fiestas... Me sonaba a magnificación gratuita, a cumplido, a exceso. Sin embargo, ahora que me he parado a pensar sobre ello para escribir este artículo, parece que les voy viendo los porqués a esos plurales.

Y la verdad, me gusta y me emociona notar que las palabras contienen un sentido que cobija y que ayuda. Un largo sentir acumulado por muchas voces, muchos sentimientos, muchas vivencias, muchos «otros».

En este caso, creo (y quiero creer) que, a pesar de los tópicos, en el sentir colectivo de esas fórmulas rituales lo que fundamentalmente hay son buenos deseos hacia las demás personas (... y de paso, claro, hacia nosotros mismos). Deseos que pugnan por ser reconocidos, nombrados, rememorados y puestos al día. Deseos que hablan de esas necesidades que todos tenemos simplemente por el hecho de ser personas.

Necesitamos tener salud, alimento, casa, trabajo, alegría. Sentirnos seguros, protegidos, contenidos, cuidados. Sentirnos incluidos en un grupo, recordados, celebrados, queridos. Saber que podemos compartir e intercambiar con los demás pensamientos, sueños, sentimientos, compañía. Y tanta buena intención bien merece algunos plurales.

Artículo publicado en *Aula de Infantil*, n. 4, pp. 6-10, noviembre-diciembre 2001.

Pero, además, pensando en los muy diversos modos que hay de celebrar las fiestas navideñas, la pluralidad se abre paso inevitablemente. Cada grupo humano, cada cultura, cada creencia religiosa, cada país, zona, e incluso cada barrio, cada familia y cada escuela... inventamos la manera concreta de celebrar y organizar los días, los regalos, los adornos, las músicas, las comidas, y hasta las palabras... «de Navidad».

Hay, eso sí, unos motivos principales que actúan como ejes o motores aglutinantes: el Belén, los Reyes, el paje, el «tió» catalán, Papá Noel, San Nicolás, el final de año, la llegada del invierno... Costumbres que vienen de tiempo atrás en cada cultura, proponiendo sus formas. También están las variantes que aportan, por un lado, la modernidad y, por otro, la iniciativa e imaginación de cada persona o grupo.

Así que nos encontramos con que, a pesar de las apariencias homogeneizadoras, en realidad en las fiestas navideñas ni todos celebramos las mismas cosas ni de las mismas maneras, además de que hay quienes ni siquiera celebran nada, o bien porque ello no está incluido en su cultura, porque así lo deciden, o porque de este modo prueban a rebelarse contra un tiempo cargado de pesadas idealizaciones, en el que hasta parece obligatorio ser feliz.

Quizá lo interesante sea intentar recuperar el sentido de estas fiestas y encontrar en ellas lo que puedan tener de satisfactorio y útil para nuestra vida, tanto a nivel personal como a nivel de las instituciones educativas. Si pudiéramos rescatar algún buen motivo tras el bosque del espumillón, los polvorones y las campanitas..., probablemente no caeríamos en la queja, la apatía o la trivialización.

Entrañables

En estas fiestas que suelen denominarse *entrañables* (entraña: *intro* = interno, dentro), efectivamente se nos movilizan a todos los recuerdos, los sentimientos, las creencias, los encuentros y también los desencuentros. Así que se nos remueve bastante el *piso de abajo*, esa trastienda emocional que contiene nuestro universo interno (desde los afectos a los deseos, los miedos o las manías).

En el caso de los niños, con poca historia aún detrás, acuden los recuerdos de las experiencias de otros años, lo que les cuentan los padres y abuelos, lo que ven en las fotos.... Generalmente, buenas cosas. En el caso de los mayores, salen a relucir muy fuertemente los contrastes entre la propuesta externa, de total armonía y paz en las familias y los países, con la realidad de las pérdidas y limitaciones que la vida trae consigo. Y resulta difícil muchas veces aunar sin esfuerzos o asperezas ambos conjuntos sentimentales.

Con las fiestas coincide, además, el final del trimestre, que, como todos los finales, ya de por sí trae sus vaivenes. En el período vacacional cambiará bastante el ritmo de vida, no habrán ni los mismos horarios ni las mismas actividades; no estarán los compañeros, tampoco la maestra..., así que habrá seguramente una cierta sensación de extrañeza, de pérdida, de desorientación, acentuada por la excitación vivida en las últimas semanas de ese primer trimestre que se ha acabado. Las expectativas de regalos, fiestas, viajes, encuentros familiares..., los ensayos y preparaciones que suele haber, los llamativos adornos, las comidas especiales, los ruidosos villancicos...

«Mi polvorón sí que va a salir lleno de polvos»

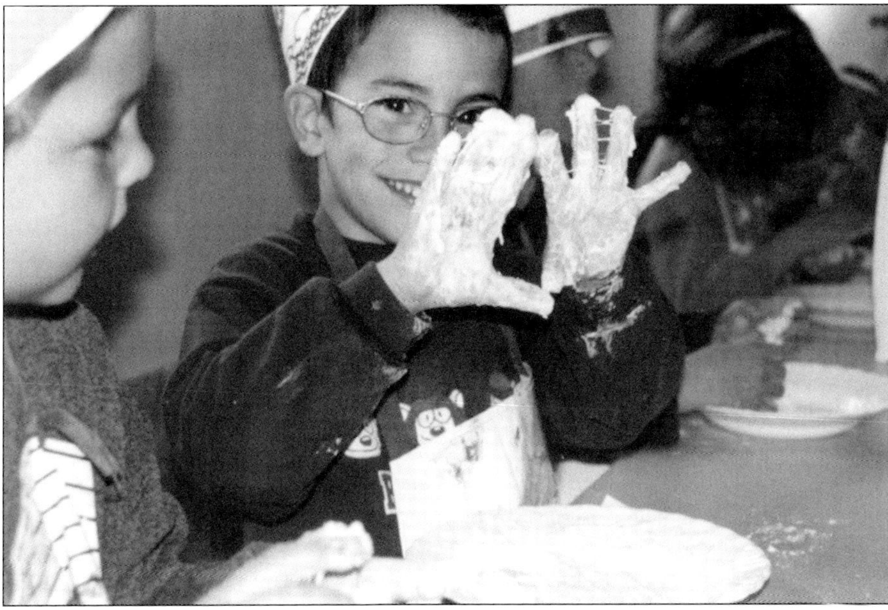

Incluso, al principio, quizá haya días que se vivan con sensación de añoranza, desengaño, de aburrimiento, de inquietud... Cuestiones todas ellas del *adentro*, muy entrañables, muy nuestras... y que sería bueno, al menos, no ignorar para no sorprendernos tanto ante su emergencia, y poder así encajarlas de la mejor manera posible.

Tradicionales

Según el diccionario, *tradición* es «modo de transmisión de conocimientos, doctrinas y costumbres de generación en generación».

Desde este punto de vista, las fiestas navideñas sí que son *tradicionales*. Otra cosa es que se haga una repetición exacta de lo transmitido, y ése ya no sería nuestro caso, salvo escasas excepciones. En este momento, lo que se está dando bastante es una «colonización» (más comercial que cultural), que trae consigo tradiciones que nos son ajenas, porque no vienen de la mano de personas que las quieran compartir o comunicar, sino del mundo del consumo. Esta especie de invasión tan alienante, invita sobre todo a la superficialidad, y contra ella considero que deberíamos manifestarnos con otras alternativas más creativas.

Otra cosa es el fenómeno de la mezcla de culturas, que también está ocurriendo ahora y que conlleva un intercambio y un enriquecimiento de todos los implicados, además de una acogida expresa a las personas de otras culturas que se han afincado entre nosotros.

En conjunto, creo que aún se escucha y se vive en parte lo que dicen las viejas voces (quizás para no descolgarse del todo del pasado), pero luego, en la práctica, lo que suele darse es que se inventan y se realizan otras formas diferentes, más adaptadas a los tiempos. Por eso, podríamos decir que sí que siguen siendo tradicionales estas fiestas navideñas, aunque no tanto como lo parecen.

Parte de lo tradicional sería: La cena de Nochebuena, la misa del Gallo, la comida de Navidad, el aguinaldo, los villancicos, el Belén con el Niño Jesús (el Nacido, natividad, nacimiento), el «tió» de Nadal, el canto de la «Sibil·la», «les Albades», el puchero con «pelotas», el pavo o el cochinillo, los turrones, las pastas y peladillas, la «cascaruja», los juguetes de los Reyes, la ropa de estreno...

Y parte de lo reciente: Papá Noel, el árbol de Navidad, regalos en Navidades y en Reyes, cabalgatas, huevos de Pascua, cartas que se mandan al Oriente por medio de un paje, o echándolas en los buzones, por correo electrónico, por telegrama, «Belenes laicos», fiestas «interculturales»...

Mágicas

Éste es un punto oscuro para mí, contradictorio, raro, aún sin solucionar (¡qué le vamos a hacer!). Por un lado, creo que habría que dejar bien claras y diferenciadas «las verdades», y «las fantasías». Es lo que hago siempre en los proyectos de trabajo, y en general...

Pero es que aquí choco con dos cosas: una, la cara de ilusión y de convencimiento que ponen los niños cuando hablan de los Reyes (o...), y otra, la constatación de que *no quieren saber nada de «realidades»*, y que, aunque las sepan, «se hacen los despistados» para poder seguir metidos en la euforia colectiva, para no salirse del grupo y su ambientillo.

Pienso en Pedro, por ejemplo, que recibió una exhaustiva explicación de sus padres sobre la no realidad de papá Noel, y en su reacción de ir explicándoles a los otros niños entusiásticamente todo lo referente al traje de Papá Noel, a los renos, al trineo, a los regalos, etc, etc. Prefería *«no saber», al menos un poco más de tiempo...* Esa resistencia al realismo la he visto tantas veces... que me pregunto si no será forzar demasiado los acontecimientos y el momento evolutivo el dar un excesivo baño de edificantes y realistas verdades.

Por otra parte, encuentro difícil diferenciar para niños de edades tan tempranas lo que son las leyendas, las realidades históricas, las creencias religiosas, los personajes de ficción.... De momento, en mi escuela tratamos a sus majestades los Reyes Magos con familiaridad, y cada año les pedimos alguna que otra cosa para las clases... ¡y nos la traen! Mira por dónde, cometemos un delito contra el constructivismo y la cordura (adultas, claro). En fin, una contradicción sabida y consentida, una complicidad cultural más; o sea: ¡un lío!...

¿Pedagógicas?

Impregnado como está el ambiente de festejo y de sorpresa, no es de extrañar que la excitación de los niños se multiplique, así que se les ve nerviosos, hablando de los regalos, de las misteriosas llegadas de pajes, Reyes, Papanoeles y camellos, de

que van a venir sus primos, de que ya han escrito la carta, de que se han portado tan requetebién que seguro que reciben lo que desean y no carbón, de que van a ponerles a los visitantes unos bombones, un vino, y los zapatos, claro, en el balcón, o en la chimenea...

Es un tiempo agitado, donde se mezclan en los niños los sueños y los deseos más mágicos y «especiales» con las semirrealidades de las cabalgatas y los Reyes (que curiosamente tienen la misma cara del vecino, del papá o de la maestra de la clase de al lado...). Pero es un tiempo real, que ocurre cada año, y sobre el que no estaría de más que nos sentáramos a charlar en las escuelas con unos turrones y una mistelita para «meternos en razón».

Digo esto porque muchas veces hay una sensación en los equipos de maestros de cierto cansancio, de queja, de repetición, de rutina ante la preparación de estas fiestas. Por una parte está el querer hacerse eco del entorno cultural al que pertenecemos; por otra, el querer evitar la invasión de la propaganda consumista que se dispara en esa época. Por un lado, el querer responder sin estridencias a unas fiestas que están en las calles y en las casas; por otro, el querer incluir a las familias de otras culturas, que muchas veces desconocemos por completo. En una vertiente están el jolgorio, los villancicos y el «vuelve a casa por Navidad», y en otra, las circunstancias particulares, que no siempre son tan boyantes ni tan doradas para todos los implicados, empezando por nosotros mismos.

Total, que para evitar las disyuntivas y las dudas, con frecuencia se repite la misma fiesta (o no fiesta) año tras año sin pensar en mucho más. Y a lo mejor vale la pena pensarlo, o saber cómo lo piensan otros.

¿Qué se celebra por estos reales en Navidad? ¿Y cómo se celebra? ¿Qué podemos hacer en la escuela? ¿Tenemos que hacerlo por obligación, por seguir el deseo de los niños, por contentar a los padres, por hacer una escuela arraigada en el entorno, por nuestras creencias, por gusto...?

¿Sería mejor dar paso a las diversas maneras coexistentes en los grupos-clase, o bien ofrecer la manera de nuestro pueblo o zona para que sirva de acogida, de pequeño arraigo a los que vienen de otros lugares?

¿En torno a quién o a qué enfocar la fiesta? ¿Al uso y modo tradicionales o «a la moderna»? ¿Mantendremos los ritmos escolares habituales, las agrupaciones, las tareas, la participación de los padres, o cambiaremos las cosas? ¿Nos dejaremos llevar por nuestros deseos-necesidades de cambio, o por nuestros deseos-necesidades de seguridad?

A mi modo de ver, la respuesta a éstos y otros interrogantes, habrá de venir del grupo de maestros que organizan y gestionan, o de los maestros y los padres conjuntamente. Pero considero que siempre habrían de presidir las decisiones tomadas el apostar por el respeto, por el escuchar a los niños, por la inclusión de las diferencias, por el cuidado mutuo, por la reflexión en equipo y por el placer de estar juntos.

Así de bonito y de diferente es cómo lo piensan y lo celebran en algunas de nuestras escuelas, a las que desde aquí envío las gracias por haber compartido sus proyectos navideños con todos nosotros.

II. Se aprende en amor y buena compañía

Niños

Murmullo efervescente
de voces cantarinas
bullendo inacabables
por dentro de mi oído.

Candor errante
que lo contempla todo
que todo lo calca, lo copia, lo repite
encontrándolo nuevo.

Juego perpetuo
de hormiguero en verano
entradas y salidas
penas y besos.

Milagro dulce
como bombón deshecho, pringoso, perfumado, tiernecito
que se me pega al alma
sin poder evitarlo
cuando manos pequeñas me tocan a la puerta.

...¡Y ojalá crezcan como flores silvestres!

9

La vida pirata es la vida mejor

Trabajar siguiendo el hilo de los acontecimientos me trae una buena sensación de amplitud, de encuentro con los niños, de novedad.

Sensación de estar juntos y prendidos en el hilo de compartir los afectos, las vivencias y los descubrimientos.

La sensación de renovar mi deseo de estar en la escuela.

El entorno

Nunca he sabido muy bien qué significaba esto del *entorno*. Me sonaba a los alrededores de algún sitio, a algún barrio de las afueras y a poca cosa más. Pero visto el auge que ha tomado la palabra, he estado averiguando.

Los diccionarios dicen que *entorno* es: 'Contorno / Ambiente, lo que rodea / Pliegue que se hace a la ropa en el borde / Conjunto de personas o cosas que rodean a alguien o a algo'.

En un glosario de temas ambientales se dice que el *entorno* es: 'el ambiente o circunstancia que envuelve a los seres vivos o a las cosas'. Desde un punto de vista de la calidad de vida y del medio ambiente, el *entorno* puede tener diferentes conceptualizaciones y valoraciones. Por ejemplo, el *entorno* metropolitano o urbano ha sido definido en un informe reciente de la OCDE como aquel que comprende elementos físicos: la calidad del aire y del agua, la eliminación de los residuos, los niveles sonoros, el estado del marco arquitectónico, la existencia de espacios verdes, etc. Pero también condiciones ecológicas, la posibilidad de practicar actividades recreativas, la estética del patrimonio urbanístico...

Cuando se habla en nuestra jerga pedagógica de *entorno*, viene referido a cuidar la naturaleza, a reciclar, a mejorar la calidad de vida, a plantar, a no manchar, ni deteriorar las ciudades, o los campos...

A mí *entorno* sobre todo me hace pensar en cobijo, en protección, en sosiego, en compañía... Interpretaciones subjetivísimas, ya lo sé, pero no del todo descartables, creo, porque parten no sólo de mis vivencias, sino de mi apropiación del lenguaje, madre común de los significados de las cosas.

Quizás lo mejor fuera fijarnos en las raíces. Que en este caso nos ponen delante de una serie de círculos concéntricos que rodean al niño, que están *en torno* a él, que lo envuelven, lo protegen, lo «contornean», dándole seguridad, límites, tiempo y caminos para salir a la parte de afuera, al exterior. Adentros y afueras son palabras que ayudan a definir y entender esto de los *entornos*. Sería algo así:

El niño está adentro, y todo el exterior lo espera afuera, pero es tan grande ese *entorno* envolvedor que necesita otros círculos, otros itinerarios más sencillos y cercanos que le conduzcan de la mano al exterior. Es como la piedra que se tira al agua y la rodean mil círculos de espejeantes temblores. Bien, pues... la piedra es el niño. ¿Por qué privarlo de sus particulares círculos de evolución y crecimiento?

Me pregunto si no sería mejor llamar «en torno» al *entorno*, cuando nos referimos a los niños pequeños, a los que, en pura realidad, el *entorno* que acapara su total atención es el personalísimo *entorno* del «sí mismos». Podríamos decir que, para el niño, lo externo a él (el espacio exterior) es, en un principio, como una burbujita transportable, que va de dentro a fuera, que va donde va él, que está llena de madre (la mamá, la casa, el papá, los sonidos y objetos cercanos, la comida, el agua, el movimiento...), que sólo busca el placer, que no sigue las leyes de la realidad física, sino de la seguridad afectiva, y que sólo jugando, manipulando, y explorando, irá haciendo «extensiones», hacia el «afuera», añadiéndole muy poco a poco juguetes, personas, músicas, voces... que le irán acercando a la realidad física, objetiva, la de todos.

Sólo después romperá la burbuja y ampliará sus espacios, sus recorridos, sus aventuras curiosas en torno a las cosas y a los otros, y sus *entornos* devendrán más abiertos, más colectivos, más ecológicos incluso. Con el tiempo, y con una adecuada intervención educativa, podrá irse des-centrando y pensando en otros espacios, otros cuidados, y otras necesidades que vayan más allá de sí mismo. Podrá entonces pensar en *entornos* algo más comunes a las personas que habitamos el planeta: la ciudad, el campo, el mar, los árboles, el respeto a la naturaleza, y, por extensión, a la sociedad, a la cultura.

Creo que para que el proceso no sea acelerado externamente, conviene que tengamos un poco de paciencia, que dejemos a un lado esa «compulsión a enseñar» tan «maestril» que a veces nos acomete, y que esperemos que los tiempos del desarrollo de los niños se lleven a término sin carreras, sin maduraciones basadas en concientizar a troche y moche, y sin armar drama si un niño tira un papel fuera de sitio, o si le da un pisotón a una hormiga.

Hay cosas en el «interno» de un niño, o en su más cercano *entorno*, que a veces van a reclamarle toda la atención, y que no somos quién para invadir o frenar, así que mejor sería estar más atentos a lo que los niños hablan, a lo que les preocupa, a lo que desean saber, porque ése es, por el momento, su *entorno* más inmediato. Para un niño, aunque a veces nos resulte extraño, puede ser más «cercano» averiguar cosas sobre Egipto, sobre la bondad o la maldad de los piratas, sobre si los ángeles suben a los muertos al cielo, sobre tener hijos, o sobre la China... que plantar un árbol, pongamos por caso. Porque sus intereses pasan por unas cribas muy personales, muy narcisistas, muy «mágicas», muy «a su ritmo y manera». De hecho, en la experiencia que aquí cuento, mis alumnos de cuatro años se interesaron vivamente por los piratas y, a pesar de que no era un tema de su entorno cercano, nos sumergió en un proyecto de trabajo que resultó útil, cohesionador y muy divertido.

De generación en generación

Una mañana de octubre Jairo llegó a clase muy contento. Traía consigo una propuesta que enseguida hizo extensiva a todo el grupo: «Yo quiero aprender de piratas, ¿quién quiere aprender conmigo?».

Apenas había transcurrido un mes desde el inicio de curso y no habíamos tenido tiempo más que para conocernos un poco, y para conocer la clase y los animales que daban nombre y entidad a nuestra aula: «Els Dofins». Aún no estaba garantizado que, cuando uno hablara, los demás compañeros le atenderían, así que a Jairo sólo le escucharon su amigo Marc, su novia María... y yo.

Al día siguiente volvió a lanzar su propuesta, esgrimiendo como argumentos dos piratitas de plástico y una canción: «La vida pirata es la vida mejor, sin estudiar, sin trabajar, suuuuubidos al galeón...», que nos hizo corear a todos a base de entusiasmo y de insistencia. Según nos contó, su hermana Lourdes le había dicho que «tenía que decir las cosas que quería muchas veces, hasta que le hicieran caso». Como así fue. A los dos o tres días varios grupos ya jugaban a piratas en los tubos del patio y cuando les pregunté si querían aprender de piratas, como proponía Jairo, trece dijeron que *sí* y siete que *no.*

Esta transmisión entre hermanos del modo de trabajar en clase mediante la investigación colectiva es algo que ya había visto otras veces, pero no contaba con que esta vez ocurriera tan pronto. Tenía pensado ir proponiendo yo misma los temas mientras íbamos trabajando algunas cuestiones previas (la espera, el seguimiento de las normas, lograr una mayor autonomía, las propuestas, las asambleas, votar, hacer tareas en pequeño grupo, discutir, ayudarse, sostener la ración de frustración que suele seguir a «perder» en las decisiones...).

Creo que es importante tener claras estas cosas antes de iniciar un proyecto de todo el grupo, así que estuve dudando si seguir adelante o no. No quería detener una propuesta tan vital, tan juguetona, y tan bien «apadrinada», y tampoco sabía muy bien cómo incluir sin forzar a los que habían dicho que *no* querían saber de piratas.

De hecho, se quejaron bastante cuando les expliqué que durante unos días jugaríamos y aprenderíamos sobre piratas, porque así lo había elegido la mayoría, y «la mayoría gana».

Marina repetía una y otra vez que ella lo que quería era aprender de cerdos, Paquito que no le gustaban los piratas, porque eran malos, como el capitán Garfio... y yo estaba hecha un lío.

Se me ocurrió pedir ayuda a Laura, una niña de la clase vecina, que ya había trabajado el año anterior «por proyectos». Le pedí que nos explicara qué hacía ella cuando perdía en una votación. Nos dijo que: o le daba igual, o «se aguantaba» o pensaba que ya saldría lo suyo otro día. También dijo que después siempre le gustaban las cosas que se aprendían, porque ella quería aprender «mucho y pronto». La escucharon con bastante atención, aunque noté que no asimilaban del todo el significado de sus palabras. A pesar de mis dudas, decidí seguir adelante (practicando, eso sí unas cuantas veces, lo que era *votar*). Y los piratas entraron en acción.

El cofre del tesoro

Lo primero que hicimos fue acudir al diccionario que tenemos en clase. Todavía no lo habíamos utilizado, así que les dije que ese libro estaba lleno de palabras y que podríamos buscar en él todas las que quisiéramos. Para demostrarlo fui leyendo algunas de la letra pe: *pino, piñata, piñón, piraña, piso*... Cuando llegamos a *pirata* les leí lo que ponía: «Ladrón que roba en el mar. *Pirata aéreo:* persona que, bajo amenaza, obliga a la tripulación de un avión a cambiar de rumbo».

Marc comentó que eso daba igual, porque los piratas ya no existían, que se lo había dicho su padre, cosa que yo confirmé en el caso de los piratas de barcos, pero no en los de avión, que sí que existen aún, desgraciadamente, y así quedó la cosa. Se pusieron a jugar a piratas, a hablar de piratas, a hacer preguntas y afirmaciones de todo tipo sobre el tema, a lanzar propuestas...

Las preguntas que formulaban ante mi demanda de *qué querían saber sobre los piratas* eran tan sencillas, tan... suyas, que me hicieron pensar en las muchas veces en que algunos compañeros maestros se desesperan por la «poca enjundia» de las preguntas de sus alumnos, como así lo comentan en cursos o en seminarios. Se extrañan de las «buenas» preguntas que les hacen otros alumnos a otros maestros, queriendo lograr en un momento lo que será fruto de un proceso, de un trabajo y de un entusiasmo «verdadero» por su parte. Sin darse cuenta de que su actitud será uno de los puntos fundamentales en la emergencia de la creación, del pensamiento suelto y atrevido, en el aprender con gusto y sin tener que dar «la talla» demasiado pronto.

Hay veces en que veo que no saben muy bien ni qué preguntar, porque realmente no saben nada del tema y ni siquiera por dónde acercarse a él. Unas veces es porque han votado apoyando el interés de un amigo y entonces es cuestión de esperar, porque ya preguntarán cuando entren en materia. En otras ocasiones, en cambio, argumentan, opinan y hasta discuten, añadiendo preguntas o puntas de investigación a las ya existentes. Sin prisas.

Recuerdo un maestro novel que valoraba como «repetitivas» las cuestiones que le planteaban sus alumnos de tres años y medio. La cosa iba de plantas y ellos decían algo así: «y si plantamos semillas de naranjas, ¿qué saldrá?, y si plantamos semillas de melones, ¿qué saldrá?...» (Así una fruta por cada niño.) Y él veía las preguntas pobres, repetidas, copiadas unas de otras... ¡Yo en cambio las veo tan aprovechables para un trabajo colectivo...! ¿O no?

Las preguntas de mis «Dofins» sobre piratas fueron las que expongo a continuación, y dieron de sí... para lo que dieron. Otro día serán otras, quizás «mejores«, quizás más auténticas... no sé. Yo tengo bastante con éstas, así que voy a echarles esperanza:

–¿Cómo roban las coronas los piratas?
–¿Cómo matan a los animales?
–¿Tenían un «altavoz de boca» para decir *al abordaje*?
–¿Entran en las casas a coger a los niños?
–¿Robaban princesas?
–¿Cómo se hacían los garfios?
–¿Cogían también señores viejos?
–Yo quiero hablar de cerdos, ya te lo he dicho.
–¿Cómo se hacen los parches?
–¿Cómo luchaban los piratas?
–Yo quiero jugar a piratas, *sólo jugar y no preguntar.*

La mesa de material se fue llenando de cuentos y libros sobre piratas, garfios, banderas, loros, piratas de juguete, barcos... y una mañana, después de la reunión de padres, en la que hablamos sobre mi proyecto de trabajar *en dinámica de proyectos de trabajo,* llegó un auténtico cofre del tesoro de los mares del sur, preparado cuidadosamente por Javi y toda su familia.

Lo pusimos, bien cerrado, encima de una especie de trono (mesita con tela de flores) y nos sentamos alrededor para abrirlo con los honores convenientes. De uno en uno salían a sacar una cosa del cofre con los ojos cerrados y a mostrarla a los demás, comentándola y poniéndola en el suelo, al mismo tiempo que las iban clasificando. Los gorros iban con los gorros, las espadas con las espadas, los dos catalejos se utilizaron juntos, los tres loros también, y todos los animales y palmeras que había para montar la isla del tesoro. También había una marioneta pirata, un cuento del capitán Garfio, unas cañas para hacer collares, veinte parches ya preparados, un traje de pirata y una música de piratas grabada en una cinta.

En paquete aparte venía un pequeño cofre lleno de joyas «de oro», anillos, pendientes, ¡y veinte monedas de chocolate! Había también unas «pistas» escritas en pergamino quemado por el borde y un poema del pirata Patapalo:

> A,A,A, Patapalo va a estudiar
> E,E,E, porque no sabe leer
> I,I,I, porque no sabe escribir
> O,O,O, a piratas juego yo
> U,U,U, ¡el pirata eres tú!

Seguí las instrucciones de colocación de las pistas y escondí el cofre en el arenal. Cuando los niños entraron del patio, vieron la primera pista y empezamos la búsqueda. Acabamos con el encuentro del tesoro y con un satisfecho relamido general después de comernos las monedas de chocolate. Usamos los envoltorios para ilustrar los dibujos de la ruta que habíamos recorrido juntos. ¡Estuvo muy bien! Por la tarde, en un taller se hicieron los collares, y todo el mundo se fue con su parche puesto. ¡Iban impresionantes!

La brújula de Paquito

Otro día llegó la brújula de Paquito, que originó una chocante expresión de hipótesis por parte de algunos niños:

> –He traído mi brújula, dijo Paquito.
> –¿Y sabes para qué sirve?
> –No.
> –¿Alguien de aquí sabe para qué sirve una brújula?
> –Yo sí, *para saber dónde está lo bueno,* sentenció Yoel.

—Es para saber los caminos, dijo Jairo.
—Es para saber la hora, dijo Chimo.
—Es para saber para dónde hay que mirar, dijo Marc.
—Es para colgarla en la pared, señaló María.
—No, es para colgársela en los pantalones cuando te vas a la montaña, dijo Carlos.
—Pero, ¿para qué?
—Será «de adorno»... comentó Joanna.

Trajeron muchas cosas más: un pañuelo de pirata, perlas, cosas bonitas para el cofre del tesoro, cuentos, barcos, piedras preciosas, un cuadro con un barquito de oro, que contenía un mensaje del pirata Drake al padre de Alejandra (era su amigo), que decía así: «Para ser pirata hay que comer lechuga y puré de patatas».

Los que no estaban por el tema se fueron incorporando según íbamos leyendo sobre piratas y haciendo escenas teatrales chocantes y divertidas. Varias de «las niñas del no» cayeron en las redes de la piratería al enterarse de que los piratas no sólo robaban tesoros, sino también princesas. ¡Por fin encontraban un lugar a su gusto! Así que unos por la lucha, otros por mandar, algunos por la navegación, y otras por los collares, o por el «rango princesil», todos se fueron implicando en lo que ha sido el primer proyecto de trabajo de este grupo de «Els Dofins».

La tarea ha sido intensa: hemos jugado a luchas, hemos hecho abordajes, bailes de piratas, hemos representado teatros, hemos empezado a hacer rimas (aprovechando que pirata «pega» con tantas cosas...); hemos construido barcos con ruedas y cajas en el patio, nos hemos disfrazado, hemos recorrido rutas siguiendo pistas y planos... ¡y hasta hemos encontrado un tesoro! También hemos trabajado dibujando piratas, recortando barcos, haciendo espadas y puñales, pintando con plumas de ave (de nuestras palomas), cantando a toda voz, escuchando la lectura de cuentos y libros sobre el tema, haciéndonos banderas y un tesorito particular, con cuatro pesetas cada uno, a pesar de que algunos insistían en que pusiéramos euros... Un día hasta nos pusimos «un nombre pirata». Algunos eran de personajes conocidos: «Barbarroja», «Barbanegra», «Patapalo», «Patapala», «Malasaña»... Otros eran más innovadores: «Lisy», «Yo-y-él», «La pirata Equis». Y no faltaban algunos de lo más casero: «Juanito», «Pepito», «Marina».

En el libro de Andreu ponía que los piratas eran bastante malhablados, que gritaban y decían muchas «palabrotas». Esto despertó las ganas de transgredir las leyes, y de decir lo que habitualmente no se decía, y que todos sabíamos de sobra que estaba «mal dicho».

—¿Verdad que aquí no hay «capullos», ni «feos», ni «malos», ni «tontos»?, decía Marc.
—Capullos de rosas, sí, dije yo, en el jardín hay.
—Sí, pero de los otros no.
—Ni «gelipollas», aquí no hay nada de eso, añadió Chimo.
—Ni «ostras» tampoco hay, siguió Rebeca.
—Ni «joders», apuntó Guillermo.

—Ni «hijos de puta», insistió Marc.
—Eso es de lo que menos hay aquí.
—Ni idiotas, decía Marta.
—Ni tontorrones, continuaba Joanna.
—Ni malos, seguía Francisco.
—Ni «hostias», añadía Sergio.
—Ni pesados, decía Alexandra.
—¡Ni bobos!, exclamó Rocío.
—Pues hay niños que dicen que sí, repetía Marc.
—Pues se equivocan, y mucho.
—¿Y «Malasañas» hay?, preguntó entonces Marina.
—Ése es el nombre de un pirata, ¿no te acuerdas? Estaba en tu libro.
—¡Ah! Pues a mí me suena fatal...

¿Pero cómo es que nos gustan tanto los piratas si eran malos?

Hablamos mucho sobre los animales que comían los piratas y sobre la manera que tenían de matarlos; sobre si «robaban niños que estaban en su casa durmiendo», o sólo princesas y tesoros que iban en los barcos; sobre si sabían coser para hacerse los parches y las banderas; sobre por qué pintaban calaveras con lo feas que eran... En una de las conversaciones les lancé una pregunta que flotaba en el ambiente hacía ya días: ¿Pero cómo es que nos gustan tanto los piratas si eran malos?

—A mí me gustan para jugar a luchar con las espadas.
—A mí para robar novias princesas.
—A mí para encontrar un tesoro y ser rico.
—A mí para dar latigazos.
—A mí para tener pata de palo.
—A mí para jugar a ser mala.
—A mí para ser capitán.
—A mí para gritar «¡barco a la vista!».
—A mí me gustan porque ya no existen.
—A mí para decir «¡Al abordaje!».
—A mí para ponerme un parche en el ojo.
—A mí para ser «chica pirata».
—A mí para tener garfio, catalejo y una brújula como la de Paquito.
—¿Pero os gustaría ser piratas de ésos que robaban de verdad, y tiraban cañonazos, y cogían a la gente prisionera...?
—No, de ésos no, pero de éstos sí, dijo muy convencida Alejandra.
—¿Y os gusta todo, todo lo de los piratas?

—Bueno, a mí no me gusta que roben, ni que maten animales (como hacía tu abuela con los conejitos de la paella), ni que se los coman.

—Ni a mí que cojan dineros de los señores.

—A mí no me gusta que tiren botellas encendidas.

—O que cojan niños y princesas y las metan al calabozo.

—A mí no me gustan ni la calavera, ni el parche, ni la pata de palo.

—A mí lo que no me gusta es que sean «tipos terribles», como ponía en un libro.

Sensación de final

Una tarde vi que Marina se quería llevar el libro que había traído, y que Guillermo y Marc discutían sobre si aprender de vaqueros o de animales cuando acabáramos con los piratas, lo cual me hizo detectar que el final del proyecto se acercaba. Así que, a la mañana siguiente, hicimos un repaso de las preguntas que teníamos anotadas y vimos que ya conocíamos la respuesta de todas menos de una: «¿Tenían los piratas un "altavoz de boca" para decir *¡Al abordaje!?*». Como no encontramos la respuesta en ningún libro, dedujimos que no, aunque Marc seguía insistiendo en que sí...

Dimos, pues, el proyecto por terminado, metimos el material que habían traído en bolsas para llevárselo a casa y preparamos un libro «de recuerdo» con algunas fotocopias de las cosas leídas, las pistas del tesoro, las poesías, etc., etc.

Como siempre ocurre, he visto aflorar en este proyecto algunos asuntos del *piso de abajo*:

- La identificación sexual (en la elección de sus personajes preferidos).
- El miedo a ser raptados, robados, atacados.
- La confusión realidad-fantasía.
- La búsqueda del apoyo de los compañeros para elegir, decidir, proponer.
- El deseo de crecer, de ser fuertes, potentes, autónomos.
- El deseo de mandar.
- El deseo de transgredir las normas.
- La emoción de encontrar nuevos conocimientos.
- Las ganas de divertirse.

He visto también la colaboración entusiasta de las familias, que sabían que lo que se pretendía era no ya el aprender mucho sobre un tema, sino el *aprender a aprender*, el disfrutar de seguir la búsqueda de saberes en compañía de los demás compañeros. En definitiva, el placer de seguir el propio deseo y estar vivo y dispuesto ante lo que se quiere averiguar.

Y he visto unos piratas acalorados que izaban velas para ir al abordaje de un tesoro de incalculable valor: *su propio aprendizaje.*

10

¿Qué es un fax? Una experiencia en educación infantil

Me gusta tocar en clase el tema de los «oficios», aunque aparentemente vaya en contra de «la modernidad»..., de la libre elección (o de ... ¿). Y me gusta porque da paso a las familias a venir a contarnos en qué y cómo trabajan, o bien de explicárselo a sus hijos en casa, además de suponer un acercamiento a la realidad con el sencillo reconocimiento de que dedicarnos a alguna labor nos es preciso a la mayor parte de la gente (si queremos comer). Sin olvidar la pincelada de futuro que esbozan los deseos en el aire y que, aunque totalmente impregnada de magia y de juego, no está nunca de más (mirar hacia delante es tan buen ejercicio...).

Este curso invité a venir a mi aula a un amigo, que es peluquero, para iniciar el tema. La idea era que después vinieran algunos padres de los propios niños, como así ocurrió, pero en el entretanto sucedieron unos imprevistos muy, muy bonitos y aprovechables..., además de bastante «modernos». Mira por dónde.

La visita del peluquero

Del Diario de clase, día 30-11-98

Recibir en clase una «visita» siempre es un acontecimiento que se vive con gusto, curiosidad y buena acogida. Es igual que quien nos venga sea una alumna de prácticas, que una amiga profesora de música que nos enseña a bailar, que unos chilenos que llegan de allende los mares a hablarnos de su río Bio Bio.

Pero de vez en cuando también pasa que «la visita» es más esperada de lo habitual por alguna circunstancia. Y así ha ocurrido esta vez con la llegada... de José Enrique, el peluquero. Supongo que la mezcla entre el momento narcisista que viven por la edad, y la emoción de ver cómo se sentirían al ser «arreglados» delante de los

Artículo publicado en *Aula de Innovación Educativa*, n. 91, pp. 64-67, mayo 2000.

«¡Qué emoción ser "arreglados" por José Enrique, el peluquero, delante de los amigos!»

amigos, les ha llenado de deseos de que llegara el día (había una cuenta atrás desde hace dos semanas...).

Pues bien, el día en la peluquería de nuestra clase «Pelo libre», ha transcurrido estupendamente. Han estado todos muy contentos mirándose, aplaudiéndose, bromeando, viéndose en el espejo, hojeando revistas en la sala de espera y lamentando que no estuvieran dos de las niñas, Esther y Desirée, que no habían venido a clase.

La tónica ha sido el nerviosismo de elegir lo que querían hacerse, y el presumir a manos llenas. También es de destacar lo bien que se han portado escuchando las explicaciones de José Enrique, viendo los utensilios que él manejaba y preguntándole toda clase de cosas.

Hoy se han oído en mi aula comentarios así:

–¡Ay, mira ésta, qué mona ha quedado!
–Chica, si pareces otra.
–Hoy Mónica Naranjo se ha pelado al cero.
–Yo no pienso cortarme ni un pelo.
–Pues yo he venido a pelarme.
–Y yo a que me arreglen un poco.
–Qué guapo ha salido Froilán en esta revista.
–Somos de la patrulla de los tatuados «murciégalos».
–Oye, ¿por qué a mi novia la han peinado la última?
–Mi tía nunca en la vida ha tenido novio, fíjate tú, y ahora ya no puede, es mayor para eso.

Aprendizaje por ósmosis, por absorción del afuera...

Aprendizaje por transmisión, directa o indirecta, consciente o inconsciente

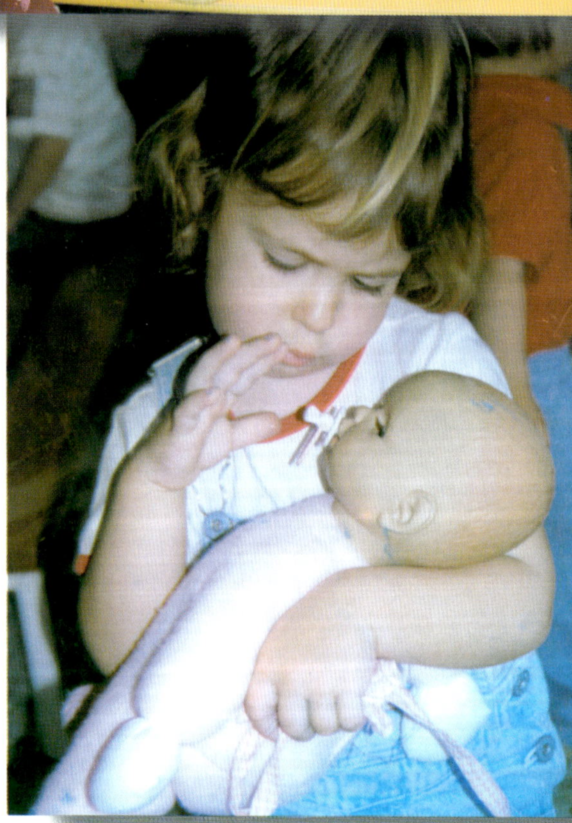

Aprendizaje calmado, valiente, tímido o entusiasta, alegre...

Aprendizaje en la casa, en la escuela, en la calle, en los libros, en la televisión

Aprendizaje en soledad o en compañía, pero aprendizaje siempre, si se está vivo

Desde el puro principio y hasta el final

El oficio del niño es descubrir, curiosear la vida y jugarla y vestirla de blanco

La curiosidad tiene bastante de lo hermoso, de lo nuevo y reciente de la ternura chica

–Oye, mira qué guapo está éste de Tin-Tin; lleva gomina.
–¿Verdad que me brilla el pelo más que el oro?
–Yo lo que quiero es que me dure bastante para que me lo vea mi madre.
–¡Qué presumida!
–Sí, yo soy presumida como mi tita.
–A mí me lo haces de tres colores, José. Una mecha azul, otra roja, y en el medio un moño.
–A mí liso.
–A mí rizado.
–A mí me lo haces largo.

Las indicaciones de José Enrique sobre el tipo de pelo de cada uno y la conveniencia de desenredarlo, ponerle crema o darle un buen corte han sido muy celebradas, así como el relato de sus comienzos en el oficio, que les han llevado a comentarios sobre los distintos trabajos que hay y cuáles son o no de su gusto:

–¡No vayas a creerte que voy a ser peluquero! –dijo Jorge, mirándome fijamente y con gran seguridad–. Yo de mayor seré mecánico y taxista.
–Ah, pues yo sí seré peluquera.
–Yo no, yo quiero ser madre.
–Yo seré pintora de cuadros.
–Yo policía.
–Yo indio.
–Yo iré al instituto y me haré vestiditos para ponérmelos con tacones.
–Yo tendré un bebé y seré bombera.
Yo bailarina.
–Yo marinero y Supermán.
–Bueno, habláis de trabajos, pero quizás deberíamos empezar, como siempre, por las palabras. A ver, ¿alguien sabría decir lo que es un trabajo?
–Donde hay herramientas y un almacén. Es un sitio. (Edu)
–¡Es la universidad! (Miguel)
–¿En qué habéis pensado para decir eso? (M.C.)
–Yo, en mi padre. (Miguel)
–Yo, en mi madre. (Edu)
–En los trabajos se suda. (Arturo)
–Por ejemplo, en la obra. (Luis)
–Escribir es un trabajo; yo cuando escribo, sudo. (María)
–Y también ir a una oficina. (Candela)
–Ser veterinaria es un trabajo, es curar animales. (Isa)
–Y pintar y poner carteles. (Blanca)
–Ser diseñador también, que mi padre trae a veces la maleta sudada. (David)
–Ser médico es trabajar. (Virginia)
–También limpiar, fregar cacharros, y servir comidas en el bar, que eso cansa mucho a mi madre. (Gustavo)

–Hacer teatro es trabajo. (Mara)

–El zoológico es un trabajo, dar de comer a los animales y a veces que te gruñan. (Luis)

–También el circo es trabajo. (Sara C.)

–Leer es trabajo. (Amiel)

–Y escalar. (Isa)

–En la calle, si te pones con un papel a dibujar y la gente se sienta y te copias de su cara, te pagan. (Irene)

–Hacer cuentos es trabajar, y hacer zapatos, y vestir a los hijos. (Virginia)

–Y cocinar, y conducir taxis. (Edu)

–También es un trabajo aprender. (Miguel)

Un día en verdad memorable, en el que se han mirado a sí mismos y han mirado a los demás mucho y largo... Y nos ha sido bueno a ellos y a los que hemos tenido la suerte de presenciarlo.

Así lo ha valorado José Enrique, el peluquero:

Participar en la clase ha sido para mí muy positivo. La manera como te tratan los alumnos hace que te sientas en familia. No son los típicos compañeros de los colegios «normales», que es lo que yo estoy acostumbrado a ver. Me parecía, al verlos, un grupo que se preocupan unos de otros. Era muy curioso ver cómo tenían las ideas tan claras no dejándome casi aconsejarlos, no como te puede pasar en la peluquería, que hay gente que no sabe lo que quiere.

Lo que me contaba cada uno cuando estaba haciéndoles algo ha sido muy gracioso, porque todos querían parecerse a alguien: a futbolistas, a Mónica Naranjo, a los «modernos», a algún amigo... El resultado de verse los unos a los otros siempre animaba al siguiente que le tocaba a hacerse cosas distintas a las que tenían pensadas y decían: «He cambiado de idea». El ver cómo se asombraban de verse colores en el pelo, rizos, brillo... era muy divertido.

Encuestas con sorpresas

Ya metidos de lleno en el tema, les propuse hacer unas preguntas a los padres sobre sus trabajos:

1. Papá, ¿cuál es tu trabajo?
2. ¿Qué cosas utilizas para trabajar?
3. ¿Te gusta tu trabajo?
4. Mamá, ¿cuál es tu trabajo?
5. ¿Qué cosas utilizas para trabajar?
6. ¿Te gusta tu trabajo?

Acogieron la idea con gran entusiasmo, y se fueron a casa enarbolando el papel de la encuesta, prestos a la tarea. («Esto es como en la tele», dijo Nina.)

Las contestaciones fueron llegando poco a poco: de dos en dos, de tres en tres, según. La primera tanda nos llevó a hablar de los *cirujanos* y de cómo será que se atreven a cortar a la gente para operarla. Porque coser se entiende mucho mejor: es para arreglar, curar, cerrar... *reparar* en definitiva, pero *cortar*... El tema surgió a raíz de las encuestas de Virginia y Arturo, con una cirujana madre y un cirujano padre, respectivamente, en su haber, y de un extraño aparato (entre grapadora, dinosaurio y cocodrilo) que aportó Arturo y que según explicó, «cosía y curaba».

Total, que la clase se dividió en dos sectores claramente diferenciados. Unos pocos que se atreverían a cortar, y otros muchos que «no, nunca, jamás». Las expresiones de miedo, asco, impresión... eran dignas de ver. Al final, se concluyó que está bien que alguien se atreva a curar, aunque eso precise el «cuchillito», que dice Arturo, y al que Virginia llama «bisturí». Y que no hay que preocuparse tanto, porque el padre de Arturo les echa algo para que no les duela. Ese «algo» le hizo recordar a Isabel que su tío era anestesista y nos lo contó, en tono tranquilizador, con lo que ahí quedó la cosa.

El segundo grupo de encuestas nos llevó a otras profesiones y otras herramientas. En estos nuevos derroteros surgieron varias puntas de tema de lo más aprovechables. La primera fue una acalorada discusión sobre si las palabras que salían en las encuestas (*artefacto, utensilio, herramienta, aparato* y *máquina*) eran lo mismo o no. Y si servían o no para nombrar la grapadora de heridas del padre de Arturo, la linterna gigante que usa el padre de Amiel, o la aspiradora de la madre de Miguel.

La segunda fue la aparición en escena de la palabra «sí», que venía en bastantes encuestas, como contestación a la pregunta «¿Te gusta tu trabajo?». A raíz de las repeticiones, Irene propuso apuntar esta palabra en nuestra colección. De momento, la puso en la pizarra ella misma, con el siguiente comentario aclaratorio: «Esto irá con la de Sara y la mía, la 'i'».

A mí esto del «sí» me pareció una buenísima cosa, por lo que supone de declaración de un asentimiento, de una aceptación, de un reconocimiento de desear algo. Saber lo que se quiere, saber a qué atenerse, es siempre algo magnífico, es como un norte, una clarificación, y aunque el «sí» signifique a veces algo no muy bueno para uno, también conviene saberlo. (¿Estás enfadado conmigo? Sí. ¿Te quieres ir de mi lado? Sí. ¿Te gusta más *x* que yo? Sí.)

En nuestro caso, cada «sí» hablaba de que el trabajo realizado por el padre o por la madre sí era de su gusto y ese señalamiento de placer puesto en lo que a la vez es una «obligación» (el trabajo), creo que es una buena pista para los niños y niñas. Se tiene que trabajar, sí, pero se puede hacer placenteramente. Ojo, pues, a lo que se elige.

La tercera punta fue una pregunta de Miguel que nos llevó a algo que desde el primer momento me pareció interesante. La chispa saltó al leer la encuesta de Eduardo, en la que decía que su madre utilizaba para trabajar: papeles, bolígrafos, teléfono, fotocopiadora, ordenador y fax.

Ahí preguntó Miguel: «¿Y qué es un fax?».

Candela se apresuró a contestarle:

—Yo te lo diré, que en mi casa tengo uno. Es una cosa un poco cuadrada y con un teléfono encima. Tiene una raja abajo por donde se meten o salen los papeles, y hace un ruido raro: pi pi ti ti pi pi...

—¿Y quién lo trae, el cartero? —seguía Miguel.

—No, eso no lo trae nadie, llega solo.

—Sí, es verdad, yo lo he visto, cuando juego en el ordenador y viene un fax pita mucho y sale un papel... solo —aclaró Eduardo, convencido.

—Pero, ¿por dónde va? —dijo Arturo, interesado por la mecánica del asunto.

—Creo que va por cable —dije tímidamente—, como el teléfono.

—Eso no puede ser, se quemaría el papel, continuó Arturo muy realista. José Manuel le apoyó: Y además se perdería, o se caería.

—No, no pasa nada de eso. Si queréis comprobarlo, mañana que nos manden un fax los padres que puedan y a ver qué pasa, si se queman o no, si se caen o si nos llegan... y a ver qué dicen.

—Pero qué tienen que hacer, a lo mejor no lo saben, dice Miguel.

—Meter su mensaje escrito o dibujado en un papel en el aparato del fax y marcar el número del fax del colegio. Lo pondré aquí y el que quiera que se lo apunte.

En unas cuartillas pusieron FAX con la «F» de «FIN», la «A» de ANA y la «X» de *Expediente X*, según el alfabeto que manejamos por aquí, y después de comentar lo «mona» que es esta palabra y que se parece un poco a REX y otro poco a FANTA, se apuntaron el número... ¡todos! En un momento dado, Isabel, con cara de circunstancias, se acercó a decirme que «fax» era una palabrota en inglés. Le agradecí la advertencia, pero seguimos adelante con el plan.

El caso es que yo tenía previsto hablar con los padres de Desirée, que trabajan en Correos, para pedirles que vinieran a hablarnos de las cartas, los carteros, los sellos y todo eso. Quería que se «vistieran» de carteros, e incluso que trajeran algún buzón, si podía ser... Pero Desirée esos días estaba enferma y, el fax, con su enorme rapidez... se nos adelantó. ¡Qué le vamos a hacer! Como en la más pura realidad, el fax llegó antes que las cartas.

Me pregunto si esto no será mucho correr, y me contesto que... o corro con ellos o me quedo atrás, y además lo cierto es que da igual que les despierten el interés las señales de humo de los indios, las misivas de las palomas mensajeras o los recados por fax... El caso es entender que hay que buscar los mil modos y maneras que hay de *comunicarse*. ¡Y que vale la pena hacerlo!

¡Que viene el fax!

Se preveía interesante el asunto, y lo fue. A las nueve de la mañana ya había dos faxes enrollados esperándonos, y luego llegaron más. El padre de Jorge llamó para avisar que iba a enviarlo, así que nos trasladamos todos a la oficina, y, en un completo y atentísimo silencio, lo recibimos comunitariamente. ¡Fue todo un éxito! Y un asombro para Jorge, que se preguntaba en voz alta y con cara de extrañeza cómo era que el dibujo estaba «así» (en blanco y negro), si él le había puesto mucho

«Un fax es una cosa un poco cuadrada y con un teléfono encima. Tiene una raja abajo por donde se meten o salen los papeles o las cartas, y hace un ruido raro: pi pi ti ti pi pi...»

rojo, verde y azul cuando lo pintó en su casa. El mensaje de su papá, adivinando sus dudas, se lo aclaraba: «Este dibujo de mi hijo saldrá sin colores, porque los colores aún no salen por fax».

También enviamos un mensaje nosotros a un amigo, Antoni, y él nos respondió con unas palabras y una fotocopia de su mano, que nos gustó mucho. Porque, eso sí, los faxes eran todos muy originales y cariñosos:

- El de David, que fue el primero que llegó, decía: «Compañeros, ¿sabéis que un fax es una hoja de papel que se envía por una máquina que está conectada al teléfono?».
- En el de Andrea se veía un entrechocar de manos y este texto: «Os enviamos un saludo y un fuerte abrazo. Los padres de Andrea».
- El de Amiel traía una misteriosa foto que había que averiguar a quién de los niños de la clase le correspondía. Nos costó averiguarlo, porque no se parecía casi nada, ni él siquiera se reconoció. Decía: «Adivina, adivinaré, quién es el de la imagen, a lo mejor yo lo sabré».
- El de Miguel estaba escrito por él mismo, era bien largo y tendido, empezaba así: «Fax de Miguel Martín para Els Elefants y para mí también...».
- El de la madre de Irene nos deseaba felices Navidades.
- El del padre de María venía con tres poesías muy bonitas en valenciano.
- El de la madre de Amiel nos avisaba de que había una cesta llena de letras recortadas por ella esperándonos en secretaría, un regalo de su parte.
- El de los padres de Sara G. nos enviaba un saludo en una chistera de mago.

- El de Virginia traía un dibujo suyo.
- El de Candela, su poesía preferida: «Amanecía en el naranjel...».
- El de José Manuel venía con un dibujo hecho por él y por Luis.
- Dos días después llegó el último, de Isabel, que venía con un cuento de un tucán. Con todos ellos hicimos un librillo de recuerdo para leerlo de vez en cuando.

Sólo un momento más

A estas alturas del escrito, creo que es innecesario destacar cómo resultó de vivo y de implicador este trabajo (que sonaba un poco a «anticuado» y a «impuesto»). Por eso, sólo quiero decir, como final, que seamos decididos a la hora de *estar* en la escuela con los niños, que no tengamos miedo de seguir los hilos que enmarañan los asuntos y los despejan a un tiempo, que no pasemos por encima de sus preguntas, de sus comentarios, de sus propuestas. En su interior bulle la vida, que trae cada uno consigo, y que sale de la forma que puede al mundo de la cultura y de los otros.

En esta ocasión, los rizos y los «tatuajes» que José Enrique, el peluquero, nos trajo a la clase, nos despertaron las ganas de pensar en los futuros oficios a los que nos dedicaríamos, a los que diríamos «el sí»; luego llegaron las encuestas... y ¡el fax!

En semanas posteriores, varias familias vinieron a hablarnos de sus oficios:

El padre de Sara G., «médico de familia», nos habló del cuerpo. El padre de David nos enseñó a hacer disfraces con un material nuevo: «EVA». La madre de Andrea nos puso «tatuajes» de purpurina en las manos. La de Ana nos contó un cuento de abejarucos. La de Isabel nos hizo un teatro de brujas y hadas.

Y la mamá de Desirée vino, por fin, con un buzón amarillo, un sobre con sello para cada uno y muchas cosas más.

Un buen trabajo colectivo, en el que hemos podido preguntar, opinar, proponer, pensar, aprender y soñar juntos.

11

¿Qué se siente al ser campeón?

Cayetano se enamoró de Lucía, la prima de Lucas, y nos lo hizo saber nada más acabar la bonita exhibición de gimnasia rítmica que ella nos ofreció encaramada a sus flamantes trece años y vestida de lentejuelas.

Aquella fue una tarde memorable. En la sala del teatro habíamos puesto una moqueta enorme, una mesa para los aparatos –aro, pelota, mazas, cinta...–, y el magnetófono con la música preparada. Lucía hacía estiramientos, piruetas y pequeñas carreras de precalentamiento, mientras los niños se iban sentando sin dejar de mirarla. Unos venían de la siesta, otros del patio, algunos de los aseos. Este público, generalmente mucho más ruidoso, se mostraba curiosamente tranquilo y expectante. Ciento treinta y cuatro niños, con sus respectivos maestros, la madre de Lucas y, en fin, el personal de la escuela en su totalidad, estábamos allí, en medio del silencio que nos proporcionaba este placentero encuentro.

Entonces, Lucía, se quitó el chándal, apareciendo ante su extasiado público con un maillot azul brillante con lentejuelas de color plateado por el cuello y los puños, y empezó a hablarnos de lo que era la gimnasia rítmica, las técnicas y ejercicios más importantes, los aparatos que empleaba..., todo ello con demostraciones incluidas. Hablaba con soltura y seguridad, y a un nivel muy comprensible para los niños, lo que hizo que su atención fuera total.

Al sonar la primera música, que era un tango, empezó su danza de «manos libres». Iba de un lado a otro y, tan pronto estaba en el suelo, dando una vuelta, como levantando increíblemente las piernas, o abriéndolas, o... ¡El aplauso hizo retumbar el colegio entero!

Para la segunda tabla utilizó una cinta violeta, daba gusto ver cómo la hacía girar y caracolear por el aire. Se nos hizo tan corto que le pedimos que repitiera, a lo que ella se prestó gustosamente, improvisando incluso un ratito al final, ante las demandas de «más» y «más». También invitó a los niños a manejar su cinta, a preguntarle lo que quisieran sobre la gimnasia rítmica o sobre ella, a tocar lo que traía..., y amablemente, como había empezado, terminó su actuación. Los aplausos fueron inacabables.

Artículo publicado en *Cuadernos de Pedagogía*, n. 300, pp. 24-27, marzo 2001.

Después, la invitamos a escuchar un cuento en la clase de Lucas, y allí hubo otro tiempo de buena conexión, que nos sirvió para despedirnos más despacito. ¡Qué buen momento de aprendizaje para todos! Ella, recordando sus tiempos de niña (más pequeña); ellos, planteándose las cosas que podrán hacer al crecer. Ella, ofreciéndole a Lucas el regalo de su presencia en la escuela; él soñando y deseando ser mayor. Y los adultos presentes, recordando, admirando, añorando...

Me gustan los deportes

Este proyecto sobre los deportes empezó nada más regresar de las vacaciones de Pascua, y fue propuesto por Alfredo, que lo argumentó de la siguiente manera: «Yo digo que podríamos aprender de deportes, porque quiero ser futbolista y me gustan los deportes; así jugaríamos al fútbol, a correr y a saltos de altura».

Cayetano, que había propuesto aprender de los coches de fórmula 1, dijo que se podrían juntar las dos cosas, porque esto era un deporte también, así que: «Los deportes y los fórmula 1» ganaron la votación por catorce votos sobre dieciocho.

Desde el primer momento hubo comentarios, ideas, planes..., pero a lo largo de los días todo esto se fue multiplicando por mil.

Unas ideas llevaban a otras, y los materiales que traían de las casas inducían a nuevas propuestas de actividad, como las gafas y los guantes para esquiar que le dejó a Miguel su hermano, y que nos hicieron esquiar por el patio y por la clase; la hoja con los deportes vascos que le escribió a Iker su madre, y que nos puso a tirar de la cuerda por equipos y a levantar piedras; el vídeo de aeróbic de Irina; las raquetas de bádminton de Saúl...

A partir de las propuestas surgieron entretenidas discusiones sobre varios asuntos relacionados con el deporte:

- ¿Qué hay dentro de las pelotas?
- ¿Son necesarias «las reglas de juego»?
- ¿Pueden las chicas practicar los mismos deportes que los chicos?
- ¿Por qué a todos nos gusta más ganar que perder?
- ¿Hay que comer mucho o poco para hacer deporte?
- ¿Son peligrosos los deportes?
- Y los que son «brutos» como el boxeo, ¿se pueden «quitar», o no, de «la lista de todos los deportes»?

El entusiasmo por el tema nos llevó a numerosas actividades de todo tipo:

- Teatros sobre escenas deportivas.
- Poesías dedicadas al deporte.
- Audiciones de sintonías deportivas.
- Manejo del diccionario para buscar palabras como «gimnasia» y «deporte».
- Acaloradas prácticas de diversos deportes: salto de altura (entre dos árboles), salto de longitud (en el arenero), carreras (con obstáculos, relevos...), tiro de pértiga, gimnasia rítmica, golf, bádminton, bolos, aeróbic, baloncesto, ping-pong, fútbol, juegos de puntería...

- Talleres tan diversos como construir coches fórmula 1, organizar carreras de pintura que corría entre obstáculos (tapones, telas, algodón...) o circuitos «en relieve», fabricar cintas para gimnasia rítmica (de cartón duro y papel pinocho), hacer «dibujos deportivos» (cada uno dibuja el deporte que prefiere), pintar a los «visitantes deportivos», preparar un *collage* de los deportes de nieve...

Y a todo ello tenemos que sumar las ilustrativas visitas de los expertos en deportes que nos caían más a mano. En realidad la de Lucía fue la tercera «visita deportiva» que recibimos. El primer visitante fue el padre de José Luis, que practica el submarinismo con toda su familia. Entró en la clase con una gran bolsa (a juego con su tamaño), de la que fue sacando el traje de bucear, las aletas, las gafas, el cuchillo, el cinturón con pesas de plomo, la boya... y explicó clara y concisamente la utilidad de cada uno de los elementos del equipo, que fue pasando a los niños y niñas para que lo tocaran y le preguntaran todo lo que quisieran saber.

Después se colocó el equipo delante de nosotros, dejándonos impactados al contemplar un buceador entero y verdadero al alcance de nuestras manos. A continuación nos dijo que teníamos que cuidar la naturaleza marina y no echar basuras, ni bolsas de plástico, ni coger animales vivos (salvo para comer). Nos contó que hay varios tipos de suelos marinos, y la diferencia que existe entre bucear con y sin oxígeno.

«Hay que hacer deporte alegremente, o sea, sin enfadarse si se pierde»

Explicó que es precioso contemplar a los animales en sus lugares de vida y, al decirlo, se le notaba cuánto le gusta este ejercicio... José Luis, hijo, añadió al relato la explicación de cuando él encontró su primera «oreja de mar», y luego él y su padre nos regalaron una para cada uno, junto con una colección de esqueletos de erizos para la clase. Al final, acabamos hablando todos de peces y de historias marineras, así que inevitablemente llegamos a la conclusión de que el submarinismo era un buen deporte.

El segundo visitante fue Alejandro, hijo de mi amiga Margarita, y miembro del Club de Fútbol Alicante, que nos explicó sus experiencias en este deporte. Alejandro llegó a clase ya vestido de futbolista, y mientras jugueteaba con la pelota, nos explicó que el deporte es bueno para el cuerpo, que es como jugar (pero con reglas), que se debe comer y dormir bien para estar fuertes, que hay que hacer deporte alegremente –o sea, sin enfadarse si se pierde–, y sin obsesionarse, porque hay tiempo para todo (para entrenar y para salir con los amigos).

Después respondió a nuestras preguntas: «¿Hay que estar triste si pierdes?, ¿De qué equipo eres?, ¿Te han dado tarjeta amarilla o roja alguna vez?»... Por último, incluso nos animó a organizar un auténtico partido en el patio, para lo cual explicó las principales reglas del juego. Varios niños iban vestidos también de futbolistas, y el partido resultó divertido y un tanto sorprendente, ya que al primer saque del balón, los jugadores en su totalidad salieron corriendo para recuperarlo, abandonando el campo, en el que quedamos los porteros, Alejandro y tres animadoras, entre las cuales me contaba yo. Hubo varias escapadas más, además de balonazos contundentes, discusiones, caídas, cambios de portero y hasta de equipo...

El encuentro acabó con el resultado de ocho a uno, y a propuesta de Lucas, se entregó una copa (que él mismo había traído) al capitán del equipo ganador, y una medalla (de judo), al segundo clasificado. Terminaron todos sudando a mares, coloradísimos y con una excitación casi imposible de calmar.

Eva, la mamá de María, nos visitó también para hablarnos del esquí náutico. Trajo un esquí y un montón de fotografías, y nos explicó que empezó muy pronto a aprender y practicar este deporte, que hay muchas modalidades de esquí, que es peligroso hacerlo sin protección, y que «es muy bonito notar el mar bajo tus pies, mientras vas haciendo zigzag sobre las olas». Bueno, y muchas otras cosas, claro. Además, vimos fotos suyas con trofeos, esquiando, haciendo «estela» en el agua...

Visita privilegiada

A este capítulo dedicado a recibir deportistas se añadió una visita realmente excepcional: ¡la campeona olímpica de yudo y medalla de oro Miriam Blasco vino a la escuela para transmitirnos experiencia y saber acerca de su deporte predilecto! La acompañaron Nick Fairbrother, medalla de plata olímpica, Yolanda Soler, medalla de bronce olímpica y José Alberto Valverde, veterano profesor de judo, y nos hicieron pasar un rato inolvidable. Lo primero que hicieron las campeonas, después de ser presentadas, fue hablarnos de las técnicas básicas del judo, mostrarnos los trajes, los cinturones, las caídas... Y enseguida, en medio de un gran silencio, empezaron a hacer combates sobre el tatami que ya les teníamos preparado.

Verlas mirarse, medirse, hacerse «llaves» para lograr tirar a la adversaria, manejarse a saltitos, a tirones, pero con tanta seguridad, con tanta fuerza y poderío... ¡era impresionante! Tanto que algunos de los más pequeños se tapaban los oídos, otros se reían nerviosos, y uno... hasta lloró.

Entre los cuatro respondieron a todas nuestras inquietudes:

–¿Qué se siente al ser la campeona del mundo?
–¿Por qué peleas tan bien?

—¿Algunas veces pierdes, o siempre ganas?
—¿Por qué sabes tanto de judo?
—¿Llorabas cuando empezaste a practicarlo?
—Cuando pierdes, ¿te peleas con esa persona?
—¿Por qué elegiste este deporte?...

Y nos explicaron que «ippon» quiere decir «victoria», «tatami» es lo mismo que «tapiz» y «judo» significa «camino de la suavidad», porque es un deporte para no dañar, para hacerlo con los amigos, para ponerse fuertes, disfrutar...

Jorge y Jesús, dos de nuestros alumnos, vinieron vestidos de judokas y salieron al tatami a probar suerte, a sentir la fuerza de las manos de ellas sobre su cuerpo, a notarse vencidos en un momento. A notar también al mismo tiempo, el deseo claro de poder vencer algún día.

La verdad es que en cada una de las visitas de los expertos deportistas hemos vivido un clima diferente. Admiración y calma en la de gimnasia rítmica. Deseo de aventuras y emoción ante el mar en las de submarinismo y esquí. Excitación y movilización de los recursos personales en el partido de fútbol. Impresión ante la fuerza y seguridad de un deporte que nos puede ayudar a defendernos de hipotéticos peligros en la demostración de judo... Pero en todas las ocasiones hemos podido apreciar el placer que se puede obtener siguiendo el hilo de los propios deseos, y poniendo en el empeño esfuerzo, ilusiones y energía. Los deportistas nos han mostrado algunas de las posibles sendas para cultivar el cuerpo, las amistades, la salud, el seguimiento de las normas, la naturaleza, la belleza, la autoestima... Y ese «contagio» de sus aficiones, esa pasión que ponían al contarlas, ese brillo en sus ojos al describirlas, han sido sin duda sus mejores enseñanzas.

La escalada por necesidad

La «puntilla» del proyecto fue un simpático acontecimiento que nos puso en contacto con otro tipo de deporte casi por casualidad. Ocurrió que con tantos afanes deportivos habíamos ido reuniendo pelotas de todas clases, y... jugando, jugando, se nos habían ido colgando en la parte más plana del tejado de la escuela.

Cuando ya teníamos cuatro de ellas inmovilizadas, estuvimos elucubrando entre todos a ver si dábamos con alguna solución para poder recuperarlas. Los niños iban dando ideas: «Podemos esperarnos a que las tire el viento». Pero eso no nos servía, por ser el tejado demasiado plano; ya había hecho viento y no habían caído. «Podemos traer las escaleras». Las trajimos y no llegaban. «Puedo pedirle a mi vecino una escalera muy larga que tiene. ¡Ay, no, que no me cabe en el coche!», «Podríamos subirnos unos encima de otros». Se probó, pero no nos atrevíamos a seguir por miedo a las caídas (sobre todo yo). «¿Por qué no llamamos a los bomberos?». «No, que se pueden enfadar, porque ellos sólo van al fuego, que es más importante».

En ésas estábamos cuando llegó el padre de Cayetano a recogerlo, y al escuchar nuestro problema, salió al quite con una solución que nunca se nos hubiera ocurrido. Propuso, ni más ni menos, que trepar él mismo al tejado, ya que, según dijo, era buen escalador, «y en este deporte subir y bajar es lo que más se practica».

Así que a la mañana siguiente se nos encaramó al tejado en un segundo, y desde lo alto nos explicó lo que era la escalada, poniendo con ello «la puntilla» a este proyecto tan divertido y tan participativo.

Creo que vale la pena abrir de par en par las puertas de la escuela para recibir del «afuera» más cercano todas aquellas aportaciones que podamos conseguir: de los padres, los amigos, los vecinos, los libros, la televisión, de Internet...

La vida discurre por mil y un caminos, que podrían atravesarnos «para bien», y muy significativamente, con lo cual seguramente ya no haría falta rebuscar, ni inventar extrañas transversalidades. E incluso podríamos saber de primera mano qué se siente al ser campeón, al caminar sobre las olas, o al encontrarse una pequeña oreja de mar escondida en una roca.

Así lo vivió uno de los protagonistas:

La sesión de submarinismo

Cuando visité la escuela para explicar a niños y niñas mi experiencia con el submarinismo, sentí desde el primer momento que lo íbamos a pasar bien, porque la acogida fue extraordinaria: los niños y niñas estaban expectantes, mientras que Mari Carmen y Susana, las maestras, resplandecían de ilusión.

En general, me sorprendieron el orden y la receptividad mantenidos por los pequeños durante toda la sesión, tanto durante la charla como en los turnos de preguntas. En cierto modo, los niños y niñas manifestaban que su identidad como grupo era fruto del acuerdo y del entendimiento. Y, narices, eso es muy agradable.

Anécdotas hubo muchas, y no viene al caso enumerarlas. A bote pronto, algunas que llamaron mi atención:

- Cuando Adrián se quería tapar los ojos mientas me ponía el traje de bucear. Tuve que advertirle que llevaba el bañador debajo.
- La fascinación general que causó entre los niños el cinturón de plomo.
- El esmero que pusieron algunas niñas envolviendo una oreja de mar que les regalé, mientras que los niños salían a toda pastilla hacia el patio con la oreja en el bolsillo.
- El pez que Cayetano había visto en Internet.

Aunque las dificultades no fueron muchas, me tuve que esforzar en la adaptación del lenguaje y no sé hasta qué punto lo conseguí. Por otro lado, me resultó muy chocante la forma de expresarse de los distintos niños. En fin, pasé un rato estupendo y me fui satisfecho a mi casa por varias razones: porque me pareció que todos habíamos aprendido un montón de cosas de forma divertida, porque los niños y niñas manifestaron un interés insospechado; y porque tuve ocasión de contemplar la cara de felicidad de mi hijo.

Además, cuando al día siguiente vi expuestos los dibujos de los niños y el reportaje fotográfico, percibí que la experiencia no se iba a diluir fácilmente en el vacío. Y, como traca final, esa misma tarde, me abordó espontáneamente María a la entrada del colegio y, con una ternura infinita, me dio las gracias por la charla.

Gracias a ti, María, a los demás niños, y a la escuela que posibilita estos encuentros. Hasta siempre.

José Luis, padre de José Luis

12

Pintor que pintas con amor

El arte

Un escultor trabaja en un taller inmenso rodeado de niños.
Todos los niños del barrio son sus amigos.
Un buen día la alcaldía le encargó un gran caballo
para una plaza de la ciudad.
Un camión trajo al taller el bloque gigante de granito.
El escultor empezó a trabajarlo subido a una escalera,
a golpes de martillo y cincel.
Los niños lo miraban hacer.
Entonces los niños partieron de vacaciones,
rumbo a las montañas o el mar.
Cuando regresaron, el escultor les mostró el caballo terminado.
Y uno de los niños, con los ojos muy abiertos, le preguntó:
Pero... ¿Cómo sabías que adentro de aquella piedra había un caballo?
(Eduardo Galeano[4])

Y sí, así es al principio. Parece pura magia ese estar y no estar el caballo en la roca o el dibujo en la tela, pero después de presenciar un acto creador en vivo y en directo, huelgan las explicaciones.

Se pinta, se modela, se esculpe, se inventa, se compone, se escribe... con las manos, con los ojos y con la fuerza del deseo de las personas. Y eso se llama *arte*.

En la escuela hemos estado un tiempo curioseando y aprendiendo sobre el arte de la pintura y estamos muy contentos de haberlo hecho, porque el impacto de la belleza y la fuerza de la creación han logrado impresionarnos vivamente a todos: niños, padres y maestros.

Hemos visto lo bien que pintaban los artistas en torno a los cuales hemos trabajado: Sorolla, Picasso, Miró, Klee, Van Gogh, Tàpies y Calder.

4. Eduardo Galeano (1978): *Días de amor y de guerra*. Barcelona. Laia.

Un toque maestro

El día 22 de enero tuvimos la suerte de ver pintar a Valentín Ferrero, que ha sido maestro de esta escuela hasta hace sólo tres años, y ahora se dedica de lleno a la pintura. Él nos enseñó su paleta y su caballete, contestó nuestras preguntas y nos explicó qué significa para él pintar, qué instrumentos necesita, qué técnicas prefiere y hasta cuál es su color favorito...

Verlo pintar un bodegón en un estilo «realista» y verlo luego pintar un cuadro «abstracto» aquí mismo, al alcance de nuestros ojos (y nuestras narices, ¡qué bien huelen las pinturas de Valentín!...), fue un auténtico placer que, esperamos, abra el hambre de los niños hacia la belleza.

El rato fue exquisito. Él conoce muy bien a los niños y se puso desde el primer momento en tesitura de juego. Así, al decir «esto es un caballete», se montó literalmente en el artefacto y se puso a cabalgar por toda la sala como cuando hacía el teatro de los viernes. Y al enseñar sus útiles de trabajo hablaba de las espátulas que parecían picos de pato, de los hombres primitivos que pintaban con sangre de verdad, de lo mucho que se mancha uno pintando, y de cosas así...

Entre sus magníficos mensajes destaco algunos:

—Es importante cantar, o estar alegre para pintar, por eso yo silbo cuando estoy pintando.

—Los pinceles son como las personas, así que hay que tratarlos muy bien. Hay pinceles grandes y pequeños, finos y gordos, viejos, nuevos o sin estrenar, de piel elegante, que es mejor tener tapada, o bastos y fuertes, como las brochas de los pintores de paredes. También los hay suaves, duros, o *despeluchados*, como las chicas cuando les da el aire en la melena...

—Pinturas también hay de muchas clases, algunas las conocéis: las ceras, las tizas, los lápices, la témpera... Yo os he traído otras: el carboncillo, la sanguina, el óleo (que tiene aceite y otras cosas que no se pueden chupar, porque son venenosas), los lápices de color, las acuarelas... Con la mayor parte de ellas salen unos colores preciosos, ¡el color es tan bonito!.

—¿Verdad que en los libros que habéis leído no pone *cómo se pinta*? Es porque cada pintor pinta a su gusto y manera, o sea, como le da la gana.... (Así lo dijo, cosa que encantó al personal...)

—Lo primero es dibujar con el carboncillo, luego lo vas rectificando con el dedo, con el carbón o con la misma pintura, y ¡ale!, a dar color. Las mezclas se hacen probando en la paleta y con un poco de agua. Después es conveniente firmar el trabajo para que todos sepan quién ha pintado ese cuadro y tampoco está de más ponerle nombre, como a los niños cuando nacen, para poder llamarlos...

—A mí al final me gusta *apartarme* y mirar un poco para darle el *toque maestro*. (¡Qué bien le iba esta expresión a Valentín, maestro y pintor, o pintor que era maestro, o maestro pintor!...)

—Los que pintan «realista» se copian de lo que ven, pero los que pintan «abstracto» pintan lo que sienten, si están alegres, tristes, si tienen miedo, rabia... Hay pintores que pintaban echando la pintura en la tela a montones, «a lo bruto». (Y al tiempo que decía esto nos lo iba demostrando.)

—También puedes pintar retratos de otras personas, o pintar tu cara, y eso se llama *autorretrato*. Te miras al espejo y si te gustas, ya puedes pintarte.

Mientras hablaba iba pintando y le daba lugar a contestar las preguntas de los niños, a entrar en pequeños diálogos, a hacer demostraciones y hasta a decirle con toda naturalidad a Manuel que si no le gustaba su obra, pues no pasaba nada, porque la pintura era así, «cada uno tiene su propio gusto y todos son respetables, porque como todos somos diferentes...».

Los niños le preguntaron muchas cosas:

—¿Cuál es tu color preferido?
—¿Tú pintas bien?
—¿Cuándo pintas?
—¿Si quieres un color y no lo tienes, y no lo venden, ¿qué haces?
—¿Tienes color rosa?
—¿Tú pintas a la gente turulata como Picasso?
—¿Sabes que Picasso pintaba chicas desnudas?
—Y Sorolla niños desnudos.
—Picasso pintó un Guernica con un bebé muerto que a todos nos da pena.
—¿Pero cómo pintas tú, cómo es *tu manera*?
—¿Por qué te hiciste pintor, porque podías hacer todo lo que tú querías?...

Y fue pasando el tiempo mientras ante nuestros admirados ojos «nacieron» un bodegón (copiado del natural), y un cuadro abstracto que, por mayoría casi total, los niños pidieron que fuera *alegre*...

—Lo único malo de pintar es que es un poco lento —decía Valentín, notando un cierto cansancio en los más pequeños.
—Da lo mismo, sigue, que a mí me gusta, le decía Javi, visiblemente impresionado.
—A mí me está dando una envidia, susurraba Lourdes a Andrea...
—Yo prefiero el bodegón, porque el otro *no parece nada*, criticaba Manuel.
—A mí me parece lluvia, decía Blanca.
—Pues a mi flores.
—A mí me dan ganas de ir a su casa.
—A mí de ser su novia.
—Yo quiero ser pintora.
—¡Yo voy a ser pintor!
—Veo a Inma y a Mari Carmen escribiéndolo todo, será para que no se nos olvide...

Cuando terminó hubo un aplauso sentido. Los mayores estábamos emocionados, y lo dijimos. Valentín dijo que estaba contento de estar allí, pero que había pasado nervios y vergüenza. También dijo que nos regalaba sus dos cuadros, dos carboncillos, una sanguina y un pincel chino, y entonces le volvimos a aplaudir...

Al día siguiente Isabel, que estaba con gripe, fue informada de todo por sus alumnos. Uno de ellos le dijo que había venido al colegio un pintor, pero que no era Van Gogh, porque tenía dos orejas...

La señora «Picassa»

Todo empezó el curso pasado con la discreta, y a un tiempo apasionada sugerencia de Rosa, la madre de Marc. Nos proponía ir con los niños al Museo de La Asegurada, en el que ella trabaja, para ver una exposición de arte geométrico. Nos dijo que esas obras a los pequeños les gustarían mucho, según lo había podido comprobar con su hijo, que apenas tenía dos años.

Como estábamos ya a mitad de primavera y teníamos otras salidas previstas, fuimos sólo con las dos clases de cinco a seis años, resultando ser una excursión muy aprovechada, en la que los niños estuvieron interesadísimos, y que derivó en un posterior trabajo que se prolongó hasta el mes de junio. Vimos, pues, que efectivamente la madre de Marc tenía toda la razón en sus apreciaciones y que valía la pena animarnos a hacer «planes artísticos» para todos el siguiente curso escolar. Como así ha sido.

En este tiempo, que ha sido casi un mes, el ambiente de trabajo y de experimentación ha sido enorme. Gemma, de la clase de tres años, lo verbalizaba así: «Nos ha salido una magia con la pintura, hemos fabricado el color rosa... ¡y antes no lo teníamos!».

En cada clase ha habido un color, unas formas, unas técnicas, unos motivos argumentales, unos comentarios, un ambiente.

> —Ésa tan guapa será la mujer de Picasso, si no la habría pintado fea, o con una oreja sola, o con un ojo en el sitio de la boca... (Chimo)
>
> —Pues mira, sí, es la «señora Picasso».
>
> —No, así no lo digas, que está mal dicho, se dice la señora Picassa. ¿No ves que es chica? (Jairo)

En cada clase hemos ido aprendiendo sobre la vida y la obra del pintor elegido y, aunque esta vez hemos sido los maestros los que hemos escogido el tema, por lo visto los niños han aceptado la elección, a juzgar por el entusiasmo con que está viviendo el acontecimiento artístico toda la escuela.

Algunos pintores han sido escogidos por ser nuestros preferidos, otros por pensar que a los niños les gustarían y otros al ver sus obras en los libros de arte que la madre de Marc (nuestra museóloga particular), nos ha facilitado para ilustrarnos, ¡qué buena falta nos hacía!...

Las palabras que se manejan estos días en las clases son: cuadro, paleta, acuarela, pintura, ceras, óleo, museo, exposición, marco, retrato, autorretrato, caricatura, paisaje, bodegón, copia, original, realista, abstracto...

Las aulas se han llenado de las pinturas de los famosos y de los niños, inspirados en ellas. Así que hemos tenido que ponerlas también por los pasillos, por la entrada, por la sala de psicomotricidad... ¡Tenemos el colegio convertido en un museo! Son tan bonitas que siempre vemos a alguien contemplándolas admiradamente. Sobre todo los propios autores. Así que hemos hecho varios recorridos por el colegio, en los que los expertos de cada clase iban contando a los demás lo que habían aprendido del pintor que habían trabajado, y se oían comparaciones, preferencias, algún que otro aspaviento ante alguna obra que les chocaba o asustaba... y también solidarias adhesiones al pintor del amigo, del hermano, de la clase, de la maestra del año anterior...

Copia del natural: «Palomas»

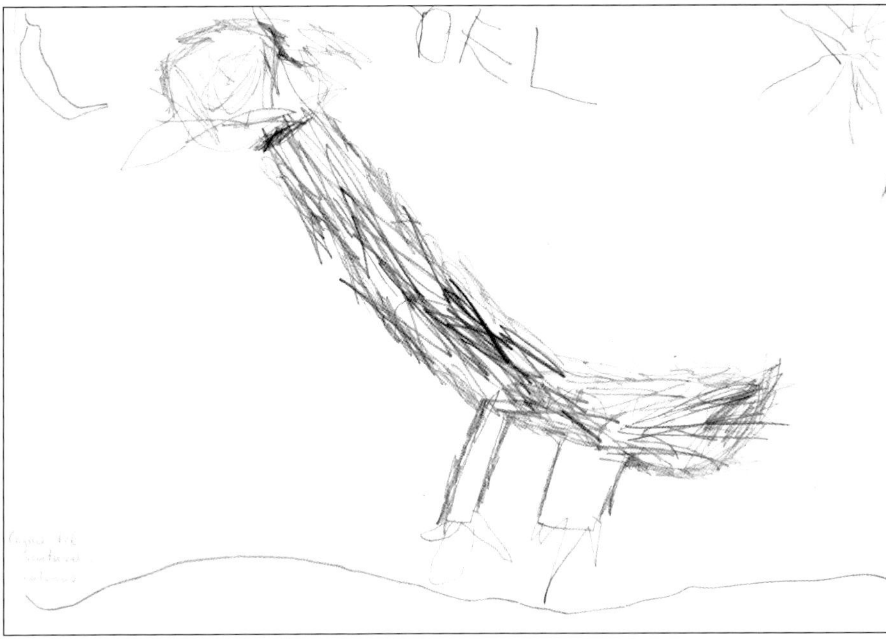

Hemos ido en varias «tandas» al Museo Eusebi Sempere a ver la exposición «Abstractos» y hemos quedado impresionados al ver cómo miran y cómo expresan lo que sienten nuestros alumnos al ver las obras de los pintores. Nada más entrar en una de las salas se oyó: «¡Es Miró, el de la clase de Cari! ¡Es Calder, el de «Els Gatets»! ¡Ahí está el Guernica en pequeño!..». Y luego, a lo largo de las visitas guiadas (muy amablemente) pudimos comprobar cuánto han aprendido y cómo han afinado el gusto los niños. Sabían muchas mezclas de colores, reconocían cuadros, matices, materiales... Aprendieron a diferenciar pintura y escultura, opinaron sobre el abstracto, comentaron con las guías qué les sugerían los distintos cuadros...

Bastantes niños, además, han visitado otras exposiciones (reales o virtuales) con sus padres, siguiendo los consejos que dimos en una carta, con información facilitada por el padre de Mar, que llegó una tarde cargado de programas de los museos que había en la ciudad para repartir a los niños.

En algunas clases se han recibido las visitas de madres (la de Pau y la de Anna) y abuelas pintoras (la de Loreto y Teresa). Todo el mundo ha revuelto en sus libros y archivos, o han acudido a las bibliotecas públicas o a Internet. Prácticamente todas las familias se han implicado y entusiasmado en el proyecto. A los maestros se nos ha disparado la creatividad y la alegría de aprender a la vez que los niños.

En fin, que no se habla de otra cosa... Nos «enseñamos» mutuamente las pinturas de los alumnos, nos contamos las curiosidades, virtudes o debilidades de los pintores...

¡Una maravilla!

A nuestra manera

Si tuviéramos que destacar algo del trabajo y de la dinámica especial que se ha creado en cada una de las clases, diríamos que:

- «Els Gatets» (1 a 2 años) han trabajado en torno a Calder. Todo el mundo ha celebrado el precioso móvil que han pintado a todo color y que se deja mover por el viento en pleno pasillo.
- En «Els Pollets» (18 meses a 2 años) trabajaban con Tàpies. El día que pintaron con miel, Luisa cogió el tarro y se puso a chupar con todo el gusto del mundo. Bastante distinta fue la sesión de pintura con tierra, paja y plumas... Aquello gustó mucho a los niños, pero todos los adultos que lo veían se espantaban, ¡se parecía tanto a los excrementos de un animal!... Desde luego sí que produjo sentimientos... (hasta demasiados).
- «Els Ossets» (2 a 3 años) han seguido la obra de Van Gogh, por ser el preferido de Isabel, la maestra. Una mañana, gracias a la colaboración de los padres de la clase, los niños llegaron y encontraron el aula repleta de láminas enmarcadas de Van Gogh. Preguntaban «¿Qué ha pasado?; ¿ha venido Van Gogh?». Sólo observando sus obras llegaron a la conclusión de que el color preferido del pintor era el amarillo y que le gustaba pintar flores, paisajes de noche y autorretratarse sin oreja (ese dato impresionó a todo el mundo); pero también advirtieron que ellos eran capaces de dibujar, de dibujarse, de sentir pintando lo que a cada uno más le gustaba, en definitiva, de crear.

Mural realizado por la clase de «Els Dofins» (4 años), inspirado en *Muchacho con pipa* de Picasso

- «Els Colomets» (3 a 3 años y medio) trabajaron a Paul Klee y tuvieron la suerte de recibir la visita de Elena, madre de Pau, que es pintora. Fue una sesión en la que pudieron mirarla pintar, escuchar sus explicaciones y colaborar con ella pintando uno a uno un cuadro colectivo de todos los colores.

- «Els Cavallets» (3 años y medio a 4) trabajaron a Miró y, cuando se enteraron de que muchas veces él pintaba por el suelo, en la arena de la playa o en el campo, propusieron pintar en el patio, y así lo hicieron con palos, con piedras, con los dedos... Los colores y las formas de Miró cautivaron a los niños, y eso de pegar lo que se encontraba por ahí también.
- «Els Dolfins» (4 años) trabajaron de la mano de Picasso. Uno de los primeros días Mar explicó que Picasso pintaba la gente «turulata», y que ella se copiaba, porque daba mucha risa. También contó que había visto un coche que tenía escrito Picasso.

> –Será suyo.
> –Pero si está muerto.
> –Bueno, pero a lo mejor «sale» a veces, dijo Andreu.
> –O alguien se lo está cuidando.
> –O se lo ha regalado a otro pintor.
> –O a su hijo el que se vestía de Arlequín...
> –O le puso una persona a su coche ese nombre, decía Alejandra aventurando...
> –Mi madre me ha dicho que hay unos coches que se llaman así, Picasso, y que hay muchos, informó Alexandra cerrando el asunto.

- En «Els Elefants» (5 años) se trabajó a Sorolla, por ser un clásico y por ser del gusto de Inma, la maestra. Javi fue el que primero se decidió a recrear un cuadro a partir de otro del pintor y le quedó tan logrado que los compañeros le empezaron a llamar «el pintor». A la hora de comer, unos días después, se me ocurrió decirle: «¡Enhorabuena por tu trabajo!, ¡mira que si te haces pintor!». Respondió con seriedad inusual: «¡Es que voy a serlo!».

Cuadro 1. Recreaciones a partir de los clásicos

CLASE	PROPUESTA	TÉCNICAS	MATERIALES
Gatets (1-2 años) Pintor: Calder	One red one blue.	Ceras negras sobre papel blanco y gomets.	Ceras negras, papel blanco y gomets.
	Frontispicio de fetes.	Formas geométricas pegadas sobre cartulina azul brillante.	Formas geométricas de cartulina de colores rojo, negro y amarillo, y cartulina azul brillante.
	Nautilo blanco y negro.	Pintura de témpera blanca sobre cartulina negra, pintado con pincel fino.	Témpera blanca, cartulina negra y pinceles finos.
	Juguete (canguro) en negro sobre blanco.	Pintura de témpera negra sobre cartulina blanca.	Témpera negra y cartulina blanca.

CLASE	PROPUESTA	TÉCNICAS	MATERIALES
Gatets (1-2 años) Pintor: Calder	Móvil (sin nombre).	Piezas inspiradas en la obra de Calder y pintadas con colores básicos de témpera y enganchadas con alambre.	Trozos de cartulina, témpera de colores básicos y alambre.
Pollets (18 meses-2 años) Pintor: Tàpies	Blau emblemàtic.	Papel azul con mezcla de pintura (azul y blanco) utilizando pincel fino.	Papel azul, témpera azul y blanca, y pinceles finos.
	Celebración de la miel.	Pintar sobre cartón duro con lápiz y miel.	Cartón duro, lápices, miel y pinceles finos.
	Blau i canya (móvil)	Papel de embalar blanco pintado con rodillo de color azul y bolas de papel de embalar pintadas de rojo. Las bolas están colgadas mediante cuerdas sujetas a una caña.	Papel de embalar blanco, témpera azul, papel de embalar marrón, témpera roja, cuerdas y una caña.
	Masa de harina (libre).	Con las manos, mezclar cola y colorante.	Cola y colorante.
	Lecho.	Mezclar tierra, cola y pintura, y pintar sobre una cartulina con pincel grueso.	Cartulina, pinceles gruesos, tierra, cola y pintura.
	Collage de papel de aluminio.	Técnica mixta sobre cartón.	Cartón, cola y papel de aluminio.
Ossets (2-3 años) Pintor: Van Gogh	Dos girasoles.	Pintar con témpera amarilla y pinceles gruesos sobre la tela de saco, pegar la tela sobre cartón ondulado, pegar las semillas de girasol en el círculo más pequeño de la cartulina naranja, pegar «los girasoles» sobre papel de seda amarillo y, a su vez, sobre el papel. Por último, arrugar el papel de seda alrededor de la cartulina naranja.	Cartón ondulado, tela de saco, témpera amarilla, cola, círculos de cartulina naranja con un círculo concéntrico más pequeño, papel de seda amarillo y semillas de girasol.

CLASE	PROPUESTA	TÉCNICAS	MATERIALES
Ossets (2-3 años) Pintor: Van Gogh	Noche estrellada en el Ródano.	Sobre el papel charol pegar los palos en forma de cuadro; en la parte inferior del cuadro situar el papel de aluminio (imitando el río) y pegar las estrellas en la parte superior.	Papel charol de color azul, gomets con forma de estrella de color amarillo, cola, papel de aluminio y palos de polo.
	Autorretrato.	Dibujar con rotuladores sobre una cartulina un autorretrato de cada uno.	Cartulina azul y rotuladores.
	Boceto de Noche estrellada.	Pintar un boceto con ceras azules y amarillas.	Boceto de un cuadro, ceras de color azul y amarillo.
Colomets (3-3 años y medio) Pintor: Paul Klee	A la vista de los cuadros del pintor	Témperas con esponjas y rotuladores sobre cartulina.	Témperas, esponjas, cartulina y rotuladores.
	A la vista de los cuadros del pintor	Pintar con ceras sobre papel.	Ceras de colores y papel.
	A la vista de los cuadros del pintor	Siluetas y frisos con témperas.	Cartulina blanca, rotulador negro y témperas de colores azul y naranja
	El armario de Paul Klee.	Pintar con témperas rojas sobre negro.	Papel negro y témpera de color rojo.
	Trabajo inspirado en las técnicas del pintor Paul Klee.	*Collage* con frisos y formas geométricas.	Cartulina y frisos.
	Ceras sobre eva. Dibujar líneas rojas y negras sobre eva.	Dibujo.	Eva, ceras rojas y negras.
	Niñas con muñeca. Dibujar puntos con rotuladores.	Dibujo.	Rotuladores y papel.

CLASE	PROPUESTA	TÉCNICAS	MATERIALES
Colomets (3-3 años y medio) Pintor: Paul Klee	El patio de nuestro colegio. Cuadro realizado entre todos pintado con témperas sobre papel con caballete el día de la visita de Elena, la mamá de Pau.	Dibujo.	Témperas, papel y caballete.
Cavallets (3 años y medio-4 años) Pintor: Miró	Pintar un objeto después de tocarlo con los ojos cerrados.	Dibujo.	Ceras blandas y papel.
	Pegar cosas en el trabajo y hacer una composición a partir de ellas.	*Collage.*	Plumas, papeles, ramas y piedras pequeñas (objetos encontrados en el patio).
	Dibujar en el suelo con palos o piedras.	Siluetear.	Palos y arena.
	L'or de l'atzur, según los niños «El cuadro de la patata».	Copia inspirada en el cuadro original.	Ceras.
	Bailarina, según los niños «El cuadro del corazón».	*Collage.*	Témpera, rotuladores y cartulina.
	Pintura, según los niños «El cuadro de la luna».	*Collage.*	Rotuladores y cartulina.
	Mujer y niños a punta de día, según los niños «El cuadro de los colorines».	Copia inspirada en el cuadro original.	Ceras.
Dofins (4 años) Pintor: Picasso	*Palomas.* Primero vemos cómo pintó él unas palomas con lápiz (de pequeño) y varias cuadros más de palomas.	Copia del natural.	Lápiz y papel blanco (tamaño cuartilla). Carpetas para apoyarse.

CLASE	PROPUESTA	TÉCNICAS	MATERIALES
Dofins (4 años) Pintor: Picasso	*Cabeza de huevo.* A partir de una caricatura que le hace a Guillaume Apollinaire.	Caricatura (dibujo en broma).	Rotulador fino y papel blanco.
	Muchacho con pipa.	*Collage.* Mirando una lámina del cuadro (época azul).	▪ Tela de flores (como fondo). ▪ Figura de un chico pintada con ceras gruesas, recortada y sobrepuesta. ▪ Flores en la cabeza (de papel de seda). ▪ Una pipa negra de cartulina.
	Pintamos como Picasso en su época azul (pero él lo hace triste, y nosotros contentos).	*Collage.*	Papeles de varios tipos, telas, ceras, rotuladores...
	Pintamos personas al estilo de Picasso (según Chimo, «gente rara», según Mar «gente turulata»).	Dibujo.	Papel y ceras.
	Después de observar el *Guernica* en varios tamaños y leer sobre este cuadro, hacemos: ▪ Un rompecabezas. ▪ Colorear partes. ▪ Un cuadro, miniatura a partir de un sello.	Relleno de contornos. Composición.	Papeles de colores vivos como base, tijeras y cola.
	Dibujar a la familia en una flor «animada» (a partir de un dibujo de Picasso que era una flor con caras).	Dibujo.	Rotuladores.

CLASE	PROPUESTA	TÉCNICAS	MATERIALES
Dofins (4 años) Pintor: Picasso	Pintamos como Picasso en la época rosa. (Primero haremos lo que Valentín hizo, que era señalar con carboncillo lo que quería pintar.)	Pintura.	Carboncillo y témpera roja, negra y blanca.
	Muchacha a caballo y joven (a partir de una fotocopia del cuadro sin las personas).	Dibujo (completar con el chico y la chica).	Rotuladores y papel blanco con el caballo fotocopiado.
	Pintar a Valentín haciendo el cuadro abstracto y el bodegón.	Dibujo.	Ceras gruesas y papeles de colores claros.
Elefants (5 años) Pintor: Sorolla	Nos vamos a imaginar la playa: LUZ y COLOR de la arena, agua, cielo... sensaciones... pues este tema es uno de los preferidos de Sorolla.	Dibujo artístico.	Cartulina blanca y ceras blandas.
	Sorolla hacía retratos de la gente, ¿a quién podemos retratar? Retrato de un amigo.	Retrato.	Medio folio, plastidecor y un niño de la clase como modelo.
	Pintando al Aire Libre, como hacía habitualmente Sorolla, pues él pintaba en la calle, en la playa...	Dibujo del natural en el patio.	Folio blanco, plastidecor, carpeta y el patio.
	Elegir individualmente el cuadro que más les guste de Sorolla para intentar copiarlo, utilizando témperas y sobre un plano vertical de forma individual.	Pintura.	Témpera, pincel fino y grueso, doble folio y láminas de Sorolla.

CLASE	PROPUESTA	TÉCNICAS	MATERIALES
Elefants (5 años) Pintor: Sorolla	Hacer un cuadro que no fuese «realista», como los de Sorolla, es decir, *abstracto*, sobre una base de tela.	Pintura abstracta.	Folio, tela, témperas y pinceles.

Motivos motores

El placer de mancharse con la pintura, de mezclarla, restregarla, amontonarla, estirarla... logrando productos nuevos, originales y particularísimos es uno de los motivos por los que se respira estos días en la escuela este ambiente de «narcisismo colectivo», de valoraciones mutuas, de autoestimas satisfechas.

Cada cual pinta... ¡Y a todo el mundo le gusta! A las maestras, a los compañeros, a los padres... Nos estamos dejando jugar con los elementos, nos permitimos pegar cualquier cosa en los papeles, telas o cartones, desde elegantes purpurinas, hasta tierra de las macetas, miel, posos de café, hojas, flores, arena, alambres... Y todo ello con *intención de belleza*, con miraditas de lado «a ver cómo me va quedando de bonito»...

Porque mirar un cuadro o producirlo son cosas que tienen que ver con uno mismo, con nuestras emociones, con la emergencia de la propia identidad, con el deseo de que lo bello perdure, se quede entre los dedos, en la tela, en los ojos y en el corazón. Para acompañarnos y alegrarnos. Para darnos fuerza. Para compartir y regalar. Para consolar y hacer colchón en los momentos malos. Para vibrar y hacer emocionar en los momentos buenos. Para recordar...

Ha habido, además, otras cosas que han puesto a los niños a pensar, a preguntar, a investigar. Una es la constatación, en los libros y en las informaciones recopiladas, de que los magníficos artistas que tanto nos gustaban... ya no existían, ya habían muerto.

> –¿Por qué se murió Picasso? Yo quería verlo y decirle que quiero ser pintor...
> –¿Han desaparecido como los dinosaurios?
> –Si Picasso ya se ha muerto, ¿por qué aprendemos de él?

Preguntas a los padres, preguntas a los maestros, comentarios entre ellos, juegos alusivos... Una tarde, jugando con las telas, me llamó Marta para informarme de que su hijo «se había muerto». Fui y encontré a Guillermo agazapado y bien cubierto por la tela. Le hice cosquillas y «se despertó». «Está vivo, Marta, no te preocupes», le dije. Después de esto, proliferaron los muertos, de dos en dos, de tres en tres, o en solitario. Iban «tapándose-muriéndose» y yo «destapándolos-resucitándolos». Sin más argumentos, ni detalles, al menos en ese momento. Fue un juego alegre y divertido. A la hora de merendar les pregunté por qué habían inventado ese juego y Marta dijo rápidamente: «Como Picasso, que se había muerto».

«Els Ossets» lo tuvieron un poco más difícil, porque eso de que Van Gogh se cortara una oreja a ver quién puede entenderlo. Sobre todo si se tienen tres años acabados de cumplir... Allí se podían oír diálogos como éste:

—Van Gogh se cortó la oreja cuando se hizo mayor, pero yo no quiero cortármela.
—Yo no quiero hacerme mayor, porque me gusta mejor tener dos orejas.
—Mi papá dice que se equivocó cuando se cortó la oreja.
—Isabel dice que se volvió loco.
—Pues tú siempre haces el loco...

El asombro, la admiración y el disfrute ante los colores, los motivos argumentales, las formas... son tan auténticos que creemos que ha sido un acierto emprender este trabajo.

Los maestros hablamos de arte, compramos libros, inventamos modos de acercar las obras a los niños...

Los padres entran en clase y se admiran ante los trabajos de sus hijos.

Los niños están contentos viendo cómo los pintores «verdaderos» pintan tan libres y tan abiertos como a ellos les gusta pintar. Si un cuadro no les gusta, lo dicen. Si un cuadro les asusta, así lo expresan. Si un cuadro les emociona, lo proclaman con alegría: «Yo quiero ser una Picassa»...

¡Así que damos las gracias y la bienvenida al arte en la escuela!

¡Después de esto cualquiera vuelve a hacer «trabajos manuales», o fichas estereotipadas, o relleno de siluetas...!

¡Cuánto tiempo perdido! ¡Y qué suerte haberlo comprendido para poder empezar otra vez!

13

Yo estuve en la clase de mi hijo

En nuestra escuela es bastante habitual recibir las visitas de las familias de los niños. Recuerdo madres que han venido a presentar a su bebé, a hablar de su oficio, a hacernos alguna demostración de teatro o de juego. Padres que nos han enseñado a peinar, a poner clavos, a curar heridas, a hacer disfraces. Pero, tanto si vienen cargados con la sabiduría de los libros, de los trabajos o de las experiencias... como si vienen a enseñarnos un gato, o a contarnos un cuento, siempre traen con ellos dos elementos esenciales.

El primero es una buena sonrisa, símbolo de su actitud abierta, acogedora, disponible, de su cariño. Y el otro, es un poco de temblor y de nerviosismo, que, al principio a mí, me parecía inexplicable, y ahora ya voy entendiendo más. Presentarse delante de un grupo, con altas expectativas y que se conoce relativamente poco como colectivo organizado, altera a cualquiera. Si además, el hijo o la hija demandan «un buen papel» con la cara emocionada y anhelante... la cosa se complica. Un momento un poco difícil, sí, pero atractivo, entrañable y curioso. Como éstos que cuentan algunos de los protagonistas.

Vicent Giner, padre de Sara: El médico de familia

Las formas y el fondo

Mari Carmen, la maestra de «Els Elefants» organiza en clase talleres para sus alumnos de cinco a seis años. Un tipo de taller consiste en que algún padre o madre acuda a clase y explique su trabajo, una afición, una habilidad. A mí me correspondió hablar en un taller que dimos en llamar «El médico de familia» y que tenía un doble objetivo. El explícito era familiarizar a los niños un poco más con la figura del médico, y el implícito, intentar interesarlos por el cuerpo humano, tema por el que no estaban nada motivados este año. Han revisado y estudiado temas variados, como los dinosaurios, los osos Panda, las estrellas, etc., pero del cuerpo humano... nada de

Artículo publicado en *Infància*, n. 112, pp. 22-26, enero-febrero 2000.

nada. De ahí vino que entre Mari Carmen y yo hiciéramos esta propuesta de taller, a ver si así se interesaban por este cuerpo serrano que todos tenemos y... deseaban conocerlo mejor (cosa que, por cierto, no pasó).

Las formas

A las diez de la mañana entro en clase. Están todos sentados, formando un semicírculo, encima de las mesas corridas que habitualmente les sirven de pupitres, con los pies apoyados en los bancos también corridos que habitualmente les sirven de asientos. (¡Ay, si mi maestro levantara la cabeza!)

Yo ocupo la parte del semicírculo libre de niños: una silla y una mesa son para mí. Están serios, pero distendidos: se les ve inquietos, pero seguros en su papel. Me pasa por la cabeza lo que estarán pensando. «Éste sabrá mucho de lo suyo, pero ésta es nuestra clase». Se les nota la curiosidad contenida y las ganas de empezar. Yo los miro y los siento preciosos: por dentro y por fuera. Por fuera todos los niños, si los miras bien, son preciosos. Por dentro, su sonrisa o su seriedad dejan translucir un interior lleno de cosas bonitas.

Los saludo, me presento y empezamos.

La semana anterior, Mari Carmen ha ido anotando una serie de cuestiones que ellos le han ido planteando para comentarlas en la sesión. Y empiezan las preguntas. Las hay, como en los coloquios de adultos, de todo tipo: interesantes y corrientes, claras y confusas, para saber y para quedar bien. Y rápidamente derivan en lo que más les interesa a ellos en ese momento, tenga o no que ver con el médico de familia. Su interés siempre por delante... como es lógico.

El fondo

Quiero reflejar ahora no el contenido detallado de lo ocurrido en el taller, sino mis propias reflexiones surgidas a partir de mi participación, como adulto y como padre, ante una audiencia tan especial.

Desde mi silla los miro y me siento emocionado, contento. No soy «charlista» profesional, aunque sí doy algunas charlas a adultos a lo largo del año; y en ésta me noto particularmente feliz.

Son niños creciendo en edad, en sentimientos, en inteligencia. Verlos crecer en edad y estatura nos llena de satisfacción, es bonito. Pero ver el crecimiento de la inteligencia y de los sentimientos es... sobrecogedor, sobre todo el crecimiento de los sentimientos. Su llanto y su tristeza, su alegría y su sonrisa van perdiendo el tono primitivo del bebé y ganan en matices, que responden a estados de desdicha o felicidad, y que se van pareciendo cada vez más a los de un adulto. En este punto ya empiezas a *sentir que pueden ser felices, pero también desgraciados en su futuro:* y te preocupas... El nacimiento y desarrollo de sus sentimientos despiertan en ti, a su vez, nuevos y turbadores sentimientos y emociones.

Pienso también que están aquí en su escuela, para educarse o para que «nos los eduquen». Y me planteo: pero ¿a quién corresponde la educación de los hijos? Es una pregunta tópica de difícil respuesta hoy, aunque en la práctica resulta más sencilla. Con padres trabajando de ocho de la mañana a ocho de la tarde es obvio que la educación se está depositando en abuelos, maestros y pediatras.

Y se me ocurre pensar qué es realmente educar. Tal vez pueda ser que cada uno ofrezca a nuestros niños comportamientos con el ejemplo (los niños aprenden lo que ven): tolerancia hacia lo ajeno, solidaridad con los peor situados, colaboración con los demás, sentido crítico ante las cosas... Yo creo que *educar es preparar para saber, querer y poder cambiar en muchas cosas a lo largo de la vida; sin modificar las expectativas de tolerancia, justicia social y colaboración para mejorar este mundo.*

O sea, algo así como que «es mejor salir de viaje que quedarse en la posada», una *invitación a vivir.*

Otra cosa que me cuestiono es si les estaremos exigiendo que aprendan demasiado y en poco tiempo. Esto lo digo a partir de una noticia reciente de la prensa: «Niños españoles: un 8% tienen depresión y un 40% sufren de estrés». La verdad es que, bien mirado, no tiene nada de extraña la noticia, en estos tiempos que corren, pero no deja de ser inquietante.

El resultado

Entre las formas y este fondo «reflexivo», se acaban imponiendo en mí los sentimientos: la deliciosa imagen de los niños sentados sobre las mesas y con los pies en los bancos; sus caras bonitas y sus miradas serias; sus bostezos y rascados de cabeza; sus sonrisas amplias y sinceras (a veces picaronas).

Así que, me olvido de las difíciles cuestiones de fondo, y, sencillamente, me alegro de haber venido.

Mercedes Gálvez, madre de Amiel: Yo «me colé» en la visita de un experto

Los minerales me encantan y para mi amiga Nina, son una auténtica pasión. Aprovechando que Nina venía a la clase de nuestro hijo Amiel, y con la excusa-motivo de filmar la actividad... me colé de acompañante. También estuvo presente el hijo de Nina.

Me pareció extraño que Mari Carmen, «siempre con los límites tan claros», nos dejara entrar a todos y todo el material. Al cabo de un año he comprendido que fue ella la que sutilmente lo propició. Como una trama inconsciente, todos sacamos del encuentro nuestro beneficio emocional; los niños encantados con tanta novedad, Nina hablando de los minerales a otros niños delante del suyo, Álvaro haciendo el papel de poner el casco en la cabeza con la llama, cosa que producía tanta atención como miedo, Mari Carmen contenta con su regalo final de pendientes con amatistas (ideado por Nina)... Muchas alegrías.

Nosotros habíamos aportado diapositivas y fotos sobre espeleología, actividad que habíamos desarrollado anteriormente, y llevamos un carburero y un casco (con linterna y carburo para la llama), una cámara de vídeo, una cámara de fotos... Lo que no me esperaba es que me tocara una pregunta sorpresa, que me acabó de integrar en la composición de la escena:

«¿Tenías miedo de quedar colgada de una cuerda en las cuevas?» fue una pregunta que hicieron los niños y que también intrigaba a Mari Carmen. Yo dije que lo

«¡Iker, pareces una máquina!»

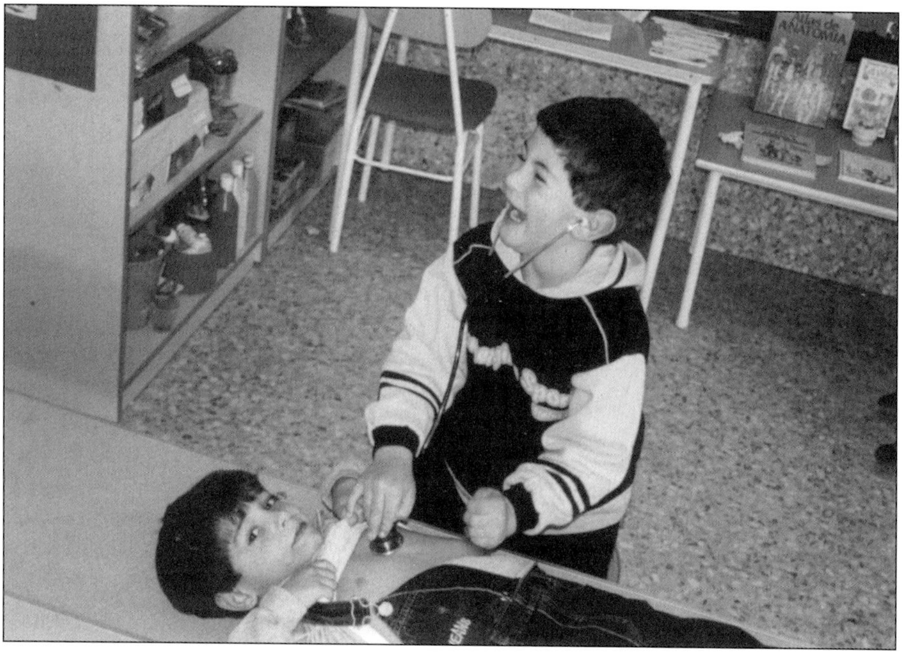

que tenía a veces era un poco de vértigo. Entonces se armó un revuelo. ¿Qué era eso del vértigo?, por un milisegundo me entró un sudor frío, hasta que me salió una respuesta fácil de entender: «Es como un cosquilleo, que empieza en la barriga y sube hasta la cabeza, a veces marea».

Me sentía sorprendida y feliz, pues todos estábamos «dentro», y hasta el comentario de José Manuel, que podría parecer fuera de sitio, «¡A mí lo que me interesan son las ardillas!», pudo «recogerse». Nina supo entenderlo e integrarlo con su respuesta: «Pues verás, a las ardillas les gustan los objetos brillantes y los coleccionan en su nido». Después de esta escena supe que existía la magia.

Durante ese rato, no recuerdo haber pensado nada, aquello fue más bien un festival de sentimientos y experiencias, y, aunque en realidad mi motivo para ir fue filmar, lo importante es que me sentí feliz por ese buen momento que siempre tendré en mi corazón.

Esta manera de incluirnos, de acercar la familia y la escuela, aprovechando cualquier cosa, es la que nos hace sentirnos a todos implicados, «metidos en la olla»..., y eso da gusto.

Mar Marco, madre de Andrea: Tatuajes de purpurina

Bueno, no sé cómo empezar a relatar esta experiencia tan maravillosa que tuve, al proponerme Mari Carmen, la profesora de mi hija, que realizase un taller en su

Las madres de Alicia y Cayetano vienen a explicarnos cosas sobre el corazón

clase. Me resulta bastante difícil contar los sentimientos que afloraron en mí aquel día tan especial, pero voy a intentarlo.

Todo empezó cuando la profesora nos propuso a los padres la realización de talleres o charlas sobre nuestras profesiones o aficiones, y me ofrecí para un taller de tatuajes de purpurina. La idea produjo un gran revuelo en clase, los niños apremiaban a Mari Carmen para su realización. ¡Y por fin llegó el día!

Llegué al colegio a primera hora de la mañana y esperamos un poco a que entraran todos. Mientras tanto empecé a preparar todo el material, sin darme cuenta de las miradas curiosas de ellos, al ver la caja de madera llena de purpurinas de colores, plantillas, bastoncillos de algodón, etc.

En primer lugar Mari Carmen los sentó a todos en los bancos y a mí en una silla frente a ellos, y me pidió que les hablara un poco de por qué me gustaba hacer este tipo de cosas. Al verlos a todos tan atentos, tan callados, tan quietos, a mí me entró inseguridad. No sabía si ellos me entenderían o si se aburrirían con mis explicaciones, pero empecé y todo fue fluyendo por sí solo.

Cuando terminé mi corta charla sobre mis estudios de arte y mi afición por las manualidades, empezó una ronda de preguntas por parte de los niños. Todos querían preguntar al mismo tiempo. Los fui atendiendo como pude, incluso en preguntas un tanto difíciles de contestar, y acto seguido empezamos con los tatuajes.

Fue muy interesante ver esas caritas de expectación, entre la curiosidad y el miedo, ya que uno de los elementos utilizados eran plantillas de papel adhesivo que tiraban un poco de la piel al retirarlas de sus muñecas. «¿Eso hace daño? ¿Utilizas bisturí?». Preguntas lógicas ante lo desconocido.

A estas alturas el taller tocaba a su fin, era la hora del patio, y sólo me quedaban por tatuar dos personas, una era Mari Carmen, la maestra, que tenía una entrevista con unos padres y se fue recién «tatuada» a recibirles, y la otra, la maestra en prácticas, Loli, que se interesó mucho en la realización del taller.

Todos se fueron contentos por la experiencia, y yo me fui orgullosa de que les hubiera gustado tanto. Por la tarde, cuando fui a recoger a mi hija, me emocionó ver los dibujos que habían realizado sobre mi taller, y sobre mi persona.

Fue una mañana inolvidable, que no me importaría repetir.

Victoria Pastor, madre de Ana: Fui a contar cuentos a la clase de «Els Elefants»

En casa todos los días, antes de acostarnos, leemos cuentos. Empezamos con la intención de que sea uno. A veces es medio (si mis hijas se duermen antes), pero otras, son dos o tres. Hay quien dice que con esta costumbre se fabrican niños insomnes, pero yo creo que contándolos lo que hago es abrir poco a poco la puerta para que les entre el sueño, y además así puedo acompañarlas en este primer tramo de paseo nocturno: agitándose cuando aparece la bruja, inquietándose cuando los niños se pierden en el bosque; pero llegando también al sosiego cuando los pequeños vencen al malo, cuando los animalitos alcanzan sus deseos...

En una de éstas nos encontrábamos cuando leímos un cuento sobre un pájaro que no conocíamos: el abejaruco, con ese nombre tan sonoro y los múltiples colores que le adornaban. Al terminar el cuento, mi hija Ana me dijo: «Mamá, ¡qué bonito es!».

La mayor sorpresa vino pocos días después, al empezar la primavera, cuando al salir de casa vimos sobre un cable de la luz varios abejarucos hermosísimos. (A veces, si no conoces las cosas, no las puedes ver.) Son pájaros multicolores sin nada que envidiar en su plumaje a pájaros tropicales como los loros, cacatúas, etc. así que, aunque en clase estaban estudiando a las ardillas, se me ocurrió compartir nuestro hallazgo con «Els Elefants» y así lo propuse a la «elefanta maestra», Mari Carmen, que enseguida accedió, encantada de abrir la puerta del colegio a los padres en esta labor de todos de acompañar a nuestros niños a descubrir el mundo (ya sabía de otros padres y madres que se habían acercado a comunicar cosas de su conocimiento).

Pues bien, allá que fui una tarde a contar varios cuentos a «Els Elefants». Como los abejarucos comen abejas y las abejas liban de las flores, entre ellas de la salvia, también se me ocurrió llevar unas ramas que corté de mi jardín repletas de estas flores. Todos quisieron oler su aroma, así que las fueron pasando y nos sirvieron para abrir la palabra en el gran círculo en que estábamos sentados. De repente, muchos se pusieron a contar historias que les habían sucedido con las abejas y otros bichos terroríficos, si les habían picado o no, si picaban más las avispas o las abejas... Desde luego, a estos animales los conocíamos bastante bien, así que pasé a contar el primer encuentro para que conocieran al abejaruco.

También hablamos de la salvia y algunas de sus propiedades medicinales. Mari Carmen se preguntaba sobre el origen de su nombre: la salvia ¿salva? Luego escenificaron el cuento, escribieron en la pizarra y en un papel *salvia* y *abejaruco*, zumbaron como las abejas..., en fin, en un momento realizaron un montón de actividades que su maestra se sacó de la manga, sorprendiéndome con la cantidad de recursos que tenía guardados y que iban surgiendo sobre la marcha. Disfrutamos mucho.

Pocas cosas hay que me alegren más que la sonrisa de un niño, pero tanto como esa sonrisa me alegró ver el salto que daba Luis cuando una comadreja se iba a comer a un conejo (en el cuento); la curiosidad que mostraban al acercar sus naricillas a la salvia para oler y luego coger cada uno su pequeña rama; las caras de susto y por fin sus sonrisas plácidas mientras les contaba cómo el abejaruco iba atravesando el arco iris color a color para incorporarlo a sus plumas.

Pasadas unas semanas, me he ido encontrando con algunos «elefants» y creo que mi visita les gustó. María me dijo: «Gracias por los cuentos». Mara que «le habían gustado mucho los colores del abejaruco» y por fin, ya a final del curso, Daniel ha dicho que le gusta su «cole y el abejaruco». (Vaya clientela más agradecida.) Yo, por mi parte, me siento con ganas de seguir buscando cuentos para compartir con este grupo de humanos pequeños y animo a otros padres a que se acerquen a abordar lo que surja. Ha sido un placer ver el recibimiento, la estancia y el diálogo, pero sobre todo, el ver que luego lo recordaban... y algo para mí impagable fueron los retratos que me hicieron los niños y los dibujos de abejarucos tan preciosos que pintaron.

Nani Carrasco, madre de Jorge: Mundos diferentes

El día 11 de abril fui invitada por la clase de «Els Elefants», donde mi hijo de cinco años, junto con sus compañeros, me esperaban para hablar de mi trabajo. En aquel momento me asaltaban miles de dudas (me preocupaba el darles una información clara, si sabría llegar a ellos y mantener su atención) y presa de un gran nerviosismo me preguntaba cómo había llegado hasta allí.

Todo comenzó dos meses antes, cuando empezaron a ir a clase madres de otros muchachos para hablar de sus trabajos. Jorge insistió para que yo fuese a contar cosas de «mis chicos» y Mari Carmen me acabó de convencer después de una entrevista que tuve con ella. Al final tomé la decisión y se lo comuniqué a mi hijo, que se puso muy feliz.

Cuando llegué a mi trabajo transmití a mis compañeros la tarea que tenía que realizar y compartieron conmigo la ilusión y el deseo de que todo saliese bien. Durante la preparación de la charla hicimos fotos de nuestros chavales, de su hogar (habitaciones, sala de televisión, comedor, exteriores, etcétera, en distintos momentos del día). Recogí fotos de excursiones, preparamos trabajos realizados en los talleres para repartirlos en clase y confeccionamos el resumen de la exposición oral.

Fue una experiencia totalmente nueva para mí, no sólo porque me supuso saber que podía contar con mis compañeros en lo referente a la preparación de ese día tan importante, sino también porque la propia exposición (nervios aparte) me hizo sentir emocionada al ver la ilusión con que recibieron todo lo que les iba contando. Durante la preparación fui más consciente del trabajo que hacemos con los chavales e hice palpables los logros que conseguimos y que el día a día hace, en ocasiones, menos reconocibles.

Como profesional dedicada al cuidado de los deficientes mentales me sentí satisfecha de haberles hecho llegar a los niños un mundo desconocido para ellos y darme la oportunidad de llevar a cabo una experiencia enriquecedora, y que en un principio pensé que no podría realizar.

Como madre, fue un punto más de acercamiento a mis hijos, pues tanto ellos como yo estábamos muy ilusionados. Comprendieron que para mí es muy importante mi trabajo y mis «otros chicos» como dicen ellos.

Por último, agradecer el haberme dado la oportunidad de tener todas estas vivencias tan especiales y sentir las emociones durante la preparación y exposición del trabajo que me han hecho sentir un mayor acercamiento al colegio y, sobre todo, al grupo de «Els Elefants».

Muchas gracias a Mari Carmen por haberme animado a realizar este trabajo tan divertido para mí y tan enriquecedor para madres y niños, ya que así se preparan para el mañana dándoles a conocer «mundos diferentes» con los que se enfrentarán.

Teresa Jaureguizuría, madre de Raúl: Resonancias que nos llegan... de muy cerca

Me gusta tanto la música que quisiera contar aquí cómo ha sido para mí la experiencia del «Mayo musical» desde el punto de vista de madre de un alumno de esta escuela, de «artista» invitada a participar con mi acordeón, y también como maestra de música que ha colaborado con alumnos más mayores del CP Nou d'Octubre en las actuaciones de este año.

Como «artista»

Una semana antes de «actuar» empiezo a ponerme nerviosa, a pensar qué es lo que les va a gustar más, qué querrán cantar o bailar..., porque mi interés es conectar con ellos y ofrecerles un lenguaje común, pero partiendo de sus propias canciones o músicas preferidas.

Sé que el instrumento (acordeón) en sí mismo les va a fascinar, pero si además se puede crear un clima de compartir el placer de la música, mejor. La verdad, creo que lo consigo. Llevo participando ya tres años, y se repite la buena sensación de haber pasado juntos un tiempo de escucha, de canto y de baile (es lo que más me gusta, ese final acalorado y festivo que se suele dar).

Como madre

A través de lo que mi hijo contaba (ya desde sus dos años) y de lo que yo curioseaba al llevarlo y traerlo a la escuela, fui viendo que disfrutaba cantando y bailando, que era capaz de coger su librito de canciones y al ver el dibujo de alguna de ellas, romper a cantarla, y que todo esto era como un juego para él. Era el mejor juego.

Además yo veía que las reacciones del niño hacia la música eran de gran familiaridad. Por ejemplo, al ver un instrumento, lo nombraba con su media lengua, imitaba su sonido... E incluso, hacía «gimnasia rítmica» sin saber bien lo que era, recorriendo el pasillo de un lado a otro, entre flexiones y palmoteos.

En las fiestas que se celebran en la escuela, en los días de diario, en las clases... siempre se oye música... Recuerdo un día en que escuché al entrar en la clase que la maestra le decía a mi hijo: «¡Vaya, Raúl, hoy no hemos bailado nuestra canción!»... Fue para mí todo un chispazo emotivo porque la música es eso precisamente; el regalo de estar bien juntos, compartir un momento de placer. Y además, un regalo que es individualizado porque supone conocer los gustos y formas de cada cual y acercarse a ellos en sus preferencias musicales.

Ahora ya, con sus cinco años, mi hijo formula sus opiniones de manera mucho más madura, mejor expresada, más crítica: «Las canciones del "Coro de la Patata" me han gustado más que las que cantamos ayer, porque eran más largas»; «Hoy han tocado percusión, pero no había batería, que es lo que a mí más me gusta»; «Mi amigo Pablo ha tocado hoy el piano muy bien. ¡Ha tocado hasta dos canciones!»; «¿Y tú quieres que yo te enseñe a tocar?», le dije. «No, no..., yo lo que quiero es saber batería», dijo él.

En el día a día se le ve poner música, cantarla, acompañarla con las cazuelas, manejarla... y hasta gritarle «¡bravo!» a la banda del barrio cuando le pilla cerca. Lo miro y observo cómo necesita primero concentrarse, luego escuchar, y por último ya, participar y unirse a los demás para compartir su vivencia musical.

Como maestra de música

He vivido la experiencia del «Mayo musical» de un modo muy gratificante. Sobre todo porque me reafirma en esta manera de trabajar la música, que es la que yo siempre he deseado; ya que sirve tanto para alcanzar los objetivos en plan académico, como para vivir la música y todo lo que la envuelve, desde las expectativas que los alumnos y las alumnas se han formado, desde su cantante preferido, sus músicas actuales. La verdad es que disfrutamos mucho, tanto ellos como yo.

Cada día estábamos más metidos en el proyecto, ensayábamos con gusto y entusiasmo, y yo los veía aprender y pasarlo bien al mismo tiempo, investigar formas y expresiones, realizar propuestas, probarlas y repetir una y otra vez lo que quedaba a su gusto, como si se tratara de recreaciones sobre el mismo tema. Tanto es así que ellos aún hablan de lo sucedido. Siguen ensayando, practicando y hasta planeando futuros proyectos y actuaciones.

De lo que parecía que iba a ser una sencilla participación en un proyecto de otro colegio hemos pasado a sentirnos tan motivados que hemos contagiado a la escuela (o casi) y no es raro ver grupos de alumnos y alumnas con su radiocasete por los rincones del colegio.

Al principio, cuando iba llegando el momento de trasladarnos para la actuación, su mayor deseo era el de agradar por un trabajo que para ellos estaba muy bien hecho en todos los sentidos, ya que habían puesto esfuerzo e ilusión; y se pedían tanto, que estaban nerviosos. Luego, ya se metieron de lleno en la actuación y *se dedicaron sobre todo a mirarse a sí mismos y a los demás, intentando complementarse entre sí y con la música.* A medida que veían que los pequeños disfrutaban con su espectáculo, se reafirmaron y aún lo hicieron mejor. ¡Tanto es así, que se lo hicieron repetir!

Después comentaron el interés de los niños, cómo los miraban y el ser valorados por ellos les hacía sentirse muy bien, hasta hubo quien dijo: «¡Estoy feliz y emocionado!». Y lo cierto es que en estas edades es muy importante el afianzamiento personal, la aceptación del propio cuerpo...

Se establecían entre los pequeños y mayores todo un juego de relaciones muy afectuoso y emotivo. Los grandes querían dar una imagen de lo que es ser chicos o chicas mayores, que además bailan, que saben desenvolverse, que están altos y guapos, que saben hacer realidad un proyecto colectivo y que son dignos de admiración. Los pequeños respondieron completamente a ese ofrecimiento con su deseo de imitarles, de seguirles, de ser amigos de ellos... de que sean «sus hermanos» (así lo escuché emocionadamente).

Y es que la música produce esos efectos... la música se aprende así, desde la cercanía y desde los sentimientos.

Hacer cosas juntos

Parece que alguien nos ha adjudicado a los maestros las cuestiones del *saber*, y a los padres, las más tiernas y familiares cuestiones del *querer*. Y esta división nos ha situado en dos zonas fronterizas, alejadas y rivales..., con lo cual, a veces la relación se puede volver algo «punzante», y sobre todo ajena a los más cercanos implicados en ella, es decir, a los niños.

Quizás sería más sencillo reconocer que los padres también *saben*, y que los maestros *también* quieren, pero qué riesgo, ¿verdad?, ¡y qué miedo!... ¿A quién explicaríamos entonces los maestros nuestras magníficas metodologías?, ¿a quién ilustraríamos sobre las características psicológicas de los niños, sobre sus particularísimas formas de mostrarse a los demás... o sobre tantas cosas útiles, y casi, casi «imprescindibles»...?

Quizás lo mejor sería *hacer cosas juntos*, padres y maestros, e intentar construir un espacio de experiencia y de reflexión. Ojalá podamos intervenir a favor del entendimiento, el sentido común y las ganas de disfrutar de una relación posible y necesaria, y de acompañar a los niños en su importante momento de crecer, de aprender y de empezar a «hacer camino» por la vida.

14

Conexiones

Me han dicho que aún hay escuelas con las ventanas tapiadas, donde sólo se vislumbra el exterior en los ensueños. En ellas, o a las familias no las dejan entrar, o a los maestros no les dejan salir, o no quieren salir ellos mismos. Por supuesto, los niños quedan dentro, desconectados, aislados y alienados de un mundo exterior, del que, sin embargo, forman parte.

Por inseguridades (que no vean lo que hacemos). Por intereses económicos (que no vean lo que no tenemos). Por miedos (que no les pase nada a los niños que están a mi cuidado). Por «método» (a la escuela se viene a aprender, todo eso de entrar gente o de salir nosotros, sólo llevará a la dispersión, a la falta de aprendizaje y al desorden). Por vagancia (siempre es más cómodo no salir de excursión, siempre es más cómoda una ficha que un trabajo creativo, siempre es más cómodo un rompecabezas que el ruidoso juego libre...). Por anquilosamiento. Por inexperiencia. Por pocas luces.

Motivos son, ¡pero tan tristes!... Los niños en estas escuelas quedan relegados en exclusiva al trabajo escolar y a la disciplina, y han de vivir sus ilusionados deseos, sus brillantes ideas y sus atrevidas incursiones en la realidad, fuera del recinto escolar, que está como su nombre indica, *recinto*, doblemente cerrado. Para pena y vergüenza de todos.

Por suerte, hay otros modos de estar en la escuela más ventilados, más ágiles, más abiertos, más alegres. Con conexiones (*cum-axis:* 'con ejes') que van de dentro a fuera y de fuera a dentro. Con intercambios. Con vinculaciones. Escuelas en las que hay un deseo común, acompañar el crecimiento de los niños (los *ejes* más preciados) para que lo lleven adelante con placer, con curiosidad, con las demás personas...

Estas escuelas abiertas darán paso a las sorpresas, a las visitas, a los regalos, a las músicas, a los amigos y a las cosas nuevas y útiles que vengan a enriquecer el ambiente de aprendizaje. Estas escuelas abiertas darán paso a las salidas a los museos, mercados, granjas, teatros, a subirse en aviones o ambulancias, a coger naranjas o caracoles. Estas escuelas abiertas darán paso a los acontecimientos sociales, virtuales, culturales, sentimentales...

En estas escuelas abiertas, entre las que sitúo a la mía, ocurre que siempre tenemos la sensación de que en cualquier momento pueden pasar cosas interesantes y aprovechables, de que la realidad está a nuestro alcance, de que hay mucho por disfrutar y conocer, de que podemos aprender poquito a poco en amor y buena compañía.

Como se podrá ver, espero, en estas «conexiones» que ahora cuento y que son sólo algunas de las tantas que hemos tenido la suerte de vivir.

Un coro muy juguetón

La mamá de Javier y Andrea dirige el coro de su escuela. En él participan más de cincuenta niños y niñas entre los seis y los catorce años, y siempre que hay ocasión, viene con sus alumnos a cantarnos canciones. En el «Mayo musical», en Navidades, o a final de curso. Tenemos, pues, el privilegio de disfrutar habitualmente de su presencia, sus voces, sus guitarras y castañuelas, sus flautas y su alegría.

Cuando nos visitan, suelen pasar la mañana con nosotros. Almuerzan, pasean por el patio y entablan relación con los niños... Esta vez han venido ante mi demanda-invitación de acompañarnos musicalmente el baile de «La Carrasquilla», que estábamos aprendiendo para nuestra actuación en la fiesta de Navidad de la escuela. Y, en efecto, Noelia nos cantó la canción con su bonita voz acompañada por las castañuelas de Raquel y la guitarra de Mento, la madre de Javi. Apenas dos ensayos... ¡y al ruedo! Los niños quedaron impresionadísimos, y los mayores también. ¡Qué bien salía! El día de la fiesta los padres de nuestros alumnos les aplaudieron muchísimo. ¡Qué buena ayuda nos prestaron!

El miércoles siguiente volvimos a ver a Noelia y a Raquel, ¡y a escucharlas! Vinieron con todos sus compañeros del coro a cantarnos villancicos. Fue un rato muy divertido. Primero cantaron, luego tomaron su almuerzo, y después se vinieron a las clases a jugar y a recordar tiempos pasados. Primero sólo mirando, después acercándose con cuidadito... y al final, ¡jugando a todo jugar!

Llovía a cántaros, pero a nosotros nos daba lo mismo. Había nuevos compañeros que jugaban muy bien, que pintaban muy bien, que cantaban muy bien... porque eran mayores... Los niños de mi clase se quedaron admirados de lo «listos» que eran los amigos del coro. Sabían pintar estupendamente, jugar a la oca, construir castillos preciosos; sabían vestir a las muñecas, hacer marionetas y hasta vender con los euros que tenemos en nuestra tienda.

¡Qué buen rato de intercambio para unos y para otros! ¡Y qué graciosos estaban los más mayores vistiéndose como podían con los disfraces, que les estaban pequeñísimos, luchando en la alfombra, pintándose, paseando bebés o tomándose un cafetito en el sofá! ¡Qué manera de entrar a formar parte de nuestro entramado diario sin que casi lo notáramos! ¡Como si fueran «de aquí»! (Que ya lo son...)

Mimosas para el recuerdo

Elena, Javi y sus padres vienen a vernos cargados con un regalo tan aparatoso como entrañable. Los dos son antiguos alumnos de la escuela. Javi acaba de terminar su etapa de educación infantil y ya va a una escuela «de mayores». Elena está en la universidad.

Después de cantar se vinieron a las clases a recordar tiempos pasados... ¡Y acabaron jugando tan a gusto!

Nos regalan dos bonitas mimosas para el patio, (macho y hembra), para que nos acordemos de ellos y para permanecer aquí, aunque sea de otra manera. Un regalo muy significativo y un rato encantador, en el que nos da tiempo a plantar los árboles, a recordar tiempos pasados y a ponernos al día de los últimos acontecimientos suyos y nuestros. También nos traen una carta, dirigida a Pepe y a mí, que fuimos sus dos últimos maestros «de cuando eran pequeños». Dice así:

> Sirva la presente como despedida y agradecimiento:
>
> Despedida porque la naturaleza no perdona y no parece que vaya a aumentar la prole, a no ser que optáramos por otras vías, que todo es posible.
>
> Agradecimiento por la dulce sensación que tenemos de haber podido compartir con vosotros la hermosa aventura de ayudar a crecer a nuestros hijos, tan guapos y listos ellos.
>
> Suponemos que lo de los árboles tendrá que ver con un cierto deseo de permanencia, o quizá con lo simbólico de ir creciendo, o con ambas cosas a la vez. ¡Vete a saber!
>
> Que sean mimosas es, sobre todo, porque nos gustan desde que vinimos a Alicante de allá de las tierras mañas. Se nos antojan originales y con un punto de rebeldía, pues florecen en época distinta al resto. (¿Cómo Elena y Javier?) Os queremos.
>
> Alicante 18 de febrero de 1999.
>
> Javier, Elena, Pilar y José Antonio

Contesté de parte de los dos, porque Pepe no encontraba las palabras entre tantos sentimientos:

Ese tocar tuyo, Javi, ha sido tan nervioso y tan emocionado, que me ha emocionado a mí también, y mucho, así que mientras tú tenías sólo un lado de la cara colorado, yo estaba coloradísima por allá adentro.

Y ese callar tuyo, Elena, me ha resultado tan extraño al recuerdo que tengo de ti... Aquella niña charlatana, exuberante y culona, que celebraba cada almeja, cada teatro, cada amigo...

¡Qué rato tan bonito con vosotros!

¡Qué bien que hayamos disfrutado de tan buenos encuentros antes y ahora!

¡Qué gusto formar parte de esta nueva compañía: «MIMO SA»!

Machos y hembras juntos, envueltos en la dulzura de las preciosas bolitas amarillas... Y encima todo a pares: un padre y una madre, una hija y un hijo, un maestro y una maestra, una mimosa macho y una hembra. A pares los recuerdos, a pares los cariños...

Gracias a los cuatro, y gracias a cada uno. Y que sepáis que, aunque ahora esté llorando, es de pura alegría por sentirme tan cerca de vosotros.

Abrazos de todos los del colegio, y de Pepe, y míos.

Mari Carmen

La escuela de Nekane

En una de mis correrías pedagógicas aparecí en Galdácano, un pueblo de ochocientos habitantes, en el País Vasco. Tenía una mañana libre, entre charla y charla, y quise acudir a algún centro para mirar y aprender de otros. Así llegué a la escuela de Nekane, una unitaria con dos maestras y veinte niños entre los dos y los seis años, en la que pude curiosear, jugar, cantar, y sobre todo escuchar... Me sentí muy bien y así lo referí a mis alumnos al volver. En el diario de clase lo expliqué con estas palabras:

Lo que viví en la escuela de Nekane me llega como una oleada de calor, como una impresión poco precisa, como un sueño entre brumas salpicado de nítidos recuerdos.

Fue un momento largo, una mañana entera compartiendo el tiempo y el deseo de saber con los niños y sus maestras. Envuelta en otra lengua y en una desconocida e insistente lluvia. Con el paisaje que se me ofrecía a la vista llamativamente verde, limpio y distinto al mío, pero con el paisaje que se me ofrecía al sentimiento llamativamente cercano, vivo y parecido al mío.

Un niño me echó al suelo a tirones para auscultarme, y me trajo un cojín, y otro más. Y jugamos sin palabras. Una nena me hizo sitio, otro me contó que le picaron las ocas. Les canté y les regalé tres poesías de mi propia cosecha. Una de ellas se llama «ZU», y tiene versión masculina y femenina. Me enteré entonces de que «ZU» se pronuncia «SU», y significa en vasco «TÚ», y eso me gustó y me emocionó.

Estuve bien. Había claridad, calma y escucha. Había trabajo, freno y cariño.

Por la tarde, durante mi conferencia, hubo otro buen momento para mi colección, la mirada profunda de Nekane me atravesó en paz.

Elena, Javi y sus padres nos regalan dos bonitas mimosas para el patio. (¡Quieren quedarse!...)

¡Tenemos carta!

Una vez leí un texto de Freinet que decía:
La moral es como la gramática. Podemos saber perfectamente las reglas, pero ser incapaces de aplicarlas en la vida corriente. Y es que la moral no se enseña: se vive. Esto supone que os esforcéis en hacer que el niño viva en un ambiente normal y rico —pedagógicamente hablando—, un ambiente a la medida de ese otro ambiente en el que, en un futuro, tendrá que resolver sus problemas urgentes, y no en el ambiente especial de la escuela, que tiene sus especiales costumbres y leyes. Tanto si queremos como si no, lo que nos es preciso hoy es superar la escolástica y crear un medio humano en el que el niño se acostumbre a actuar como ciudadano y como persona. (Freinet, 1979)

Me gusta este símil de Freinet de que la moral es como la gramática, y me gustaría «estirarlo» una pizca, hasta hacerlo llegar a alguna de sus múltiples consecuencias posibles. Y es que estoy viendo que cuando los niños disfrutan de un ambiente rico, de una vivencia grupal alegre y satisfactoria, *intuyen, absorben* y *ensayan colectivamente* esas reglas de moral (y también de gramática) de una manera fluida, espontánea, vital y apasionada.

Creo que la forma que han elegido los niños de mi clase de trasmitir quiénes son y qué hacen a los compañeros de Canarias, con los que mantienen correspondencia, hablará por sí misma. Aquí van algunos fragmentos de las cartas que han intercambiado y con ellas también sus diferencias, sus costumbres, sus gustos, sus trabajos, sus juegos, sus discusiones, sus razonamientos, sus cariños...

Ellos «se han contado» para otros, y yo, que he hecho de enlace y de «escribiente», he vuelto a admirarme ante lo que supone, y es, estar en grupo, saberlo y disfrutarlo.

Primera carta: Desde Alicante hasta Canarias

Queridos amigos:

Hemos pensado que vamos a haceros un dibujo, que para eso vosotros le habéis dado cuatro a Mari Carmen cuando fue a veros a vuestra escuela de Canarias.

En esta clase hay poesías y libros, y trabajamos mucho. Tenemos cuatro teléfonos de verdad, un dominó, un tesoro, animales de plástico, un tocador, fotos, canciones, cajas sorpresa, conchas, piedras y plumas. También carteles con los dientes que se caen, los novios, los feos y los guapos, los colores de los pelos y de los ojos, y todo eso.

Aquí hay once que saben atarse las zapatillas. En total somos veinte. Antes éramos siete chicos y ahora sólo somos cinco y echamos mucho de menos a Óscar.

Mandarnos una foto y le ponéis vuestros nombres para saber cómo es vuestra cara. Vamos a firmar y echará la carta al buzón «el que le toque».

«Els Elefants» de Aire Libre

Segunda carta: ¡Nos contestan!

Para los niños y niñas de la clase de «Els Elefants»:

Nosotros vivimos en Santa Cristina, que pertenece a Guía, pueblo de Gran Canaria, nuestra isla. También nos sabemos el nombre de las otras islas Canarias: la Graciosa, Fuerteventura, El Hierro, Lanzarote, La Palma, La Gomera y Tenerife. Estamos muy lejos de ustedes, aquí se puede venir en barco o en avión, en guagua no, ni en tren, porque se hunden en el agua del mar.

Estamos estudiando las libélulas y les mandamos unos papeles de libélulas y otros trabajos. En esta clase hay rincones de jugar y de trabajar, y lo pasamos bien. Tenemos un montón de murales hechos. Mañana vamos a ir al teatro.

Adiós, hasta otro día. Escríbannos una carta. Besos de:

Carla, Antonio, Jesús, Héctor, Alejandro, José Ángel, Alexander, Cristina, Jennifer, Xiomara, Yvonne y Maruja. (Yanira está enferma.)

Tercera carta: Contando nuestras cosas

Hola:

Hemos recibido hoy vuestra carta y nos gustan mucho los trabajos que mandáis. Joel dice que tiene un vídeo de la película del rey Arturo, y sale un caballero que se llama Lanzarote, igual que una isla de las vuestras. El otro día bailamos una música de Kiko Veneno que decía que «está muy bien eso del cariño». Manuel dice que en el ordenador de su hermano salen libélulas.

La otra tarde hicimos un juicio, que era «para perdonar». Salían:

- *Manuel, «culpable» de clavarle un palo a Marina; pero como fue sin querer, al mover el brazo, lo perdonamos.*
- *Claudia, por pegarle a María y a Marta. La perdonamos porque ya no lo va a hacer más.*
- *Marta, por mandar mucho; pero como dice que ya va a mandar poco, pues nada.*
- *Mariana, por pegarle el año pasado a Carla. La perdonamos porque ya no pega.*
- *Andrea, porque el año pasado decía que su hermana nos pegaría, y además nos decía tontas, y nos sacaba la lengua. La perdonamos, porque ya no lo hace.*
- *Javi dice que él vio que a Manuel le perdonaron, pero «metiéndole culpas», y que eso no está bien tampoco.*

Las juezas eran Alba, Carla, María y Laura, que era «la que daba el premio», según si era «la verdad» o «la mentira» lo que se hablaba. Pero Javi tampoco está muy de acuerdo con esto, porque dice que para ser juez hay que estar vestido «de una cosa» con tela negra, y tener una nota con lo que hay que perdonar, y hablar «muy atentamente», y decir «no sé cuántos, no sé qué».

Alba dice que era un juego sólo y que «uno puede jugar a lo que quiera». En eso Javi sí que está conforme. Y así hemos quedado, con la puntualización de Marta de que hace falta un martillo en los juicios, para que se callen y poder decir: «orden en la sala», y la broma de María de que mejor sería decir: «orden en la sala, que mi tía está mala».

Bueno, amigos, adiós. La foto aún no la tenemos, porque Laura está en Barcelona y Ada en Alemania.

Y FIN. Hoy tirará la carta Yara, la otra vez les tocó a Mariana y Elena, que son mellizas.

Cuarta carta: Nos contestan de nuevo

Hola niñas y niños de Alicante:

Gracias porque nos mandaron su carta, los dibujos están bonitos. Nosotros ahora estamos estudiando la frase: «nos montamos en el coche», porque nos montamos de verdad en el coche de Maruja para ver si corría, porque estábamos aprendiendo de coches. Aquí les mandamos un trabajo cada uno de nosotros. Somos 12.

En este momento llegó el cartero y nos trajo una carta de ustedes, ¡gracias! Lo de hacer un juicio para perdonar a los que han hecho algo mal, a Yanira le parece bien, pero dice que si lo hacemos nosotros, perdonamos a los que no tengan la culpa, pero si tienen la culpa no perdonamos. A Carla no le parece bien que hagamos el juicio, pero no sabe por qué.

Los colores de las libélulas que nos mandaron se parecen a la que entró en nuestro colegio.

¡Ya tenemos las fotos! Se las mandamos con nuestros nombres por detrás, para que sepan cómo nos llamamos. Estamos esperando con muchas ganas la foto de ustedes. Abrazos de todos nosotros.

Un carteo realmente productivo

Desde que empezó el carteo, oigo que los niños hablan mucho de las islas en general y de las Canarias en particular. Que proyectan viajes (en avión o en barco, claro). Que miran el mapa, que nombran las libélulas, que hacen poesías a Santa María de Guía:

> Santa María de Guía
> tiene una tía,
> come sandía,
> va con Lucía...

También he visto que proponen hacer pinturas y dibujos con las técnicas que aparecen en los trabajos que nos van enviando los nuevos amigos y que, por cierto, alaban con frecuencia. Que quieren compartir con ellos no sólo lo que les gusta: poesías, cuentos, ideas, vivencias..., sino también los desacuerdos, como «el juicio de faltas» que comentaba antes.

Según me cuenta Maruja, la maestra canaria, también allí se vive parecido: la alegría de que llegue el cartero y les llame a la puerta, la lectura de la carta, la exposición de los dibujos que les enviamos, la repetición de las poesías «de regalo», la curiosidad por los nombres de los niños que escriben, por el lugar de donde llegan las cartas, por las historias que cuentan..., y las inevitables comparaciones, proyectos o hipótesis sobre lo que nos contarán en la próxima misiva... ¡todo un revuelo!

Apenas hace dos meses que empezó esta corriente de información y simpatía entre los dos grupos de niños, y ya ha generado todo este movimiento interno de intercambio de información, de conexiones, de ganas de contarse y extenderse allende los mares...

Ojalá lo hubiéramos pensado antes. Ojalá hubiéramos tenido más presentes las palabras de Freinet sobre la necesidad de «crear un medio humano, en el que el niño se acostumbre a actuar como ciudadano y como persona». Y sobre todo, ¡ojalá que no se nos olvide! Nunca es tarde si la dicha es buena. ¡A ver si hoy tenemos carta!

«Dime cómo eres, Isabel»

Hace tres años tuve ocasión de ir al colegio de ciegos a presenciar una demostración del método Braille. Al día siguiente, como suele pasar cuando hago alguna cosa que intuyo que puede interesar a mis alumnos, expliqué en mi clase lo que había visto y les mostré cómo quedaba el papel agujereado que las personas que no ven tocan para poder leer.

Reaccionaron con muchísima curiosidad, preguntándome un sinfín de cosas que yo no sabía responder. David dijo que su mamá trabajaba en el colegio de ciegos enseñando a hablar a algunos niños ciegos, que también eran un poco sordos, y que le diría si podíamos ir a visitarlos. Y así empezó lo que sería un encuentro entrañable y enriquecedor para todos los que participamos en él.

Lo primero que hicimos fue un libro con varios poemas, que era «tocable» y muy «sensitivo». Tenía objetos en relieve colgando de unos hilos, elementos olorosos, cascabeles, etcétera. Se lo enviamos a la mamá de David para que se lo hiciera llegar a sus alumnos, junto con nuestra demanda de visitarlos. Y la respuesta fue inmediata: ¡podíamos ir! Así que preparamos bien todas las preguntas que queríamos hacerles, también unas canciones por si había ocasión de cantárselas, y unos días más tarde fuimos a verlos a su escuela-casa.

Los primeros momentos fueron bastante impresionantes para todos. Como nos estaban esperando en la puerta, pudimos ver con asombro que eran mucho mayores (entre ocho y doce años) que «Els Cangurs», que tenían sólo cuatro. Y al bajar del autobús observamos, algo inquietos, que nos hablaban *tocándonos*, cosa que sobresaltó a más de uno. Por otro lado los niños ciegos decían sin parar: «¡qué pequeños son!», lo que generó varias quejas y algunas discusiones sobre el asunto por lo mayores que mis alumnos se percibían y lo pequeños que los sentían sus anfitriones.

Antes de ir habíamos hablado de que teníamos que tener cuidado con los niños que íbamos a ver para no chocar y evitar que se golpearan, *porque ellos no veían*... Sin embargo, lo que ocurrió es que comprobamos que, por el contrario, se manejaban a toda velocidad y con gran seguridad de movimientos, siendo ellos los que cogían de la mano y cuidaban a «Els Cangurs» para que no se perdieran o se cayeran.

La reunión fue en un gimnasio enorme en el que nos presentamos, hablamos y jugamos un largo rato. Ellos contestaron todas nuestras preguntas, nos enseñaron sus colchonetas, sus juegos y también sus bonitos balones con cascabeles dentro (para saber dónde tenían que chutar). Después nos recitaron las poesías que se sabían, que eran muy largas y nos dieron las gracias por nuestro libro poético, que sus maestras les habían pasado al Braille. Nosotros correspondimos cantándoles y contándoles nuestras cosas. Después fuimos a ver el comedor, el parque y los conejos que tenían sueltos corriendo por todas partes.

Nos regalaron unos cartoncitos con nuestros nombres en ese lenguaje especial de agujeros que ellos gastaban para leer. También nos dieron alfabetos, planos, y una cinta con sus voces grabadas recitando poesías. Algunas de las preguntas que nos hicieron fueron muy chocantes:

> –¿Y qué aprendéis vosotros en vuestro colegio?
>
> –Aprendemos de cetáceos, contestó Miguel, un experto en animales que tenemos en clase.
>
> –¡Ah! Pues eso parece «conocimiento del medio».
>
> –¿Y de lectura qué sabéis?
>
> –Nada, dijo David, pero sabemos cuentos. Si queréis, podemos contaros uno que se llama: «La flor del lililá»...

Fue una mañana intensa y diferente. Volvimos contentos y con mucho revoloteo en los *pisos de abajo*:

—¡Qué bueno era Erik, y qué bien decía la poesía del «Marinero, marinero...»!
—A mí me han gustado mucho ellos, pero yo no quiero ser ciego.
—¡Saben beber y comer sin tirar nada, y caminar sin caerse, y correr!
—¡Y jugar al fútbol!
—Yo tenía miedo de ellos, porque los veía tan fuertes y tan grandes...
—Las niñas ciegas cantaban muy bien.
—Y había una que hablaba mucho y se reía.
—Pero no veían.
—No.
—A mí me ha dado pena porque no veían a los conejos. Los tocaban, pero no los veían.
—Yo no sabía que había «ciegos pequeños».
—A mí Edgar me perseguía para que no me perdiera, y me daba la mano, decía Isabel con cara de felicidad...

En opinión de Fuensanta, la madre de David:

La visita resultó muy enriquecedora para ambos grupos, ya que fue un rato de convivencia con otro grupo de niños y niñas, distintos a los que se relacionan a diario, cosa que no es habitual en el caso de los niños invidentes.

Los pequeños de Aire Libre comprobaron que hay niños que tienen dificultades, como es el caso de sus nuevos amigos del colegio de ciegos y éstos, al ser más mayores, se sintieron importantes y responsables de los pequeños, dándoles la mano para llevarlos por el patio sin tener en cuenta para nada su deficiencia visual. Era muy curioso verlos jugar juntos.

A José Manuel (Aire Libre), al bajar del autobús, se le acercó Lorena (Colegio de ciegos Espíritu Santo) y empezó a tocarle la cara. Él se asustó y buscó con la mirada a su maestra. Cuando ella intercambió con él un gesto tranquilizador, se dio cuenta de que aquello no tenía que preocuparle y se mostró tranquilo.

Sergio comentó: «Lo que más me gustó de cuando vinieron los pequeñitos fue irme con Edgar y enseñarle los conejos a Isabel».

Sonia dijo: «Yo cuidé de Andrea y le cogía la mano, porque no quería que le pasará nada. Y me gustó mucho el cuento que nos contaron».

Cuando estábamos en el patio Moisés se acercó y me dijo que le presentara a mi hijo, porque no lo conocía. Así lo hice y Moisés le dio un gran abrazo y un beso. David me miraba con una sonrisa estupenda.

Lorena con frecuencia nombra a los niños que vinieron a verlos, y destaca siempre «lo listos que eran y lo bien que decían las cosas».

Todos aprendieron de todos y nosotros, los adultos, también aprendimos. Por ejemplo, que tenemos el tacto un poco olvidado, y también que nos cuesta hablar a nuestros hijos de los niños con discapacidades, evitando el tema para «que no se preocupen» (y a lo mejor es para no preocuparnos nosotros mismos). Pero esta visita ha trascendido a las familias y en casa se les hablado a los niños sobre las personas ciegas, y creo que todo esto contribuye a que los niños conozcan la realidad de una manera tranquila y natural.

Así lo valoró Joana, tutora de alumnos en prácticas de los ciclos formativos de educación infantil, varios de los cuales estuvieron presentes en este encuentro:

> Esta visita me pareció muy interesante. Tanto para los visitantes, que entraron en contacto con otros niños que han de buscar estrategias para desarrollar sus actividades sin visión, como para los anfitriones, que se mostraban contentos de enseñarnos su escuela y de ser el objeto de las preguntas y de la atención de los que íbamos a verlos.
>
> Encontré especialmente destacable la acogida tan afectuosa de los niños invidentes, así como las preguntas tan razonables y razonadas de los niños de Aire Libre. Aquellas cosas que los adultos encontrábamos simples y obvias, por ejemplo: ¿cómo comen los niños ciegos?, ¿cómo se ponen el agua en el vaso sin que se les caiga?, ¿cómo caminan sin chocar?, ¿cómo hacen pis sin mancharse?... realmente no eran tan fáciles ni de responder ni de vivir, así que las respuestas recibidas nos permitieron conocer aspectos cotidianos muy interesantes de la vida y de la educación de las personas visitadas.
>
> También me gustó ver la seguridad que mostraban los pequeños, que se dejaban acompañar por las instalaciones con toda tranquilidad, después de unos primeros momentos de duda. Y el buen ambiente cuando se recitaron poemas unos a otros, y sobre todo cuando Mari Carmen contó el cuento, que para mí fue el momento en que se creó un clima de atención compartida más entrañable.
>
> Lo he pasado muy bien participando en esta visita que me ha dado la posibilidad de sentir toda la vitalidad de las reacciones de los niños y las niñas, y toda la potencialidad educativa que se ha puesto en juego en esta actividad .
>
> Me conmovió especialmente Edgar cuando oí que se dirigía a una de las niñas, sentada frente a él, diciéndole cariñosamente: «Dime cómo eres, Isabel».

En cuanto a mí, volví de la visita con una intensa sensación de alegría por los buenos chispazos de encuentro vividos, pero a la vez llena de una especie de «temblor», difícil de expresar. Las impresiones sentidas y acumuladas en mi interior me producían como un «encogimiento sentimental», que sólo se me fue pasando al ver las caras contentas de alegría de mis alumnos y al escuchar sus comentarios sobre la reciente experiencia y sobre sus nuevos amigos.

¡Demasiadas emociones que necesitarán un tiempo para acomodarse en mi *piso de abajo!*

Buenos deseos

En un cumpleaños surge espontáneamente esta sarta de buenos deseos para el festejado:

- Que sea un dinosaurio.
- Que sea rey.
- Que tenga corona y anillo.
- Que sea feliz.
- Que sea bello.

- Que tenga bicicleta.
- Que se enamore.
- Que sea millonario.
- Que tenga una nave espacial de verdad.
- Que sea siempre mi amigo.
- Que tenga más amigos, aparte de nosotros.
- Que venga a mi barraca a divertirse.
- Que sea alegre.
- ¡Que sea feliz!

Conexiones

Conexiones: «Ejes que se unen, se entrecruzan, se mezclan, se vinculan».

Conexiones: «Ejes que van activamente desde uno mismo hasta los demás».

Conexiones: «Ejes que forman hilos, ovillos, tramas grupales».

Conexiones: «Ejes que van desde el interior de una escuela abierta y disponible hasta la realidad circundante, en un paseo continuo de relación, intercambio, comunicación y encuentro».

15

La linterna de Marisa

Esta mañana casi todos los niños de mi clase («Els Dofins», de cuatro años) han traído la linterna que les pedí en una nota el viernes pasado. Las han traído justo el día que les puse en mi carta, ni antes, ni después, puntualmente.

Venían ya con la luz encendida, con las caras ansiosas, deseando empezar. Y ha sido un buen día lleno de juego, experimentación y descubrimiento. Con sus buenas dosis de emociones, enfados, compartir y pelear. Con la alegría que da verse cerca de la belleza y poder manipularla a placer. Con el gusto de realizar estas cosas junto con los compañeros. Un día, como decía Joanna, emocionada y sonriente, que parecía una fiesta.

A mí, además, me ha parecido admirable la discreta manera de estos padres de estar pendientes y atentos a la marcha de la clase de sus hijos. Sus ganas de colaborar, el clima de apoyo, y el deseo palpable de que los niños aprendan y disfruten en la escuela han sido tan claramente expuestos con este detalle de traer la linterna a tiempo, que, sin ser precisamente una linterna un artículo de lujo, yo he sentido hoy «el lujo» y la suerte de notar que vamos juntos en la tarea de educar a estos niños, de acompañarles los descubrimientos, de contemplarles los juegos y los aprendizajes.

Un regalo luminoso

El motivo que ha desencadenado estas «iluminaciones» que han interrumpido momentáneamente el proyecto de trabajo en el que estábamos metidos ha sido un regalo que recibimos hace unos días de Marisa, una buena amiga nuestra. Se trata de una linterna algo especial que era de su hija (que ya se había hecho mayor), y con el que ella quería obsequiar «a todos los niños del colegio».

La condición de que el regalo fuera compartido nos hizo tener que ir mostrándolo clase por clase entre aplausos y expresiones de alegría y de sorpresa. Cerrábamos las persianas, apagábamos las luces y ¡unos dibujos preciosos aparecían proyectados en el techo! Se desplazaban por las mesas, por las paredes y hasta por las manos, las caras o las orejas del encantado personal. ¡El éxito fue enorme!

Al ver cuánto les gustaba «el experimento» a los niños de mi clase, pensé que estaría bien que cada cual se hiciera un pequeño dibujo con rotuladores, para poder proyectarlo en el techo, o en una pantalla blanca, para incluso después inventar historias a partir de los dibujos por grupos... y cosas así.

Mi idea era hacer los dibujos en papel vegetal. Sin embargo, y «asombrosamente»... para mí (que, como se puede ver, no soy nada entendida...), el invento no funcionó. Entonces probé con papel celofán, con papel seda, con plástico duro, y, en fin, con todo lo que se me fue ocurriendo, (menos con acetatos), sin conseguir que los dibujos «se movieran» de su sitio, ni salieran proyectados hacia ninguna parte.

Tuve que desistir, desalentada, y quizás habría quedado ahí la cosa si no hubiera sido porque, acelerada como suelo ser, ¡ya les había contado a los niños mi hipótesis y ya había hecho la carta a los padres pidiéndoles las linternas para hoy, jueves, día 21 de febrero...! De manera que... hemos tenido que hacer otros inventos. En primer lugar, dar cuenta a los niños del desastre, después, pedirles algunas de sus magníficas ideas y enseguida... ¡ponernos a jugar!

A la luz de las linternas

Antes de nada algunos niños han pedido tener «oscuridad total», así que hemos bajado las persianas, hemos apagado las luces y hemos ido saliendo por grupos a hacer bailar las luces en el techo, a señalar las cosas que más brillaban, o las que más nos gustaban, las fotos de las familias, las de carnaval, el Guernica, la pelota de *rugby* de Carlos, los palos de golf de María, las raquetas de tenis de Rebeca...

Después Guillermo ha propuesto «echarles» luz a los caleidoscopios, cosa que ha arrancado gritos de admiración. Juan lo que quería era enfocar la luz a la bola de espejos que lo tiene subyugado desde que se incorporó al grupo, hace escasamente dos semanas. El resultado ha sido también espectacular, todo el techo se ha llenado de «avispas de luz», según las ha bautizado Marta.

Andreu quería «hacer miedo» poniéndose la linterna debajo de la barbilla, lo imitamos, pasando un rato muy divertido. Jairo ha querido verse la sangre «de dentro de las manos», Yoel la del ombligo. Varios se buscaban la sangre de cualquier parte con verdadero ahínco. María se empeña en averiguar si le brillaba el pelo, porque se lo habían lavado el día anterior...

También hemos hecho formas con los rayos de luz y salían huevos, cajas, caminos... Hemos jugado a que las luces «chocaran», como decía Chimo, a que se persiguieran, a que se reflejaran en los espejos haciendo «la ratita», a hacer juegos con nuestras propias sombras que salían, enormes, en el techo al agacharse Joanna, que tenía una linterna grandísima.

Cosquillas de luz

Lo cierto es que hemos hecho muchas cosas. Cuando enfocábamos todos la luz hacia cada uno de los niños, nos daba mucha risa, y una especie de nerviosismo y de emoción, como si fueran cosquillas, así lo decía Chimo... Y cuando mirábamos las cosas a la luz de las linternas se veía todo, según se oía comentar, «mucho mejor».

También hemos comparado las linternas. Las había de muchas clases: la de Rebeca era como un tubito fluorescente, la de Joanna era enorme, la de Chimo «gris plata», la de Alexandra tenía dentro una muñeca enana con su casita y todo, la de Mar era «de petaca», las de Sergio y Javi eran exactamente iguales, rojas y «mellizas», las de Marta y Guillermo también eran iguales, pero negras...

Como cuatro niños no han traído linternas y además a otros se les han gastado enseguida las pilas, ha habido que hacer un servicio de préstamos, que ha provocado (además de mis expresas valoraciones), agradecimientos y sonrisas entre los niños. En mí ha habido, además, una buenísima sensación de alegría, porque ese «prestar la linterna a los compañeros» lo que viene a augurar es que ha llegado el momento de empezar a compartir con gusto sus cosas con los demás. O sea, que su entrada en la socialización es inminente.

Por la tarde les he repartido celofanes de colores, espejos, lupas, los seis caleidoscopios de las «cosas para mirar», el «disco láser» que les traje de Barcelona (que gira interminablemente y parece un arco iris), los juegos de agua, los pañuelos (algunos de los cuales eran semitransparentes)... Ha sido todo un espectáculo verlos mirar por los caleidoscopios con el ojo en un lado y la linterna en el otro, gritando asombrados y contentos: «¡qué bonito!», «pero, ¿qué es esto?», «¡mira!», «¡no te lo pierdas!»...

Después he puesto por las mesas papeles con agujeros varios, que ellos apoyaban en las linternas y se «veían» en el techo. Y entonces ha sido cuando Robert se ha subido a un banco y ha anunciado que «desde arriba la luz se veía más grande». Todo el mundo ha trepado (yo también) a ver qué pasaba desde el suelo, desde aquí o desde allá... ¡Un jaleo increíblemente productivo!

«¡Esto es como una fiesta!»

El espejo grande también ha sido foco de atención. Varios niños le han ido lanzando la luz de sus linternas, Marta, riéndose, gritaba: «¡Ah, qué susto, ha salido una rata muy grande!». Los celofanes de colores iluminaban el techo de la clase y todo relucía. Así que cuando Joanna ha dicho: «¡Esto es como una fiesta!»... hemos estado totalmente de acuerdo.

Alejandra ha asociado aquello con los bailes: «Sí, es una fiesta, las chicas bailan, y la luz va por el techo». Eso me hace pensar en la música. «¿Queréis que ponga algo para bailar?», les pregunto: «¡Sí!», responden a una, y se ha organizado un baile lleno de chispas de colores, de risas, de «pruebas» y de jolgorio colectivo.

Aunque no he podido ver del todo el momento (porque estaba bailando), sé que hemos disfrutado de un rato encantador, cuyo aroma ha quedado prendido en el ambiente afectivo del grupo, así que al terminar la música, y aún entre calores, me he sentido bastante emocionada.

Cuando ya estaba todo recogido, hemos ido expresando lo que nos había parecido el día y se han oído cosas como éstas:

—Yo nunca había visto la clase tan bonita.

—Yo me he visto muy guapa, me brillaba el pelo en el espejo, porque ayer me lo lavaron.

—Yo estaba persiguiendo «la ratita» de Chimo.

—Yo tenía pena de no tener linterna, pero Jairo me la ha dejado y me he puesto muy contenta.

—Yo no he podido arreglar la mía, pero mis amigas me dejaban las suyas.

—A mí me gustaba la de Rebeca, que hacía luz más lila que las otras con dos papeles juntos, el rojo y el azul.

—Yo me he enfadado porque se me ha gastado la pila muy pronto.

—Juan lloraba y no dejaba nada, será porque es «nuevo»...

—A mí me gustaba dejar la linterna a los que no tenían.

—Yo me aguantaba de que no fuese bien, porque era de mi abuela y es viejecita como ella.

—A mí lo que más me gustaba es que todos me echaran luz por el cuerpo, me daba un poco de susto, y calor, y risa.

—A mí me ha dado miedo ver que tenía sangre por dentro de las manos.

—A mí me gustaban las sombras nuestras en el techo, era como una película que vi, pero hoy no tenía miedo.

—A mí me parecían fuegos artificiales.

—A mí me da pena Andreu, que se lo ha perdido.

—Yo me he peleado con Sergio porque quería mover el disco con el papel rojo encima y la linterna, y me creía que no me iba a dar tiempo de hacerlo a mí, y tenía muchas ganas.

—Yo quiero hacer en mi casa más experimentos de éstos de luz, ¿me das un papel del color que te sobre?

—Podías dejar tu linterna dentro de las cosas para mirar, pero para toda la vida.

—¡Y comprar muchísimas pilas!

—Yo quiero pintar esto en papel negro.

—Yo lo haré con purpurina y papeles de cristal de colores.

—Las lentejuelas brillaban mucho.

—¡El caleidoscopio de agua con luz era lo mejor de todo!

—Yo quiero ser una bombita de luz para ir por el techo.

—Una luciérnaga, decía Marc muy convencido.

—Eran avispas de luz que no picaban, nos recordaba Marta.

Hilda

Esto de las linternas me ha hecho pensar en otra buena amiga, Hilda Weissmann, pero esta vez no por sus escritos sobre la experimentación, sobre el conocimiento físico, sobre el agua, el entorno, etc.

Me venía a la memoria Hilda aquel día en que visitó nuestra escuela. Se la podía ver totalmente concentrada y contenta, rodeada de niños y de imanes, con un vaso de agua en la mano y una buena serie de preguntas en la boca: «¿Podríais sacar estos clips del agua sin mojaros los dedos? ¿Cómo puede ser que corra tanto esta mariquita si nadie la está tocando? ¿Se os ocurre cómo hacer saltar esta rana?...».

En aquella ocasión los ojos de los niños también brillaban mucho, y sus manos también se movían buscando respuestas, tanteando materiales, curioseando. No era suficiente pensar, había que comprobar las hipótesis, había que repetir, había que cerciorarse de que no era una casualidad lo que estaba pasando cuando Freddy hacía subirse la rana en la mariquita, o cuando Manuel la hacía frenar, o...

¡Me hubiera gustado tanto que ella estuviera con nosotros en este festival de luces y de sombras! Seguro que su experiencia, su mente científica y su repertorio de recursos nos habrían hecho el día aún más provechoso. Sin embargo, creo que nos debió llegar algo de su impulso, de su valoración de las probaturas investigadoras de niños y maestros, y de ese preguntar constante que lanza a las cosas, a las personas, y a sí misma, porque de hecho me decidí a experimentar y jugar con los niños y las linternas, a pesar de mis cortos recursos científicos y de mis bastantes miedos. Es por eso que quiero agradecerle desde aquí sus característicos y cariñosos *por qué*, que siempre me han resultado tan inquietantes como enriquecedores.

Todo esto me ha hecho pensar en el largo trecho que me queda, por suerte, que recorrer aún en mi formación, más verbal que científica, más bloqueada en este campo que abierta a probar, más insegura que serena. A veces veo que acudo más a mis experiencias de juego y de vida cotidiana que a otras fuentes, que, por lo visto, he dado en ignorar, partiendo de mis inhibiciones en este terreno.

Así que haré un nuevo *empezar* y estrenaré desvergüenzas y ánimos poniéndome a estudiar sobre el tema, y tanteando modos y materiales, junto a los propios niños, a ver si así puedo ayudarles a dar un sentido a sus acciones, a sus pruebas, a sus manipulaciones, y a sus juegos de exploración sobre la realidad y los objetos, porque para entender y elaborar esas actividades lúdicas y naturales el niño necesita de algún acompañamiento, algunas aclaraciones, preguntas orientadoras, y, en fin, retos para seguir pensando. Espero poder hacerlo.

Un paréntesis luminoso

A todo esto, nosotros estábamos hablando de otra cosa. En este tiempo lo que nos venía ocupando era un proyecto de trabajo sobre los deportes muy movilizador y divertido, que luego contaré. Así que esto de las linternas ha sido una especie de paréntesis luminoso en el trabajo que teníamos entre manos, un fogonazo de atención a mis «carencias científicas» y, en fin, un agujerito de luz por el que no podíamos dejar de asomarnos.

Aprovechar en la escuela lo que la realidad nos va ofreciendo es una buena manera de estar abiertos y comunicados con «el exterior», de no sentir que somos «los únicos» en los quehaceres educativos, y de entender el *entorno* como algo verdaderamente vital, rico e interesante.

En torno a nosotros hay tanto que ver, que aprender, que conocer...

En torno a la escuela hay tantos otros *entornos*: familiares, físicos, sociales, culturales, «deportivos», «luminosos»... Será necesario, creo, dejar que nos iluminen, si es que de verdad pretendemos acompañar y alentar a los niños en su recorrido de aprendizaje, de placer y de vida.

16

Del patinete de Cayetano a la utilidad de los lunares

Hemos estado aprendiendo cosas sobre los deportes durante más de un mes, con unos cuantos paréntesis importantes. Uno festivo, «El día de los abuelos», otro luminoso, el día que jugamos con las linternas, otro relacional, la incorporación de dos niños nuevos al grupo, y otro «costumbrista», el día de hacer las «monas» de Pascua.

Ha sido un trabajo intenso, divertido y útil, en el que hemos participado bastantes personas: mis veintidós alumnos de cuatro años, «Els Dofins», sus familias, algunos amigos, su maestro del año pasado, padres de otras clases y yo misma...

Y de los deportes hemos pasado a interesarnos por el cuerpo, de tal modo que hasta el último instante del último día de este segundo trimestre hemos estado rodeados de libros sobre bebés, radiografías, esqueletos, huellas, y... unos provocadores lunares.

Pues bien, a este lío le llamo yo *hacer escuela*...

Padrinos

El tema fue propuesto por Guillermo, apoyado calurosamente por Paco, Carlos y Andreu, futbolistas de pro, y desde el principio consiguió captar la atención y el interés de todos los niños, que se implicaron, como siempre pasa, desde sus vivencias más cercanas y particulares. Unos por ir a clases de gimnasia, tenis, natación; otros por practicar con los padres algún deporte; otros por tener un tío submarinista, un abuelo pescador, una hermana patinadora...

Los temas aportados iban desde las hadas, *Spiderman*, los cerdos, los virus, los monstruos o las novias, hasta el fútbol, el baloncesto, el kárate, el tenis, la gimnasia, las carreras y «todos los deportes de hacer el músculo fuerte», cosa que a Chimo le parecía fundamental. Los deportes, epígrafe en el que incluimos a todos los nombrados, ganaron por catorce votos. Los niños que habían «perdido» en la votación, decidieron sumarse al tema «ganador», como ya he visto otras veces. «Yo voy a pasarme de las hadas a los deportes, porque también me gustan», decía Alejandra. «Yo también me paso de los virus a los deportes, porque voy a gimnasia con aros y todo eso», seguía Mar. «A mí apúntame al fútbol, que ya no quiero a *Spiderman*», aseguraba Francisco.

Las propuestas del principio, a las que fueron añadiéndose muchas más, fueron: hacer carreras de moto, de bicicleta, de coches, jugar al tenis, jugar al fútbol, ver la película *Meteoros*, traer ropa «de tenis o del Madrid», hacer gimnasia rítmica, saltar, traer motos y coches de juguete, hacernos medallas y ponérnoslas, hacernos una «meta» grande, hacer «caballitos» con la moto, hacer judo, baloncesto, «carreras con las piernas»...

He de decir que el grupo vivía un momento delicado, ya que se habían incorporado dos niños nuevos, ambos recién trasladados a nuestra ciudad, ambos rubios y sonrientes, ambos desconocedores de nuestra dinámica de trabajo y de nuestras costumbres... Ellos despertaron todo un despliegue sentimental en mis alumnos, que iba desde la curiosidad, el mostrarse, (dándose a conocer), la acogida y el «apadrinamiento» más cordiales, hasta la rivalidad, los empujones («cuidando el territorio»), los silencios y las vergüenzas en los niños más tímidos, la «chulería» en los fuertes, la inseguridad en los no tan fuertes, los cambios de configuración en los subgrupos... y la rabia celosa de verme dedicándoles a «los nuevos» una atención especial, que de todas todas necesitaban.

En este ambiente removido y rico sucedió lo que cuento. Considero que acelerando, complicando y multiplicando los acontecimientos tanto relacionales, como del aprendizaje, que ya de por sí suelen ir bastante ligeros en mi aula. De modo que, aunque no incida demasiado en ello por la extensión del escrito, habrá que tener en cuenta que de vez en cuando había que parar la actividad para explicar algo a los nuevos, aclararles alguna norma, escucharles los berrinches, frenarles los desmanes, y remitirlos poco a poco al grupo sin abandonos, ni privilegios.

Padrinos, pues, de dos clases en esta ocasión, del tema que había que trabajar y de los niños «nuevos». ¡Todo un comienzo!

Nos visitan expertos deportistas

En este proyecto contamos con varios expertos deportistas que se ofrecieron a ayudarnos. Vinieron con sus bártulos y sus ilusionadas explicaciones a ilustrarnos sobre los deportes que ellos mejor conocían, y nos lo hicieron pasar muy bien, además de enseñarnos muchas cosas.

El primero fue Pepe, su maestro del año pasado. Los niños le escucharon con muchísima atención y con las caras sonrientes y mimosas. Él nos fue contando sus experiencias como «montañista», nos enseñó sus ropas especiales por si llovía, por si nevaba, por si había que trepar, por si... Dijo que lo primero era *ponerse en forma* para que el cuerpo respondiera bien y lo segundo era protegerse: con crema, con ropa y con ciertos materiales diferentes para cada deporte: bastón, crampones, mosquetón, piolet, cuerdas, clavos, zapatillas «pies de gato», etcétera. ¡Hasta se puso el pasamontañas y se metió en su saco de dormir delante de todos! («Parece una rata», «Parece un malo», «Parece de la ETA»...)

Antes de irse nos enseñó fotos de sus escaladas al Mont Blanc, al glaciar de Busson y a otros sitios preciosos. En las fotos estaba con amigos y amigas, y con cara de contento, y es que, según nos explicó, estar en la naturaleza con sus amigos era para él una de sus actividades preferidas.

A Celes, el padre de Alejandra, lo esperábamos con unas preguntas ya preparadas, a las que se siguieron otras más, según se desarrollaron sus explicaciones sobre el deporte de la vela. El interés de los niños se diversificaba entre las preguntas informativas: «¿Cómo se hace uno capitán de barco? ¿Cómo funciona el barco? ¿Por qué se usa el timón? ¿Los barcos pueden ir para adelante y para atrás? ¿Cómo se sujetan los barcos para que no se escapen? ¿Cómo navegan los barcos? ¿Cómo se navega «a vela»?...». Y las preguntas «catastrofistas», que más bien aludían a las precauciones que hay que tomar y al miedo: «¿Por qué chocan los barcos? ¿Por qué a veces los barcos se doblan y se caen las personas al agua? ¿Cómo se rompen los barcos si parecen tan duros? ¿Alguna vez te ha cogido una tempestad en el mar? ¿Un tiburón puede comerte si caes al mar? ¿Se puede chocar con las rocas?...».

El visitante nos explicó la diferencia entre ir en un barco con motor, en una barca con remos o en un barco que funciona sirviéndose del viento y de las velas. A esta última modalidad es a la que se llama navegar «a vela», su deporte favorito. Después nos contó cómo se preparaba él mirando el tiempo (si hace mucho o poco viento, si hay muchas o pocas olas, si va a llover...), revisando su barco, cogiendo su bolsa con el material necesario: zapatillas náuticas (que no resbalan con el agua), pantalones impermeables con tirantes, chubasquero, guantes especiales con dos dedos libres (para poder hacer los nudos marineros), gorro «pasamares» (muy parecido al «pasamontañas» de Pepe), una navaja para cortar los cabos, un chaleco salvavidas, una linterna, un pito por si hay niebla y unos «escarpines», zapatos especiales que nos mostró (y que alegraron mucho a María Escarpín y amigas).

A lo largo de la visita hubo varios momentos muy divertidos. Uno fue cuando Celes nos explicó qué eran los «nudos marineros», muy fáciles de hacer y deshacer (sabiendo cómo, claro está...), pero a la vez muy resistentes. Para demostrarlo nos repartió trocitos de cuerda y nos enseñó a hacer uno. Luego nos puso a tirar de una cuerda enorme que traía para lograr un nudo bien apretado, que, en efecto, él deshizo tirando del cabo con suavidad. También gustó bastante el vocabulario marinero, que le hicimos decir a Celes a voz en grito para poder corearlo todos juntos: ¡Izad las velas! ¡Al abordaje! ¡A estribor! ¡A toda vela!

Por último nos contó una experiencia de susto y final feliz, que le ocurrió yendo una vez por Yugoslavia en su barco y completamente solo: «La brújula estaba rota, había niebla, yo tenía frío y miedo, porque estaba perdido. De pronto oí un ruido: ¡chof!, al que siguieron unos cuantos más: ¡chof, chof, chof! Y entonces me vi rodeado por una ballena y diez o doce delfines, que me hicieron compañía y me guiaron hasta la costa».

Hubo suspiros y algunos niños pidieron detalles. ¡Fue una visita magnífica!

La siguiente visita fue de Javier, el padre de Javi, que vino con su moto de carreras, sus cascos, diplomas, trofeos, fotos, trajes y toda clase de artilugios para hablarnos de su deporte favorito: el motociclismo. Aquí jugamos un poco con el factor sorpresa, ya que los niños no sabían que iba a traer la moto, así que empezamos

«Soy Cayetano, tengo siete años, pero casi ocho, y he venido a hablaros del deporte»

por hacerle las preguntas que le habíamos preparado, por ver cómo se ponía el traje, por comparar los ropajes protectores de este deporte con los otros ya vistos en las anteriores visitas, por probarnos el casco, y por intentar memorizar el lenguaje de las banderas que se utiliza en las carreras de motos y que Javier nos había traído hechas «de su casa».

Una vez visto todo y repartidas las pegatinas de motos «de regalo», nos dijo que si queríamos ver su moto. Bromeamos sobre si la llevaría en la bolsa gigante que traía, o si sería de juguete... Y por último salimos a la calle a ver si estaba. ¡Y sí! ¡Menuda alegría!

Javier se dio una vuelta para que pudiéramos escuchar el escándalo que organizaba su preciosa moto roja, aceleró, frenó, y por supuesto, subió a los niños de tres en tres para que notaran la sensación de ir en una moto de carreras «verdadera» (aunque parada, porque según decía, la seguridad es muy importante, y como no había cascos suficientes, ni trajes, ni nada de eso «tamaño niño»...). Nos reímos viendo a Jairo con cara de corredor, a Marina un poco asustada, a Yoel que quería por todo y por todo hacer «un caballito»... ¡Lo pasamos genial!

Dos días después vino Javier, el papá de Andreu, a hablarnos de submarinismo. Nos enseñó su traje, varias gafas de bucear, la navaja («por si nos enganchamos en alguna cuerda o roca»), el medidor de profundidad, los guantes... También contestó nuestras preguntas, nos habló de las bombonas de oxígeno y nos puso unas diapositivas en las que lo vimos paseándose por un fondo del mar que parecía un bosque, con algas, praderas y hasta montañas. Lo que más nos gustó fue ver tiburones, morenas, peces espada, cangrejos, «peces payaso» y sobre todo unas medusas blancas que, según los niños, parecían nubes, paraguas, trajes de novia, gorros, pasteles...

Cayetano

Capítulo aparte merece la visita de Cayetano, un ex alumno mío muy decidido y emprendedor. Primero, por ser un niño esta vez «el experto deportista». Segundo, por ofrecerse a venir por propia iniciativa, al saber el tema que nos ocupaba a «Els Dofins», y tercero, por lo graciosa que fue, en conjunto, su exposición:

—Soy Cayetano, tengo siete años, pero casi ocho, y he venido a hablaros del deporte. El deporte es importante, mejor dicho, ¡es muy importante! Lo bueno del deporte es que el corazón ayuda a que la sangre corra y a la «controlación» del cuerpo. Ahora mismo vamos a hacer una demostración. ¡A ver, tú, tú y tú, de pie, iros corriendo hasta la sala grande y volver cuando yo toque tres pitidos! ¡Stop!, muy bien, ahora tocaros el corazón. ¡No, la barriga no! Ahí, ahí, se mueve, ¿verdad? Pues ya veis cómo se mueven la sangre y el corazón al correr. Os lo he demostrado. No os preocupéis, enseguida lo vais a hacer todos, pero tiene que ser de tres en tres y sin hacer el bruto...

—Ahora voy a hablaros de la sangre, de los músculos y del cerebro. Al correr, la sangre hace que los músculos se llenen de más capacidad y eso nos ayuda a que el cerebro controle los nervios, y los nervios son muy importantes, porque si estás nervioso, te puedes caer, y las caídas, como sabéis, no son buenas. Por eso la zancadilla nunca debe hacerse, ¡esto no quería olvidármelo! ¡La seguridad es lo principal!, hay que protegerse con cascos y rodilleras en los deportes, por si hay caídas. Pero la respiración también hace mucha falta tenerla para hacer deporte. Ya lo sabéis, chavales, ¡seguridad y respiración!, ¡recordadlo! Y ahora pasaré a haceros una demostración de cómo se va en patinete.

Entonces se subió y se paseó. Algunos niños dijeron que sabían y él dijo que iba a comprobarlo. Señaló a una niña que salió tan azarada que se cayó al segundo. La miró pensativo y le dijo: «Un punto, más no puedo darte». Anotó en la pizarra el nombre de la niña y un uno, y siguió con las comprobaciones. El segundo que salió lo hizo muy lento, pero no se cayó. A éste le dijo: «Como lo has intentado, te doy dos puntos».

Todos estaban expectantes. Iban saliendo y observé un curioso fenómeno, que interpreté como de «seducción recíproca». Cayetano daba los puntos bastante arbitrariamente (él también estaba nervioso y no sabía qué hacer con tanto poderío)... Así que si veía a alguien serio o preocupado, le daba más puntos. Si conocía de algo a la persona, le daba más puntos, y así. Ellos se dieron cuenta y le empezaron a decir: qué guapo eres, Cayetano, qué gafas tan bonitas llevas, tienes un pantalón como el mío, etc. Y él, con las alabanzas, se fue entusiasmando y dando más y más puntos perdiendo la cuenta (y el norte) por completo (6, 7, 8, 9, 10 puntos...). Ahí ya le dije: «¿No estarás confundiéndote en esto de los puntos?», y dijo con cara de agotado: «Bueno, sí, ya acabamos».

En ese rato le dio tiempo a pitar, reñir, animar, sudar, y hasta a decirle a uno de los niños: «Tú vas a tener que practicar bastante, te veo con demasiado poco equilibrio, pero tranquilo, chaval, podrás conseguirlo». Para terminar nos habló del fútbol y nos intentó pitar un partido, que resultó una escena de las que marcan época:

–Ahora, y por último, os contaré las leyes del fútbol:
–Yo soy el árbitro, que para eso mi madre me ha comprado este pito.
–Un pitido largo es que empiece el partido.
–Tres pitidos cortos son acabar.
–Dos es una falta.
–Si haces una falta que duele mucho, te dan una tarjeta roja.
–Si haces una falta que duele poco, te la dan amarilla.
–Y si repites faltas y te dan dos amarillas, eso equivale a una roja.
–En los equipos hay capitán, portero, defensas, delanteros y jueces de línea.

Se formaron los equipos (con dificultades por el número, porque varios querían jugar con sus amigos y entonces se desequilibraban los grupos). Al ir a empezar, cinco jugadores se fueron al aseo a hacer pis, algunas niñas que estaban de «público», se metieron en medio y fueron ahuyentadas por los frenéticos pitidos de Cayetano. Todo el mundo corría de un lado a otro, mientras yo me reía desacompasadamente ante las extrañadas caras de algunos miembros del público, que no sabían dónde mirar del jaleo que había.

En eso, Cayetano se dio cuenta de que en un equipo había siete jugadores y en el otro ocho, y le dijo al portero que también podía jugar. El portero (que era uno de «los nuevos») entendió que podía irse al patio, así que abandonó la portería y se fue a jugar con una rueda. Mientras yo lo traía de vuelta, Cayetano se metió a jugador, repartió tarjetas amarillas y rojas a troche y moche, y le pitó un penalti a Carlos por «manos», que chutó él mismo lanzando la pelota a una portería, en la que no había nadie por estar el portero «descansando, porque su madre no le dejaba sudar»...

Los gritos de ¡gol, gol!; ¡goooooooool! de Cayetano centraron y animaron al personal, poniéndose todos a gritar excitados y contentos. Bueno, todos menos Carlos, que no se había recuperado de aquel extraño penalti decretado por Cayetano. Y con los tres pitidos reglamentarios terminó este memorable partido, ante mi aviso de que se nos iba a hacer tarde para la merienda. Todo el mundo estaba rendido, colorado y sudoroso. Sobre todo Cayetano, que no nos aceptó la invitación a merendar, y optó por despedirse, subido en su patinete.

A los pocos momentos de haberse ido, volvió y nos dijo con expresión emocionada: «Gracias por la buena "cogida" que me habéis dado». Recogiendo el sentir general (y el mío propio), aproveché para decirle que algunos niños estaban preocupados porque les había anotado muy pocos puntos y que todos veíamos algo de lío en esa puntuación. Él escuchó la crítica y reconoció con seriedad: «Sí, me he liado, otro día lo haré muchísimo mejor. Llamadme cuando queráis».

Para mí ha sido un gusto ver a Cayetano mostrándose ante los demás, manejando un grupo y explicando tan «lógica» y «serenamente» las cosas, cuando apenas dos años atrás se veía invadido por unas «uforias» (así las nombraba él) que le hacían replegarse por vergüenza, timidez o exceso de emoción...

Este intercambio de información y experiencia a edades tan tempranas me recuerda aquello de que los mayores de la calle explicaran a los pequeños cómo se tiraban los petardos, cómo se ponían los coloretes, cómo nacían los niños, o qué cara había que poner para gustar a los chicos.

Aprender juntos...

Entre visita y visita

Además de las ayudas de estos expertos deportistas hemos estado practicando carreras, saltos, tiro al blanco, circuitos de atletismo, tenis, golf, baloncesto, patinete, fútbol, gimnasia rítmica (con unas cintas de papel pinocho de colores lucidísimas), etc., etc.

También pintábamos, hablábamos y discutíamos: «¿Será peligroso hacer deporte? ¿Es lo mismo estar heridos que muertos? ¿Y qué pasa si te mueres? ¿Por dónde se nace? ¿Es lo mismo *escayola de techo* que *escayola de curar huesos*? ¿Por qué nos gusta a todos más ganar que perder? ¿Por qué se muere? ¿Por qué se rompe el cuerpo? ¿Volverá a vivir mi perro dentro de otro animal? Yo miro a todos los perros a los ojos, pero no mira ninguno como mi Kuki...».

También hemos leído cuentos, folletos y libros sobre deportes, y hemos manejado materiales muy interesantes:

- Dos trajes de bucear.
- Una foto del primer ciclista que se vio en Alicante.
- Un timón.
- Un cuadro con todas las «llaves» de taekwondo.
- Fotos de abuelos deportistas.
- Dos juegos de palos de golf.
- Raquetas de tenis.
- Un guante de béisbol.
- Copas y medallas.
- Fotos de los niños o sus familiares haciendo deporte.
- Pelotas de varios deportes: *rugby*, baloncesto, fútbol, *ping-pong*, pelota valenciana, voleivol...
- Una cesta de baloncesto.
- Muñecos deportistas.
- Mapas con rutas del mar...

Y hasta hemos tenido la ocasión de visitar una ambulancia que apareció una mañana en la escuela y que parecía un pequeño hospital. Vino a raíz de un tema trabajado en otra clase, pero nos dejaron visitarla porque si un deportista se hace daño, son estas ambulancias las que envían para las curas.

Siguiendo el hilo

El hilo del proyecto, como puede verse, nos iba llevando a otras puntas de interés, que inspiraron a la madre de Jairo a venir a hablarnos sobre los huesos y a explicarnos cómo cuidarnos bien el cuerpo «para que no se nos estropee nada». Su visita

«El cerebro es el que más manda y le dice al corazón que se mueva porque si se para, te mueres»

también tenía como motivo el disipar la duda de Marina sobre si es peligroso o no hacer deporte (porque como todo el que venía nos avisaba que había que tener tanto cuidado...).

Lourdes contestó nuestras preguntas, nos trajo muchas radiografías y tuvo el detalle de decirnos el nombre del hueso que cada cual se señalaba, acariciándolo con delicadeza (el hijo «aguantó el tirón» estupendamente). También trajo un gracioso muñeco escayolado y dos huesos «de verdad», un fémur y una tibia, que todos tocamos, y que plantearon serias dudas en los niños, sobresaltando un poco a la madre de Jairo: «¿De quién son estos huesos? ¿Por qué los tienes tú y no están en "la persona"? ¿Cómo se llama el dueño de estos huesos? ¿Era una chica o un chico? ¿Por qué parecen huesos de pollo grande? ¿Por qué nosotros tenemos costillas que son como la carne asada de la barbacoa? ¿Se comen nuestras costillas?...».

Al día siguiente cada cual comentó lo que había aprendido de Lourdes. ¡Habían estado atentísimos! Probé a adivinar algunos de los intereses particulares que había «escondidos» detrás de las preguntas formuladas:

—Yo he aprendido que todos tenemos un esqueleto dentro, decía Joanna con cara de asombro.

—Yo que los chichones son de sangre que está parada. (El que dijo esto es el que más chichones se hace siempre.)

—Yo que hay sangre por todos los sitios del cuerpo. (El que se interesó por la sangre tiene facilidad para sangrar por la nariz.)

—Yo que los huesos protegen al corazón, a los pulmones y al cerebro.

—Y que el cerebro es el que más manda y le dice al corazón que se mueva porque, si se para, te mueres. También le puede mandar a mis pies que no se resbalen y que no tropiecen tanto. (Esta niña se cae bastante.)

—Pero si se te rompe un pie puedes vivir y sin piernas también, porque puedes andar de rodillas. Sin oreja también se vive, como Van Gogh, pero sin cabeza y sin corazón, no. (Esto lo dijo un ultrarrápido.)

—Yo me he enterado que en el culo hay huesos, pero en la pilila no, ni en la vulva tampoco. (Aquí habló alguien muy interesado en el sexo últimamente.)

—Yo ahora sé que te mueres si se gasta el cuerpo y deja de funcionar. Si se te para el corazón, mueres. (Murió su tía hace un mes.)

—El calcio hace falta en el cuerpo, mi madre me lo decía, pero yo ahora lo sé mejor. (A esta niña no le gusta la leche, ya tiene dos empastes.)

—A mí la sangre me da asco, y he aprendido que hay otros que le tienen miedo.

—Yo he oído que los virus son unos bichos que no se ven, son como el polvo que entra por las ventanas, lo ha dicho Jairo y su madre ha dicho que era verdad. (Habla el que más se resfría...)

—Yo he aprendido que en Colombia comen «hormigas culonas» y que eso no es malo para el cuerpo.

—Yo sé que toda la sangre no se sale por las pupas, sólo una poca. (Tiene las piernas llenas de pupas.)

—Los huesos rotos se pueden arreglar.

—Yo he aprendido que hay que cuidarse el cuerpo muchísimo. (Habla una presumida.)

—Yo que hacer deporte pone fuertes a todos y da músculos, que es lo que me gusta a mí, por eso siempre estoy entrenando. (Un fortachón, consciente del placer de serlo.)

Motores potentes del *piso de abajo*, que está tan bien comunicado con el *de arriba*... que hasta parecen del mismo rellano...

Proyectos encadenados

Aunque este tema del cuerpo derivó del anterior de una manera fluida y natural, simplemente siguiendo el devenir de las discusiones, las lecturas y los acontecimientos, Marc exigió una votación. (Seguramente porque él quería proponer otra cosa, los bichos.) De manera que se votó y salieron «los bebés y los huesos», así que seguimos por estos derroteros los pocos días que nos quedaban de este segundo trimestre tan productivo.

Hicimos baberos, cantamos nanas, plasmamos nuestras huellas dactilares, modelamos esqueletos de plastilina blanca, miramos un juego del cuerpo humano de la madre de Guillermo y Marta cuando era pequeña, comprobamos si pesamos mucho o poco metiéndonos uno por uno en una potente bolsa de lona azul y cómo no, recibimos una nueva visita.

La «teta» de Joanna, Mariló, que es enfermera y se dedica a recibir a los bebés en el momento de nacer, vino a explicarnos cómo y por dónde salen, qué les hace ella para que se sientan bien, qué es el cordón umbilical, por qué lloran, por qué se crían en la barriga y todo aquello que quisimos preguntarle. Pasamos juntos un rato de lo más regresivo y de lo más encantador.

Los niños dramatizaban lo que ella nos iba explicando, eructaban, lloraban, mamaban, gateaban, se ponían el pañal, hacían pucheritos... También hicimos papilla y los que querían la probaban. Después, entre Asun (la mamá de Joanna), Mariló y yo fuimos poniendo a cada niño una pulsera de las mismas que se les ponen a los recién nacidos (con el nombre escrito por cada cual...). Una mañana bonita y entretenida con la que pensaba dar el toque final a este proyecto corto, aunque interesante, que habíamos vivido.

Lunares de fiesta

Pero a tres días vista del final de trimestre, y con «las monas» de Pascua por hacer y los trabajos por empaquetar, surgió un tema de ésos que no se pueden ignorar, de ésos que traen cola, de ésos cercanos e implicadores que «obligan» a ser tratados, así que nos tocó enzarzarnos en una muy breve, pero intensa, investigación sobre *los lunares*, que nos mantuvo ocupados hasta el mismísimo momento de despedirnos.

Todo vino porque en una entrevista, los padres de una de las niñas me hicieron saber que un compañero le decía que era fea porque tenía un lunar en la frente. Al día siguiente yo comenté el hecho en clase sin decir de quiénes se trataba y nombrándolo como una posible confusión, ya que, como todo el mundo sabía, en nuestra escuela «no hay ni feos, ni tontos, ni malos», además de que «los lunares no son nada feos y, encima, todos tenemos alguno».

La niña se dio por aludida y nombró al que le decía fea, que se quedó serio y callado, mientras sus amigos lo justificaban: «Eso lo habrá dicho porque es nuevo»... Todos querían hablar de lunares, enseñar los que tenían, etc. Así que les propuse buscarse los lunares unos a otros y hacer lo mismo en casa con sus familiares, para lo cual hice una nota a los padres esperando su colaboración. La nota decía:

1. Hoy hemos estado hablando de *lunares* en clase, algunos niños los han enseñado, otros nos decían dónde los tenían, otros no sabían...
2. La idea es «reivindicar» el lugar de los *lunares* en el cuerpo, comprobar que tienen la forma algo redonda (como la luna llena) y, en fin, «llevarlos con gusto» *y sin desvalorizaciones.*
3. Para ello os pido que esta noche hagáis unos pequeños «deberes» con vuestros hijos:
   - Buscar algún *lunar* en el papá, en la mamá, en ellos mismos, en el perro...
   - Decirles para qué sirven brevemente.
   - Que hagan un dibujo con el *lunar* que más le haya gustado y lo traigan mañana.

   Muchas gracias.

Al día siguiente expusimos los dibujos que habían traído y conversamos sobre los lunares familiares. Entonces, el niño que había dicho fea a su compañera nos enseñó un lunar que tenía y nos dijo que su mamá y su papá tenían muchos, y que eso era bonito y no feo, que ahora ya lo sabía. ¡Lo dijo de un modo tan sentido, tan seguro y tan convincente que nos lo tuvimos que creer!

Después leímos lo que ponía en un libro de Marina sobre las pecas, buscamos en el diccionario el significado de *peca* y *lunar*, vimos fotos de chicas con lunares pintados y acabamos pintándonos un lunar cada cual donde mejor le pareció. Por la tarde yo recordé una canción muy conocida de un lunar y se la enseñé a los niños:

> Ese lunar que tienes, cielito lindo,
> junto a la boca,
> no se lo des a nadie, cielito lindo
> que a mí me toca...

Después la ilustraron a su gusto y nos sirvió de broma con los padres y los abuelos, a los que pedíamos que nos la entonaran a ver si se la sabían. ¡Todos la cantaban, y muy bien por cierto! Los abuelos de Marina la cantaron incluso a dos voces y nos contaron, añorantes, que la habían cantado en Tailandia hacía ya mucho tiempo.

El tema suscitó opiniones diversas en las familias, lo que nos llevó a poner en común lo averiguado sobre la utilidad de los lunares:

> —Sirven para estar guapos.
> —Sirven para diferenciar a las personas, porque ninguna los tiene en el mismo sitio.
> —¡Como las huellas dactilares, que lo ponía en mi libro!, dijo Paco muy contento.
> —Claro, porque no somos iguales ninguno, ni aunque sean gemelos, que lo decía el libro de Paco.
> —Mi abuela dice que cuando me entere de para qué sirven los lunares que se lo diga, que ella no lo sabe.
> —Y si uno está ya muerto y «destrozao», porque ha «chocao» en el coche, lo pueden conocer por un lunar.
> —Mi padre dice que no sirven para nada.
> —Mi «teta» dice lo mismo.
> —Mi mamá dice que las moras se los pintan y se ven guapas.
> —Las pecas son más claritas, mi madre las tiene.
> —Yo tengo una manchita igual que la que tiene mi mamá.
> —Yo nací con un lunar en el dedo y mi hermano también, como somos mellizos...
> —Yo tengo en el brazo una constelación de lunares que parecen la Osa Mayor.
> —A mí me dice mi papá que este lunar es para que él me dé besos.
> —¿Hay lunares rojos? Es que mi papá tiene muchos.
> —¡Los rojos y los de colores serán lunares de fiesta!, exclama Mar en tono de juerga...

¿Habrán sido útiles por una vez los lunares?

Mi intención en un principio era apoyar a la niña en una buena aceptación de su imagen corporal, y frenar al niño en su opinión algo atacante. Pero, de paso, ¿cómo no aprovechar el momento para reivindicar lo diferente, lo «manchado», lo que parece un error, los excesos o los defectos que todos tenemos para bien y para mal?

Creo que sería bueno estar alerta a la aparición de este tipo de «pequeños» temas, que resultan importantes... porque a todos nos resuenan y nos «tocan» en algo. ¿Quién no tiene por ahí algún lunarcito «reivindicable»? ¿Cómo no engancharse a este carro que nos va a permitir hablar de nosotros mismos, de nuestros cuerpos y de los cuerpos de los demás?...

Hemos despedido el trimestre, pues, con una buena mezcla de temas provocadores y encendidos. Nacer, morir, ganar, perder, ser bonito o feo, la amistad, la rivalidad... ¡Casi nos costaba irnos esta vez de vacaciones! ¡Qué cosas!

Proyectos encadenados, vivencias que se entrecruzan, celebraciones, linternas, deportes, nuevos amigos, viejos lunares...

Tiempos compartidos...

La vida de la escuela, cuando no le prohibimos la entrada...

Ni más ni menos.

III. Se aprende con palabras sentidas

Palabras menudas

Para que las oiga el niño,
las palabras se hacen menudas y sencillas,
como un parpadeo de alas de paloma.

Para que las baile el niño,
las tonadas se vuelven balanceos maternos
en el cocherito leré del adentro caliente.

Para que las sienta el niño,
las canciones se tornan juegos de manos,
muecas y risas entre brazos seguros.

17

Juntarse a hablar

Juntarse a hablar es uno de los actos más característicos y saludables que tienen lugar entre las personas. Sin embargo, en este tiempo de prisas, de «eficacia», de «pasar», se está convirtiendo en una costumbre frágil, y casi en peligro de extinción.

Pensemos por un momento en esos grandes grupos de adolescentes que se balancean al ritmo de una pulsación musical que no precisa palabras; en esas conversaciones hechas a base de tópicos, en las que no se transmite apenas nada; en ese andar de puntillas para no despertar ningún conflicto y, así, no tener que taparlo o que hablarlo. En esos escasos tiempos de encuentro familiar, envueltos por las televisivas y lejanas palabras de otros. En esas frases odiosas que invaden el lenguaje cotidiano: «No me cuentes tu vida», «Olvídame», «Ése no es mi problema»; en esos teléfonos móviles que acompañan a la gente, dándoles un simulacro de presencia constante y consoladora...

Estamos, pues, caminando a marchas forzadas hacia una seria contradicción: en la era de la comunicación por excelencia, estamos callándonos, escondiéndonos, aislándonos, y no escuchando ni valorando ni lo que tendríamos que decir nosotros ni lo que tendrían que decir los demás, y que, seguramente, nos ayudaría a vivir.

Creo que este fenómeno de no decir y no decirse, no pensar y no pensarse, tendrá unas consecuencias regresivas para las personas, y que sería importante hacer un esfuerzo colectivo para reencontrar el sentido del «juntarse a hablar», que decía al principio, y que nos llevaría a tener una existencia más tranquila, más equilibrada y más cercana a los otros. Es decir, a poner más en consonancia nuestro mundo interior y la reducida punta del iceberg que mostramos afuera.

Hace ya tiempo leí un pequeño escrito sobre los puercoespines, original de Schopenhauer, que me resultó especialmente significativo. Tomo el texto de un artículo de Adrián Buzzaqui (1990), que utiliza la parábola para ilustrar la problemática de los grupos.

Los puercoespines, que andan siempre entre varios, tienen que resolver un problema complejo: ¿Cuál es la distancia en la que pueden estar juntos, suficientemente cerca, pero no tanto para herirse entre sí con sus púas?

Artículo publicado en *Aula de Innovación Educativa*, n. 73-74, pp. 61-63, julio-agosto 1998.

Los puercoespines necesitan acercarse para darse mutuamente calor (viven en lugares fríos), pero no pueden acercarse demasiado, se harían daño con sus púas (eventualmente llegarían a morir). En algún sentido, se trataría de vivir con un poco de frío, vivir con algunas heridas...
Resolver el problema significa encontrar la distancia justa, óptima entre el calor necesario para vivir y el menor dolor posible. Por otra parte, hay que considerar que no es una situación estática; los puercoespines se mueven y por lo tanto la distancia que mencionábamos como óptima es continuamente transformada. El equilibrio logrado es, en sí mismo, inestable, ya que será intermitentemente perturbado por el movimiento de uno u otro puercoespín.
Esta situación permanente, cerca, lejos, cerca, lejos; este movimiento que ilustran los puercoespines (de ahí la idea de parábola) esboza toda la cuestión grupal: es decir, la dialéctica conflictiva entre lo singular y lo colectivo, y más aún, entre lo individual y lo social.
El movimiento de uno cualquiera de los puercoespines provoca, casi inevitablemente, movimiento en el resto, para establecer el equilibrio, la homeostasis lograda, sin calor (o daño) y sin frío. Esta situación, que como tal es permanente, estructural, resume y sintetiza la dinámica fundamental de lo colectivo y de lo grupal. El campo grupal, los grupos, cualquiera que sea su forma, intención, desarrollo, existen dentro de esta dialéctica, y es ahí donde logran (o no) sus propósitos.

Diariamente tengo ocasión de ver el tanteo que realizan los niños acercándose y apartándose unos de otros hasta ir encontrando su lugar y su manera particular de entrar en relación. Buscar un lugar con identidad propia, con derecho al respeto del exterior, con la posibilidad y la libertad tanto de estar con otros como de estar solos.

En estos difíciles comienzos, les hace falta una ayuda de fuera; esa ley y contención que les dará seguridades (la moral heterónoma, que decía Piaget), pero también les hace falta, imprescindiblemente, una construcción personal, un largo recorrido de pruebas que les dará acceso a la moral autónoma, que es la que ha de guiar la vida de relación con los otros. Y para esta construcción-constitución de la moral hace falta todo un aprendizaje (como le pasaba a los puercoespines...). Lograr esa distancia semióptima, siempre inacabada, ese equilibrio inestable, esa aceptación de las dudas, del cambio incesante, será costoso y precisará nuestra compañía, nuestra tolerancia y nuestros buenos deseos.

Hace poco, Eduardo y Jorge (de cuatro años) disputaban por una rueda en el patio, dando tirones de ella con todas sus fuerzas. Eduardo, viendo que no conseguía la rueda, cogió del jersey a Jorge y empezó a zarandearlo, mientras le decía a voz en grito: «¡Hay que compartir! ¡Hay que compartir! ¿Es qué no lo sabías».

En este ejemplo vemos claramente que en Eduardo la moral es aún heterónoma: ha oído campanas, pero las toca aún según su propio interés, partiendo del momento narcisista que vive. Por supuesto, no ha interiorizado ni entendido el mensaje recibido de alguno de los bienintencionados adultos que andamos cerca de él.

Con esto, lo que intento decir es que no valen las sentencias, los sermones o las moralejas. Para un niño en estas edades tempranas, lo que cuenta es el placer, su placer, su deseo, su bienestar..., y sólo saldrá de ahí, muy poco a poco y cuando vaya viendo claro que el compañero es «otro» como él (o parecido), y que lo que no qui-

El hablar media el trabajo, los líos que se arman con frecuencia, los cariños, las ideas, la vida grupal

siera para sí mismo no ha de quererlo para los demás. O cuando prefiere ceder «en sus derechos» o gustos por estar a bien con el otro, el amigo, el que empieza a admirar o a querer... Es una «lógica» simple, sí, y bastante primitiva, pero así se empieza, por lo «primero».

Por suerte, los ritmos de madurez son muy variados y, así, los niños pueden ir aprendiendo unos de otros viéndose reaccionar ante lo que va ocurriendo, oyéndose opinar, observándose...

Como adultos, la intervención más oportuna, en mi opinión, sería, en primer lugar, valorar explícita y prácticamente el estar con otros y hablar de lo que se siente, se piensa y se desea, y luego, ya, simplemente dar alguna herramienta sobre cómo irlo haciendo, hasta que se haga costumbre, hasta que no se pueda pasar sin ello.

Los padres de una alumna de cinco años, María, me comentaban que, a veces, ella les decía: «Sentaros, vamos a hablar, que aquí pasa algo» y que veían que esa forma clara de abordar los asuntos les estaba viniendo bien a todos ellos. Más que aleccionar, moralizar o adoctrinar, ¡hablemos!

Hoy en día, en mi clase, hablamos bastante. El hablar media el trabajo, los líos que se arman con frecuencia, los cariños, las ideas, la vida grupal. Sin embargo, tampoco tengo la sensación de que aquello sea una «asamblea permanente». Hay un tiempo para cada cosa, y, aunque hablar tiene ciertas prioridades, también tiene ciertos límites. Creo que hay que dar paso y ocasión para que ellos mismos solucionen sus asuntos, además de que no siempre todo el grupo está implicado ni se interesa. Otro motivo es la privacidad que también debe haber en sus juegos y conversaciones.

Otro, el peligro de abusar de hablar siempre en grupo grande (con lo cual hay quienes quedan al margen por ser más retraídos), y otro más, que el adulto no siempre debe intervenir en el movimiento relacional del grupo.

Hacemos varias clases de asambleas: las de los lunes, para contar lo que hemos hecho en el fin de semana; las de «noticias», para contar cosas que nos han pasado y que queremos comunicar; las de los sueños, cuando hay «demanda»; las de los proyectos de trabajo, las de hablar de la familia, las de comentar una excursión, una fiesta, una sesión de talleres o de psicomotricidad, las de hablar de algún conflicto o de algún cambio que alguien quiere señalar (patrullas diferentes, uno que pegaba y ya no pega).

Algunas asambleas son estables; otras, no. Algunas son largas y «tendidas». Otras no duran ni cinco minutos. En algunas les pido que hablen todos, mucho o poco. En otras hablan sólo los que quieren, para evitar estereotipos y cansancio, y además porque las circunstancias son tan variadas que más bien hay que seguir el ritmo de la vida que va discurriendo. De momento, yo modero las asambleas, y también intervengo, aunque con mesura para no influir más de lo debido.

También solemos hablar un poco a la hora de la merienda, antes del cuento. Es un rato bueno, tranquilo, informal, y se habla a gusto, sin obligaciones, sin prisas. Como no es fijo, sólo se habla si hay algo para decir, y con un suspiro basta a veces, como la otra tarde, cuando Nina dijo: «¡Ay, qué bien estoy aquí sentada entre mi novio David y mi amiga Ana!». Con una cosa así, la verdad, se acaba bien el día.

Algunos «momentos asamblearios»

Marcos ha estado pegando a muchos en el patio y, al entrar, se quejan ruidosamente.

Le pregunto:

—¿Por qué pegas hoy?

Y se calla. Los otros contestan por él:

—Estará nervioso.

—Le habrán pisado lo que ha hecho en el arenero.

—Se habrá caído.

—Le habrán pegado.

—O gritado.

Él sigue callado.

Le pido que conteste, por favor, porque lo que siente él *no podemos saberlo si no lo dice*. Entonces, contesta:

—Es que he perdido mi Batman.

—¡Pues haberlo dicho! –contesta Julia rápidamente.

—Sí, Marcos; si lo hubieras dicho, todos te habríamos ayudado a buscarlo. Pero callarte, como ves, no es la mejor manera. Otro día, di lo que te pasa.

En eso quedamos; veremos si puede ir «hablando» los enfados un poco, en vez de «actuarlos».

****

Al mediodía, Beatriz se ha quejado: «Unos niños me han molestado, y me han bajado las bragas». Estaba un poco agobiada. Varias niñas más la acompañaban, y se «condolían» con ella. No sabían quiénes eran y les pido que lo averiguaran. Por la tarde vienen todas en comitiva a avisar que estaba volviendo a pasar aquello.

Salimos al patio y ellas buscan a los niños que asustaban a Beatriz. Nos sentamos a hablar del asunto; los espectadores nos rodean. Beatriz expone su queja; los «acusados» se callan o lo niegan. Por medio de preguntas como las siguientes y demás, sacamos una conclusión general rápida.

—¿Y ella quería que la vierais o no?

—¿Le pedísteis permiso?

—¿Os gustaría que os pasara a vosotros?

—Si uno quiere ver sin ropa a otro, no pasa nada, pero el otro ha de querer también. Se lo tiene que preguntar, si no, no puede ser.

****

Hoy, Raúl ha venido muy indignado porque, según cuenta, ayer Pedro le dijo «lo que no era». Él le dejó un colgante de un duende «para un día», y Pedro dice que no se acuerda de si lo tiene o no; que unas veces abre un cajón de su casa y está, y otras no está...

Pedro no responde a las preguntas que le hacemos, ni ante el grupo ni conmigo después; así que... la situación queda bastante inacabada. Raúl no lo comprende, y se enfada cada vez que se acuerda. Por la tarde nos dice: «He decidido que no voy a ir con Pedro, porque eso de decir lo que no es, a mí no me gusta».

****

Estamos hablando sobre las plantas medicinales, y en eso Lucía comenta:

—Pues aquí hay uno que tiene que tomar tila.

—¿Ah, sí? ¿Y por qué?

—Porque arma lío y guerra.

—Mi madre dice que yo doy guerra en casa, porque le pego a mi hermana cuando la veo sola.

—La guerra no se da; en la guerra lo que pasa es que todos quieren ganar y mandar, que lo sé muy bien.

—Como nosotros...

—Yo no quiero la guerra, quiero paz, porque si tiran una bomba atómica nos puede llegar hasta aquí el polvo, el humo y todo lo demás.

—¡Ah, no, eso no, que entonces las alicantinas sufriríamos!

—Se nos va a hacer tarde para comer -dijo en ese momento uno de los posibles candidatos al comentario de Lucía.

—Es buena hora, no te preocupes. ¿Hablamos un rato? -pregunté.

Varios dijeron que sí, porque, como apostilló Olga, «con estos líos no se puede jugar». Y de esta manera empezó la «Asamblea de la tila», que me supuso una revelación del clima que vivía el grupo.

—¡El jaleo es por éste! -señaló Lucía.

—Sí, porque pega, empuja y dice «gilipollas».

—Y si jugamos a pies quietos, hace trampas.

—Y si es a mamás y papás, se pide ser el perro o el bebé, para hacer el loco y molestar.

—A mí me empujó y, cuando me caí, me dió una patada.

—¡Eso no es así! Sí que empujo, pero patadas no doy.

—Y nos dices tontos a todos.

—Bueno, también dice cosas graciosas, que a mí me dan risa.

—Sí, es gracioso -apoyé.

—Pues a mí me dice: «Tú no juegas, porque lo digo yo, que soy el más fuerte y mando».

—¿Y todo esto es verdad? -le pregunté directamente.

Entonces agachó la cabeza, dijo que sí, y lloró.

Al verlo tan afectado, lloraron cuatro o cinco más, y el resto se agobió bastante (incluida yo misma, que no sabía en qué iba a parar aquel conflicto que tanto los movilizaba).

Había una tensa emoción en el ambiente. Él no paraba de llorar. Intervine para decirle: «Ya ves lo que pasa; todos están preocupados por ti, te quieren, pero se quejan de las cosas que haces que no les gustan. A mí tampoco me gustan, aunque tú sí que me gustas mucho. Bueno, ¿qué dices?».

Siguió callado. Alguien comentó: «¡Ay, a ver si se arregla ya...!». Después de otro silencio y unos cuantos suspiros, el protagonista de la conversación dijo: «No voy a hacer más todo eso». Y todos aplaudieron, descansados.

Una pequeña pausa nos permitió saborear la tranquilidad que da el «poner los puntos sobre las íes», pero duró poco, porque Olga, tras mi contundente declaración de apoyo al compañero, quiso comprobar si también ella tenía un buen lugar en mis afectos, y me preguntó: «Y a ti ¿quién te gusta más de aquí?».

Viendo que la demanda iba totalmente en serio, y que hablaba recogiendo, como portavoz, el sentir de los demás, me dispuse a responder, calibrando cada sílaba, y en medio de un silencio impresionante:

—Pues mira, lo cierto es que me gustáis todos, y bastante, cada uno por sus cosas, aunque también hay cosas que no me gustan.

Aquí siguió una larga retahíla de bondades de cada cual, recitadas por mí, y recibidas por ellos, como suele decirse, «como agua de mayo».

Y por fin llegó la hora de comer, que transcurrió muy alegremente, después de los intensos momentos vividos.

****

18

El nombre de María

Reflexiones particulares

Siempre he tenido la sospecha, o más bien el temor, de que la elección de los nombres (en absoluto casual) nos pueda señalar de algún modo y nos dirija con invisibles dedos a parecernos a tal o cual abuelo, o a adoptar tal o cual actitud de algún miembro de la familia. «Le pondremos Manuel, como el abuelo, y seguro que será tan buena persona como él»; «¿Y si le ponemos un nombre que no esté en la familia? Así tendrá un aire nuevo, distinto»; «A la nena le pondremos Eva, así es como hubiera querido llamarme yo»; «Le pondremos Libertad, así el nombre ya le dirá lo que deseamos para ella». Deseos, expectativas, miradas al pasado o al futuro, cariños o manías, encuentros o desencuentros, todo ello puesto en el nombre de uno, como un suspiro de historia condensada y particular.

¿Se hacen los nombres a nosotros? ¿Nosotros a ellos? ¿O nos hacemos juntos a los anhelos con que se nos espera? A veces, sólo por jugar, busco en los nombres de los amigos estos *tatuajes familiares*, y con bastante frecuencia los encuentro. Pregunto el porqué y el cómo de cada nombre, y siempre responden a algo especial, revelan secretas y hermosas esperanzas, cuando no afectos puros y simples, costumbres que no se quieren romper o miedos.

¿Será así en todos los casos? ¿Habrá nombres que pesen, que molesten, que cansen, que den rabia? ¿Habrá nombres que, por el contrario, no traigan una carga abrumadora, sino que respeten y que aguarden el despertar de su *dueño*?

Son cosas que no dejan de inquietarme por lo que tienen de repetición, de estribillo incansable, de marcaje involuntario... Y al mismo tiempo, me atraen irresistiblemente, quizás porque quisiera poder demostrar que uno puede saltar alegremente por encima de su nombre, o por debajo, si es lo que quiere o necesita.

Está bien el cobijo de un nombre, de un deseo que ampara y que espera, pero no hay que obedecerle ciegamente, aunque así se llamara tu padre, tu abuelo o toda tu estirpe. Puedes ser, y eres, otro u otra; puedes ser, y eres, distinto. Con el mismo

---

Artículo publicado en *Cuadernos de Pedagogía*, n. 257, pp. 19-23, abril 1997.

nombre quizás, pero con tu original forma de ser, de vivir, de pensar, de sentir. Llamarse Clemente no tiene por qué implicar ser bueno y compasivo, ni llamarse Luis conlleva dedicarse a la medicina. Aunque *lo diga el nombre* y aunque todos los que se llaman Luis en tu familia sean médicos. A lo mejor tú quieres ser un Clemente solitario, o un Luis oficinista, ¡vete a saber!

Nombres propios

Por todos es sabido que el propio nombre tiene una gran significación para las personas. Nos representa, nos nombra, nos da una presencia en las palabras, en los escritos, en la memoria de los demás. Pone sonido y signos a nuestra identidad, y nos es tan cercano que constituye una de las primeras palabras que aprendemos a decir y, posteriormente, a escribir. Su revestimiento afectivo le da fuerza y un valor añadido procedente de las primeras voces que lo pronunciaron: voces de los afectos primeros, de la madre, del padre, de los hermanos, de los abuelos; voces del cariño, del cuidado, del empezar a vivir. Por eso, incluir los nombres de los niños en el quehacer diario de la escuela resulta una actividad con el interés asegurado. Fácilmente, todos ellos manifestarán su deseo de estar presentes para los demás, de ser reconocidos, de formar parte del grupo. Son bien recibidas las actividades que les tienen en cuenta, que les permiten jugar y volver a disfrutar con esa palabra clave, que dice quiénes somos.

María me sorprendió una mañana con su alegre afirmación: «Mi hermano es un poco más mayor, ¡ya sabe decir María!». Este comentario conectó mi hilo interno con el suyo, y allí empezó un trabajo que nos hizo disfrutar mucho a todos. Averiguamos juntos el significado de cada nombre y por qué lo eligieron nuestros padres. Comparamos unos nombres con otros. Pensamos, en clave de humor, si nos iban bien o si, en cambio, no tenían mucho que ver con nosotros. Compartimos nuestro trabajo con dos clases más. Finalmente, tres grandes libros adornaron la pared del pasillo unas cuantas semanas, y fueron muy consultados por sus padres, madres, hermanos mayores y demás transeúntes de la escuela.

Un poco del comienzo

–Mi hermano es un poco más mayor, ¡ya sabe decir «María»!

–¿Y tú, sabes por qué te llamas María?

–Porque a mi mamá le gustaba, creo.

–Yo me llamo Manuel, porque mi abuelo se llamaba así, y se murió...

–A mí me pusieron Carla, porque mi padre se llama Carlos, y como yo soy chica...

–Mi madre me puso Ada, porque como le gustan tanto las hadas de los cuentos. Eso era cuando yo tenía tres años.

–¿Y cómo te llamaban antes de los tres años?

–No sé.

–A mí me pusieron Alba. Cuando se hace de día y el cielo se pone claro con el Sol, es el Alba.

–¡Ay, qué bonito! Entonces, ¿es que los nombres significan cosas?
–Sí, porque mi hermana Violeta lleva el nombre de una flor que le gusta a mi madre.
–¡Es verdad! Pues Rosa será igual, ¿no?
–¡Claro!, y yo que soy Margarita...
–¿Y tú, Marina, sabes lo que quiere decir tu nombre?
–No.
–Parece del mar, ¿verdad?
–Sí, y el de mi hermana también: Mar.
–Y el mío: Marta.
–¿Y Yara?, ¿qué será Yara?, ¿a qué os suena?
–A mí a «ya».
–Rubén parece...
–Rubio.
–Y los demás, ¿sabéis por qué os llamáis así? ¿Quieren decir algo vuestros nombres?
–Y tú, ¿por qué te llamas así, Mari Carmen?
–Es por mi abuela Carmen, que quería que me llamara como ella, y como yo tenía dos abuelas, para que no se enfadaran me pusieron Mª del Carmen del Rosario.
–¿Carmen qué quiere decir?
–No sé.
–Será carne.
–¿Y Pedro?
–Será piedra.
–¿Y Pepe?
–Será pepino.
–¿Y Valentín?
–Será Valencia.
–O que es muy valiente, el más valiente de todos.
–¿Y Ane?
–Es como Ana.
–Es que mi padre es de otro país, que se llama País Vasco, y allí se dice así.
Yo me llamo como mi abuela: Beatriz.
–Pues estas cosas son muy interesantes. Podríamos enviarles una carta a los padres para averiguarlas aún mejor.
–A mí Antoni de pequeña me llamaba «Cuqui».
–A mí me llamaban «Dulce».
–A mí «Bichito».
–A mí «la Nena».

Un poco del proceso

Enumero algunas de las actividades que se llevan a cabo en torno al tema. En primer lugar, se entrega a las familias unas encuestas sobre el origen de los nombres, en las que se pregunta por qué habían elegido ese nombre para su hijo, qué significaba y cómo le llamaban cuando era más pequeño. Recogida la información, se ponen en común en clase las contestaciones y, además, los niños explican si les gusta su nombre o no.

Consultamos un libro que aporta Eva (de su amigo Antoni) sobre el significado de los nombres (Albaigés, 1995). Comparamos los motivos por los que eligieron nuestro nombre: por haberlo tenido algún familiar, porque es el nombre de una flor o significa mar, luz o cosas bonitas que gustaban a los padres, porque suena bien, etc. Analizamos los nombres en sí: cortos, largos o medianos; los que empiezan o acaban con tal o cual letra; los que tienen letras repetidas; los que se parecen; los que riman...

Dibujamos un autorretrato en papel doble folio, con pintura de pincel: son preciosos y resultan reveladores. Confeccionamos unos libritos individuales, muy bien ilustrados y atados con una cinta: contienen el nombre de cada cual, su significado y un dibujo representativo. También elaboramos unos libros grandes, en los que figuran todos nuestros nombres y su significado. Todos hemos participado en su decoración y resumen nuestras averiguaciones.

Jugamos al tiro al blanco, poniendo como blanco unas tarjetas con nuestros nombres, introducidas en varios aros. Practicamos el tiro al blanco y el blanco somos nosotros. Nos miramos en el espejo de la clase, y en el *espejo* de las opiniones de los demás, a ver si nuestros nombres «nos pegan»... Y nos reímos mucho con esto. Nos dibujamos, a nosotros mismos y a nuestras sombras (que se llaman como nosotros...).

Nos clasificamos en dos grupos: los que en casa somos llamados, o lo hemos sido de pequeños, de un modo *especial* y los que no. Aquí surge el motivo de las abreviaturas de los nombres: a unos les gustan y a otros, como a Manuel, no.

Tenemos tiempo para poner en común con los compañeros de las clases vecinas («Elefants» y «Pingüins») lo que vamos aprendiendo y hasta para pensar qué nombres les pondríamos a nuestros hijos futuros, a nuestros perros o a nuestros muñecos favoritos.

¡Trabajamos bastante!

Y un poco del final

A los padres y demás familiares les ha interesado mucho este tema y se han implicado ofreciendo largas y cumplidas explicaciones a sus hijos.

A los niños les gusta conocer más sobre sus nombres de pila y poder compartir con los amigos, con la familia y con la escuela sus descubrimientos.

A mí la experiencia me ha divertido por las cosas que ellos iban concluyendo, por cómo se emocionaban contando lo suyo, por cómo se observaban y opinaban sobre lo de los demás. Me ha resultado muy interesante contrastar con la práctica y con otras personas (niños, padres, compañeros) unas reflexiones personales.

Y he llegado a la conclusión de que, como en tantas otras cosas de la vida, siempre hay *un poquito de todo* en aquello que hacemos. Así se deduce de la variada gama de motivos con los que los padres justificaban la elección del nombre de sus hijos. Un poquito de lo familiar, un poquito de buenos deseos, un poquito de buscar los arraigos, un poquito de alcanzar novedades, un poquito de atrapar la belleza...

19

Lo nuestro es puro teatro

Aunque le quitemos fuego llamándole dramatización. Aunque sea más corto y más sencillo que otros. Aunque se parezca más a un juego que a ninguna otra cosa. Aunque se represente en la escuela y los actores tengan cuatro o cinco años. Aunque esté desprovisto del boato que acostumbra rodear el teatro de los grandes escenarios.

Y digo que es *puro teatro* porque lo veo brillar como al mejor diamante, con sus argumentos hechos de trozos de cotidiana belleza, con sus gestos acabados de estrenar, con sus miradas curiosas, con sus balbuceantes palabras, con su primitivo fingir.

Mirar y ser mirados

Es un teatro hecho a medida, cargado de protagonismo, de repetición, de fantasía, de placer, de sucesos que dan risa, que dan miedo..., que emocionan. Un teatro que nos permitirá ser el más guapo, el más fuerte, el más valiente, o bien el más malo, el más embustero, el más chillón.

Ponernos en el sitio de otros simbólicamente. Jugar a cambiar de lugares... y notar qué se siente al ser un perro al que le dan de patadas, un oso panda que se escapa del zoo, o una niña que se pierde entre la gente.

Las tramas surgen directamente desde la intención y el deseo de ser representadas, de ser vistas por segunda, o enésima vez (re-presentadas: vueltas a mostrar). Los actores y los espectadores se reúnen así en un grupo único, implicado en el gozoso momento de mirar y ser mirados.

Hay una sentida intervención del cuerpo, del gesto, de la voz, de las palabras; una ubicación en el espacio que, de ser cotidiano pasa a ser escénico, por voluntad y acuerdo del común, y un simbolismo que lo envuelve todo: los objetos, las historias, las situaciones y las identificaciones que salen de lo más profundo de cada cual.

Artículo publicado en *Aula de Innovación Educativa*, n. 82, pp. 34-36, junio 1999.

Un teatro como continuación de la vida

Cuando ocurre algo que nos gusta rememorar; cuando leemos una cosa interesante en los cuentos o en los libros sobre los temas que vamos trabajando; cuando alguien cuenta un sueño sugerente; cuando hay un juego que merece ser visto por los demás compañeros... *lo hacemos en teatro.* Al principio soy yo quien lo propongo, y hasta le doy forma a la escena. Después, ya los propios niños dan las ideas sobre el título, el argumento y el final, y los elementos que harán falta para la representación.

Es como si la vida que bulle entre nosotros se diera la vuelta y se enroscara sobre sí misma para poder mirarse. Y los niños saben bastante de esto, porque su actividad principal es mirar y aprender, mirarse y seguir aprendiendo, sentirse mirados, y disfrutarlo; jugar a copiar, a repetir, a re-presentar lo visto..., siempre pasando por uno mismo, por la propia manera de estar y de ser, por la identidad que se va desvelando a base de sentir, de probar, de elegir.

Ver y ser visto. Jugar y ser jugado. Ensayar la vida... simbólicamente. Juego simbólico, juego teatral... *Juego:* tarea básica para poder aprehender el gran catálogo de papeles que conlleva el repertorio del vivir. Pero un aprehender que dé paso a las variantes personales, a las elecciones que nos den placer y anchura, a la reinvención, a crear unos papeles que sean realmente *nuestros.*

Personas y personajes

¡Es tan curioso ver qué personajes elige cada niño para sus juegos, primero, y para sus teatros, después! Hay quien sólo quiere papeles protagonistas, o los que más hablan, o los que van delante, o los que encuentran el tesoro, o los más graciosos, etc. Otros eligen ir en grupo, en comparsa; así lo pasan bien, pero sin responsabilidades. Algunos actúan si el papel dura poco. Otros no actúan si el papel no es largo y lucido. Elegir un personaje, que sea malo o que no vaya a recoger las simpatías del público, no suele ser muy común, y atreverse a improvisar saltándose el guión acordado o bien modificándolo un poco, tampoco es lo más habitual. Hace ver autonomía de pensamiento, seguridad en sí mismos, fuerza y actitud divergente.

Hace poco, Nina quiso que hiciéramos en teatro la poesía de García Lorca *Arbolé, arbolé,* porque no acababa de entender (o aceptar) que la niña del verso prefiriera tener por compañero al viento, en lugar de elegir a alguno de aquellos elegantes mozos, que tan buena impresión le daban a ella. En los últimos momentos de la representación, Nina (que hizo de protagonista) nos sorprendió «yéndose a Granada» con el último de los muchachos. Por lo visto, no pudo resistir la tentación, y, aunque hubo algunas quejas por parte del público, la verdad es que el suyo fue un final inmejorable.

Otros teatrillos recientes han sido sobre los osos panda, nuestro actual proyecto de trabajo. Una de las escenas, que resultó muy divertida, fue propuesta durante la lectura sobre las costumbres de estos osos. Venía a ser algo así: Eran cinco osos panda que vivían en un bosque de cañas de bambú allá en China. Estos animales son bastante tímidos y esquivos y prefieren vivir solos (no les gusta sentirse invadidos). Según su costumbre, habían marcado sus territorios respectivos haciendo pis. El conflicto vino

Arbolé arbolé	
Arbolé arbolé seco y verdé. La niña del bello rostro está cogiendo aceituna. El viento, galán de torres, la prende por la cintura. Pasaron cuatro jinetes, sobre jacas andaluzas con trajes de azul y verde, con largas capas oscuras. «Vente a Córdoba, muchacha.» La niña no los escucha. Pasaron tres torerillos delgaditos de cintura, con trajes color naranja	y espada de plata antigua. «Vente a Sevilla, muchacha.» La niña no los escucha. Cuando la tarde se puso morada, con luz difusa, pasó un joven que llevaba rosas y mirtos de luna. «Vente a Granada, muchacha.» Y la niña no lo escucha. La niña del bello rostro sigue cogiendo aceituna, con el brazo gris del viento ceñido por la cintura. Arbolé arbolé, seco y verdé.

cuando uno de ellos se metió en el terreno de otro, y empezó a chillar y a hacer aspavientos: «Uf, qué peste, qué peste, ¿me habré equivocado de sitio?». El final consistía en el abandono del maloliente paraje, justo cuando acudía el amo a defender su lugar.

La segunda escena recogía un hecho que les había agobiado un poco al oírselo explicar a Ana (maestra en prácticas), y era que las madres criaban a los osos panda cachorros con esmero, pero cuando tenían aproximadamente un año y medio «los echaban al bosque a buscarse la vida», previo aprendizaje de la caza y del modo de hacerse una guarida. Esta vez fui yo quien propuso el motivo, que había dado ya pie a varias conversaciones en las que ellos se comparaban con los osos panda y se alegraban de que sus madres no los echaran tan pronto de sus casas al nacerles los hermanos pequeños.

La escena consistía en una madre con su hijo durante la crianza: volteretas, comida fácil, tranquilidad... Al año y medio, la madre avisaba al osezno de la inminente despedida, y él lloraba asustado y no quería irse. Decía (como Miguel había comentado) que «quería vivir toda la vida con su mamá». La madre le volvía a explicar cómo son las cosas para los osos y le enseñaba cómo arreglárselas sin ella, hasta que el osito se atrevía a irse. Aquí vino una variante que aportó Arturo, el protagonista: «Y se fue a vivir muy cerca de la madre, y la visitaba todos los fines de semana». La escena acabó con una sentencia de Isabel, desde su lugar de espectadora: «Y aún sería peor si la madre se comiera al hijo, como hacen algunos animales».

El teatro como acontecimiento colectivo

Uno de los aspectos más importantes del teatro es la dimensión de *actuar para otros* que conlleva, porque hace falta un buen grado de aceptación de uno mismo para exponerse a la mirada de los demás.

De la inhibición a la exhibición hay toda una gama de posibilidades que cada cual juega según sus vivencias, sus modelos de identificación, su modo de ser, su mayor o menor seguridad en sí mismos. De manera que hay veces en que un niño actúa casi sin hablar, pero su sola presencia ya es un logro, porque le cuesta salir a escena. Y otras veces hay quien actúa por puro afán de exhibirse, aunque sea sin argumento, salir por salir, a ser mirado, a sentirse arropado y valorado por la mirada de los demás.

También está quien actúa-juega aún para sí mismo, en lo que sería un juego simbólico individual, que no pretende ni precisa espectadores. Y todo vale. Son, simplemente, grados. Escalones de una escalinata que va desde el dentro al fuera. Desde lo individual a lo colectivo. Desde estar solo a estar con los demás.

Ayer por la mañana, sin ir más lejos, Desi y Virginia se pasaron medio patio pregonando: «¿Quién quiere ver un teatro?». Algunos les preguntaban que dónde iba a ser, y ellas se lo indicaban; otros no les hacían caso... Yo fui parte del atento público.

Cuando vieron que había un grupo de diez o doce espectadores, vino Sara C. y presentó la actuación: «Este teatro se llama "Sevillanas"».

En seguida pudimos ver a la artista principal, María, que, con una gran sonrisa y los brazos en cruz, iba echando los pies atrás alternativamente, a un ritmo preciso. Pasó así un buen rato y, cuando ya no pudo más, descompuso el gesto de «bailarina feliz», y se volvió cabreadísima hacia sus compañeras, lanzándoles un buen grito recriminatorio: «¿Pero venís ya a cantarme o qué?». Sí, sí, respondieron ellas, es que estábamos practicando. María volvió a ajustarse la sonrisa, y las tres cantaoras iniciaron la copla «Yo me subí a un pino verde», con gran profusión de aplausos y taconeos. Al terminar, el público pidió: «¡Otra, otra...!» y la repitieron. La tercera vez dieron unas cuantas volteretas laterales, y avisaron de que estaban cansadas y que por la tarde harían más teatro. No hubo demasiados aplausos, pero ellas se marcharon muy satisfechas. ¡Habían tenido una docena de personas pendientes de sus más mínimos movimientos!

Hoy he visto a Constanza escarbando en la arena del patio, a cuatro patas, y con unos gruñidos y movimientos de cabeza muy bien logrados. Cuando me ha mirado, se me ha ocurrido decirle: «¿Estás jugando a perros?», y me ha contestado con gran indignación: «¡No!, ¡soy un perro!». Entre el grupo de las sevillanas y Constanza hay casi tres años de diferencia, y por lo tanto distintos momentos de juego. Constanza, con tres años y medio, hace su juego simbólico, su *como si*, y se instala en él desde lo más hondo, sintiéndose por completo el personaje que representa.

Las niñas que hacían teatro intentaban algo más: ofrecerse ellas mismas en espectáculo y permitir que otros intervinieran como espectadores en su juego, también simbólico, también de *como si*, pero ya más consciente, menos de pura vivencia, más del acuerdo, de la anticipación, del practicar, del proyecto colectivo.

Como en las demás cosas, *una construcción*, a la que se llega poco a poco, desde las miradas que dedican los bebés a todo lo que les rodea, hasta las probaturas que van haciendo con sus balbuceos, sus caras, sus imitaciones. Desde la observación continuada a los padres, hermanos, abuelos, a los maestros, a los amigos, a los personajes de la televisión, hasta sus ensayos particulares cuando juegan a ser perros, coches, papás o mamás. Desde la captación cada vez más completa de los comportamientos de las personas y animales que se tienen cerca, hasta ese intentar ponernos en su lugar, en el juego-teatro-relación que vamos practicando cada día unos con otros.

20

Mi mamá me mima

Pasar del significado a la forma, y de la forma a la apropiación de la belleza de los signos. Atravesar lo simbólico con las casi únicas herramientas de la curiosidad y el atrevimiento. Acceder al mundo misterioso, sublime y cercano de lo mágico, lo primitivo, lo extraño, lo ignorado, desde el mundo del uno mismo, de los afectos, del deseo de placer, de saber, de llenarse, de gozar.

Empezar a leer como se empieza cualquier otro aprendizaje. Desde dentro, desde las ganas de «saber lo que pone ahí», desde la ansiedad de la búsqueda, desde la inquietud y el vacío del no saber, desde el reto de dominar lo nuevo, desde la llamada de lo escrito a ser averiguado, desde la atracción de cada historia, de cada idea, de cada pequeña palabra.

Manipular, probar, desmenuzar, olfatear las letras, los signos, las redondeces, los picos. Entrar a los palacios donde entran los «grandes», y sorprenderlos en su propio terreno. Por fin... tantear los tamaños, los modelos, las formas. Tantear los papeles, los lápices, los tiempos, y encontrar esos surcos que la intuición delata, que el deseo adivina, que la gana antecede. Ese rastro impreciso, esa senda sin huella, esas pistas ocultas...

Andando a la pata coja

Cuando veo a un carpintero trabajando la madera, tocándola con la yema de sus hábiles dedos, aspirando su olor...; a alguien que cose comprobando la textura de las telas, su resistencia, el matiz exacto de color para acoplarle los botones y el hilo...; o al labrador atendiendo día a día a sus melones, regándolos, removiendo la tierra para que se críen mejor, mirándolos, esperándolos... pienso en la cantidad de saber que se acumula en un oficio, y en la cantidad, también, de implicación de uno mismo, y del propio cuerpo, en la relación diaria con las materias primas, con las que se trabaja. Es un saber que se acumula y se construye, que se transmite y se engran-

Artículo publicado en *Aula de Innovación Educativa*, n. 75, pp. 10-14, octubre 1998.

dece. Es un saber que se crece con los días, con las dudas, con los acontecimientos, con los cambios. Todos hemos visto a maestros que con sólo dar una ojeada a un niño y verlo jugar, hablar o pintar, ya hacen *conexiones*, ya intuyen algunas cosas, ya forman sus hipótesis, ya «los ven venir».

Y eso es oficio. Y no es malo, sino bueno, me parece a mí. Es darle sentido a la experiencia, integrarla en el quehacer, acomodarla para «adelantar faena»; es servirse de ella para automatizar ciertas tareas o datos, y evitarse el trabajo de empezar desde cero cada mañana.

«Oficio» y «fácil» vienen de la misma raíz: *hacer*. Y sí, creo que el oficio es lo que nos hace fácil la labor. De lo que se trataría es de partir de él, de su «uso y disfrute», de su aprovechamiento, para estar abiertos a lo que venga, a las inseguridades y novedades mil que traerá la vida.

Porque, aunque oficio parece que va aparejado con repetición, con tiempo, con ejercicio, también va aparejado con sorpresa, con reflexión, con estreno. Otras clases de madera, otras telas, otros melones, otros criterios educativos. Y en todo ello, y siempre, la variante personal poniendo el acento en recibir las cosas nuevas con ganas, con curiosidad y deseo de avanzar, o en quedarse en repetir rutinariamente lo ya conocido.

Un buen trabajador de su oficio ha de ser, desde luego, *un buen sujeto pensante*. Ha de ser arriesgado, amante del conocer, capaz de integrar y hacer una síntesis dialéctica entre lo de antes y lo de ahora. En esa síntesis, hablando ya de nuestro oficio de enseñantes, los propios niños (materia prima por excelencia) tienen mucho que decirnos, que aportarnos, que enseñarnos a nosotros. Vérselas uno con tantas novedades es algo que sorprende a veces; otras, motiva, anima... o asusta. Según. Incluso hay veces en que el oficio trastabillea o da un vuelco casi en redondo ante los muchos cambios que ha de asimilar.

Seguramente eso es lo que me ha pasado a mí con respecto a la enseñanza de la lectura y de la escritura. Yo aprendí a leer, medio «de oídas», con aquella cantinela de «la m con la a, ma», porque, como me crié en una escuela, desde la misma cuna ya iba oyendo lo que pasaba por allí. Y resulta que, a pesar del oficio mamado, y de la experiencia ejercitada en el mismo sentido por un largo tiempo, ahora me he «pasado» a lo de ellos. Porque han sido los propios niños los que me han enseñado que quieren aprender a leer a su manera. Como aprenden a jugar al tranco, a pintar o a averiguar las costumbres de los escarabajos. Ellos me han pedido que apunte tal o cual palabra de su gusto en la pared «para verla todos los días»; que les ponga sus nombres en cartelitos. Me han dicho que las vocales «parecen como hermanas», que las consonantes son «las jefas», que «si miras mucho una palabra, después puedes pensarla, y luego ya la lees...». Me han enseñado que los cuentos no dan miedo, porque «al final siempre se arreglan», y que es para leer sus cuentos preferidos para lo que *necesitan* aprender a leer. Me han informado de que les gusta coleccionar palabras bonitas y «recogérselas» como se recogen las cosas que brillan en el tesoro de la clase.

Y hasta me han hecho acordarme de cuando leía, de pequeña, los letreros del cine y de las tiendas, los prospectos de las medicinas de mi abuelo, las cartitas que me metía por debajo de la puerta mi amiga Aurora...

«–A leer se tarda un poco, que me lo ha dicho mi hermano.
–Pues yo necesito leer ya para saber lo que dicen los cuentos, las cartas y el teletexto»

Últimamente me han puesto en contacto con unas letras que salen en sus ordenadores, y que «si te salen mal, no pasa nada, porque se borran con la tecla de SUPRIMIR».

Juntos, hemos investigado lo que significan las palabras desconocidas que surgen en las lecturas y, a partir de ahí, hemos ido hablando de lo que *nos* significan a todos como manera de conocernos, de explicarnos, de resolver nuestras dudas o conflictos.

También me han pedido que les lea poesías, y que les enseñe a hacerlas, y lo hemos hecho también. Y de esos aprendices de poeta han salido unos versos tanto o más dulces que los mejores.

...Y con todas estas incorporaciones aportadas por la «materia prima» con la que he elegido trabajar, los niños... se me han olvidado: «la m con la a» y bastantes otras herramientas típicas del oficio. Pero de eso se trata, me parece. De que el oficio sólo sea un buen hacer, un soporte facilitador y «abandonable» cuando la vida te propone otras cosas, aunque haya que emprenderlas a pata coja y con algo de susto.

¿Qué pone ahí?

Ignacio

Desde mi mesa oía un extraño murmullo mezclado con pequeños gritos, chirridos y demás sonidos poco habituales. Levanté la cabeza y vi a Ignacio gesticulando con gran intensidad, mientras hacía aspavientos varios, y miraba hacia abajo con interés. Me acerqué a él discretamente, y pude ver que con quien tenía entablado tan acalorado diálogo era con sus propios dibujos, que iban emergiendo de su imaginación fulgurante y, según lo hacían, cobraban vida y le respondían con voces figuradas, con rugiditos, con soplidos o con palabras.

Estaba dibujando una escena de pesca, con tiburón incluido, porque estábamos aprendiendo cosas de los tiburones, y él había investido mi propuesta simple y monda de representar algo de lo que habíamos leído sobre los usos que se le daban a un tiburón «ya pescado», en todo un fondo marino, con pulpos, ostras, estrellas de mar, peces globo, peces luna, calamares, algas, corales, un caballito de mar y un tiburón tigre que acechaba las redes de un bote con un pescador muy bien pertrechado para su oficio.

No interrumpí su «novela» y, después de un largo rato, acudió sonriente y satisfecho a contarme lo que había dibujado. Me costó seguirle la narración, rápida y salpicada de expresiones y de risas. Venía a ser su historia algo así como el diálogo entre los elementos vivos del paisaje marino, su preocupación por ser comidos por el tiburón y sus trucos para huir del cercano riesgo. Al pescador, ni lo nombró, y creo que, en realidad, lo dibujó ante mi demanda concreta de las utilidades que tenían los escualos, o sea, para «cumplir», pero no por su gusto.

De pronto cogió el papel y se fue corriendo a su sitio. Se le había olvidado algo. Cuando volvió, contemplé, encantada, unas cuantas palabras escritas con esas irregulares letras mayúsculas, con los errores propios del empezar a escribir, pero llenas de la fuerza y el cariño que él les había depositado. Ponía PUPO al lado del pulpo, TIBURO TIGE al lado del tiburón, mar en el fondo azul, y SUTO, con las letras más grandes y oscuras, en la boca del calamar, que tenía más susto que nadie, por lo visto.

Estaba satisfechísimo. Se le veía radiante.

Me dio el papel con una gran sonrisa, y se puso a jugar.

Qué bonito ver cómo las palabras, cargadas de significado y de vida, empiezan a emerger acompañando los dibujos, revistiéndolos de importancia, haciéndolos comprensibles y susceptibles de ser leídos y compartidos por los demás.

Marina

Cada cual se busca sus fuentes. Todas ellas bien cerca de los sentimientos, todas ellas al servicio de los deseos y las necesidades particulares.

Hace unos días, Marina vino y me puso en la mano un papelito que decía: «MAÍZ». Le pregunté, y me dijo, colorada y contenta (es un poco tímida) que había aprendido a poner «MAÍZ», «EL PAÍS» y «PORCELANOSA».

En seguida fue hacia la pizarra y escribió estas palabras, y, mientras las ponía, iba diciéndonos, a sus compañeros y a mí, que el maíz le gustaba mucho, que *El País* era el periódico que siempre leía su papá, y que «Porcelanosa» era un cartel que había en la carretera, y el cual ayer pudo, por fin, acabar de leer. Al terminar, aplaudimos efusivamente.

Y a partir de ese momento, Marina escribe y lee todo lo que se le pone a tiro, porque, según expresa con gran claridad: «necesita saber muchas cosas».

Hoy me ha escrito una carta, que dice:

PORCE NO VAMOS
ALCAMPO
YO CIERO IRYA
MARINA

Joel

—¡He ido al zoo de Barcelona! ¡Y al acuario! ¡He visto tiburones, y a Copito de Nieve, y jirafas, y elefantes...!, y he traído una palabra puesta en estas tarjetas: ¡ZOO! Es la misma letra que lleva el zorro en el traje y en el sombrero.

Con este aval tan entusiasta, entró la palabra 'ZOO' a formar parte de nuestra colección, y desde aquel día, hasta hoy, cuando se ve una zeta, se dice en seguida: «la del zoo de Joel».

Más o menos lo mismo que pasó con la palabra 'GOL', que aportó Rubén después de ser espectador de su primer partido de fútbol en directo (en el que tuvo la mala suerte de quedarse dormido a mitad de la prórroga, y perderse el final...). Letras con nombre y apellidos. Con los afectos dentro. Con las vivencias de placer. Con el calor especial de estar cobijadas por el grupo.

Carla

—Yo he dibujado lo que sé de los tiburones, porque, como no sé aún cómo se ponen las cosas en palabras...

—Qué raro, yo te vi escribir ayer varias palabras en la pizarra: 'mamá', 'papá', 'Carla' y 'bebé'.

—Ah, claro, pero es que «ésas eran mías».

—¿Tuyas?

—Sí, son las palabras que necesito poner, porque como mi bebé no ha nacido, y tarda tanto, yo quiero verlo ya, y estoy nerviosa porque no sé si me va a pegar, como el de Clara, y además se me han caído dos dientes.

Manuel

—Quiero que pongas un taller de inventar cuentos, que a mí me gusta mucho inventar y antes sólo podía dibujarlos, pero ahora les pondré palabras. Bueno, las que me salgan, y las que no, me las dices tú.

—¿Y de dónde te salen a ti las palabras, Manuel?

—Pues de mirarlas bien. Yo las miro un ratito, luego las pienso, y ya las leo.

—¿Y para escribirlas?

—Ah, entonces, tengo que mirarlas, pero «por dentro».

Alba L.

A Alba, al principio se le resistían las palabras. Quería cogerlas todas de un golpe, y aprender a leer, igual que aprende cualquier otra cosa, rápidamente. Pero no podía ser, y ella no tenía la paciencia precisa. Se quejaba. Se ponía seria. Tenía mal genio. Miraba mal a los que ya habían captado la idea, a los que empezaban a enhebrar alguna manera de formar palabras. Incluso, me contaban sus padres, pedía en casa que la enseñaran a leer ya, y más de una noche la pillaron despierta rodeada de libros y periódicos.

Por más que le decíamos todos que esto iba despacio y que no se preocupara, ella seguía en sus trece de lograrlo a prisas y carreras.

Una mañana, Javi puso en la pizarra la palabra 'TETE', que es como él le llama a su hermano, y Alba dijo que ella iba a poner 'TETA', porque así la llama su hermana pequeña a ella. Salió muy decidida, y puso 'TT'. Le dijimos que le faltaba algo, y se enfurruñó enseguida. Al rato, algo más calmada (al menos en apariencia), me dijo: «Me duele la cabeza». Sí, le contesté, a veces, cuando nos confundimos en algo, nos duele la cabeza. «No, no, así no ha sido –me contestó muy segura– que yo me he equivocado porque me dolía la cabeza».

Un mecanismo de defensa todo lo bien puesto que se puede poner a los cinco años. Unas prisas también muy comprensibles en alguien que aprende con presteza en general, y que tiene una autoestima... algo subida de tono.

El caso es que, a pesar de sus urgencias, tuvo que esperar un poco, y cuando dejó de lado el agobio que le impedía pensar..., empezó a comprender. Con fluidez, con mucha alegría y con cierta dosis de humildad recién aprendida.

Laura

Recuerdo cuando, el año pasado, Laura entró del patio y me puso en las manos unos cuantos palitos que había recogido, mientras me preguntaba anhelante: «¿Qué pone ahí?» ¡Me hizo tanta gracia! El hecho venía, seguramente, de observar cómo Berta puso su nombre en un bonito cartel, a partir del encuentro de un hierro en forma de be y Yara hizo otro tanto con una ramita en forma de y. En esos días, los carteles con objetos varios se multiplicaron; Celia y Claudia hicieron los suyos con unos pendientes rotos como C; Inés, con un ganchito del pelo y una piedra; Oscar, con una anilla gorda...

Por lo visto, Laura quería tener su cartel también, y lo tuvo, aunque en aquel momento aún no relacionaba que el nombre de uno tuviera nada que ver con las letras. Tenía sólo cuatro años.

Ahora, en cambio, con sus cinco años y medio, se muestra feliz al contarnos lo que aprende.

–Tengo un cuento y sé leerlo entero.

–¿Ya sabes leer, Laura?

–No, creo que no, pero es que de tanto oírlo, me lo he aprendido, y juego a que leo, y es como si leyera.

–Dentro de poco leerás, hay que esperar un poco, estas cosas van despacio.

Hace pocos días vino con un papelito en el que ponía:

> LAURA
> LUCÍA
> MANOLI
> Y
> JESÚS

Y lo explicó de la siguiente manera: «Las tres chicas de mi casa tenemos ele, pero mi papá no, porque es chico».

A lo que Manuel repuso indignado en su masculinidad: «Pues yo soy chico y tengo ele». Y Joel se sumó: «Y yo también».

Laura se quedó perpleja. Algo había fallado en su camino particular de búsqueda. Tendría que seguir investigando.

María B.

> —Esta colección de palabras es muy pequeña; podríamos ponerle otras palabras más —propone María.
>
> —¿Y cuáles te gustaría a ti que le añadiéramos?
>
> —Pues... los nombres nuestros, que los podríamos quitar de allí, y poner aquí todos juntos con las otras palabras. Y... los nombres de los animales que a Ignacio tanto le gustan. Y los de los cuentos: Estrellita de Oro, Lucila, Blancabella, El monstruo peludo, Babar, La princesa mona, Aladín... Y los de las cosas que aprendemos: los tiburones, los idiomas, los dientes, los bichos... Y Alicante, y España, y San Juan, y...
>
> Pues para eso, ponemos todas las paredes llenas de palabras, como las hojas del diccionario de mi hermano, dice Rubén, en tono irónico.
>
> —¡Sí, sí, sí! ¡Eso es lo que yo quiero: ver palabras y palabras, que estoy deseando leerlas todas para saber lo que dicen!, le contesta María apasionadamente.

Y es que... una vez despiertas las ganas de leer, ya no habrá modo de pararlas...

Ada

Hay tal conciencia en el grupo de que lo bueno es ese saber lo que dicen «las palabras», como dice María, que cualquier otra posibilidad que pase por la rutina y no por el descubrimiento se vive como una broma, como algo extraño a ellos y a sus costumbres de investigar, comparar y disfrutar.

> —¡Mi madre me ha enseñado un libro de aprender a leer que gastaba ella de pequeña! Pero da risa, porque todo el rato repite las mismas cosas:
>
> mamá, mamá
> ma, me, mi, mo, mu
> me, ma, mi, mu, mo

mi mamá me mima
mi mamá me ama
amo a mi mamá

Marta

—He traído un libro que leen a mí mis padres y que no tiene ningún dibujo; ¡es de mayores!, pero es muy bonito. Hoy nos lees el trozo, por donde está la señal.

—No sé, Marta, lo veo un poco largo —le digo, dudando.

—Es igual, es largo, pero se para uno cuando quiere, o cuando tiene sueño. Mi mamá me lo leyó un día que me vio escondida escuchando lo que hablaba ella con mi papá, porque yo siempre estoy oyendo lo que ellos hablan y hasta los oigo de noche desde mi cama... Mi mamá me dijo: «Pues ya que quieres saber las cosas de los mayores, te vamos a leer un libro de mayores»; y me lo leyó, y me gustó.

A la hora de merendar, el capítulo sobre «la abuela» del libro de *Alfanhuí*, de Sánchez Ferlosio, suena en mi clase, ante el asombro y el deleite del atento público. La belleza de la historia, la magia que encierra, las palabras, la emoción de ese tan buen relato, nos cautiva a todos. ¡Qué buena idea la de la mamá de Marta! ¡Qué modo tan magnífico de darle paso al universo cultural de los adultos, partiendo de su insaciable curiosidad por «los secretos» de los padres...!

Siempre desde ellos mismos

Incluir en los principios toda la fuerza y el empuje de un niño. Incluir sus prisas, sus errores, su modo de ser, sus preocupaciones más íntimas.

Incluir sus aficiones, su cuerpo, su familia, su calle, sus juegos, sus trazos, sus movimientos, su nombre.

Incluirle a él mismo, entero y con acomodo, dejarle entrar en lo que será su paso al mundo de la cultura, de los adultos, del aprendizaje, de la belleza, del saber. Abrirle las puertas grandes para que goce el momento, sin interrumpirlo con cartillas repetitivas, con riñas o con rutinas paralizantes.

Incluir sus titubeos, sus temores, su ilusión, sus juegos con las letras y con las palabras. Incluir sus sueños, sus aventuras, sus cuentos preferidos, sin darle nunca la impresión de que su brillante imaginación no sirve para «esto».

Dar paso a sus fantasías, a que vistan a las letras de enfermeras, o de policías, a que jueguen a rimar con las palabras que les gusten, a que las junten o las separen, las coleccionen o las recorten... Pero siempre desde el disparadero del placer, del apremiante deseo de leer, de saber, de conocer. Siempre desde ellos mismos. No hagamos de este hermoso momento una alienación, un simple cumplido.

Dejémosles que rodeen a las letras de juego, de caricias, de sentimiento. Contagiémosles nuestro propio amor por las palabras, y veremos cómo ellos se acercan a leer con todo su caudal de entusiasmo, de alegría y de confianza.

21

Escribir un diario

Observo que con el tiempo voy teniéndome cada vez más paciencia (como maestra y como persona). Me permito no exigirme tantas bondades, no querer saberlo ni controlarlo todo, escuchar al menos una parte de lo que siento, valorarme las cosas que hago medianamente bien, reconocerme en mis deseos, en mis manías, en lo que me falta... Y alegrarme cuando consigo transmitir a los niños algunos conocimientos, cuando disfruto con ellos de los pequeños placeres de la cotidianidad, cuando puedo compartir su entusiasmo al descubrir, al cambiar, al inventar...

Así que ahora me veo más predispuesta para esperar lo suyo (que me sabe siempre a nuevo, a fuerte y a esperanzador), y esta posición ha cambiado sustancialmente mi manera de *estar* en la escuela. Siento que tengo menos actitudes omnipotentes que antes. Menos «ir a la mía» (mis programaciones, mis horarios, mis normas, mis materiales). Menos sentencias. Menos inmovilismo.

En cambio hay más espera, más escucha a los niños, más acompañamiento, más plantearme el porqué de lo que ocurre: de las reacciones, de los avances, de lo inesperado, de mis intervenciones... aunque también hay más dudas.

Y me parece que en ese diferente modo de *estar* han influido muchos asuntos, que trataré de simplificar. Uno ha sido mi propio recorrido de análisis personal, otro lo que he ido aprendiendo de mis compañeros, de otros profesionales, de los padres de mis alumnos, de los libros... y otro más lo que he aprendido de los propios niños. Mirarlos, oírlos, fijarme en lo que hacen y en lo que dicen, hacer hipótesis sobre sus procesos de pensamiento, de socialización, de aprendizaje... es lo que me ha hecho afianzarme en esta posición de maestra-acompañante, de maestra-oyente, de maestra-pensante... en la que me encuentro en estos momentos.

Sin embargo, creo que ha habido otra «presencia» en mi quehacer que no puedo ni debo dejar a un lado, porque, a pesar de ser «sólo» un procedimiento, se me ha ido haciendo cada vez más imprescindible, adquiriendo entidad propia en mi reciente manera de concebir la relación educativa. Hablo del *escribir* sobre lo que va pasando en el aula. Creo que la inclusión del papel y del lápiz en mis observaciones ha supuesto un verdadero hito, un soporte eficaz y un significativo cambio para mi práctica.

Cuando hablo de escribir no me estoy refiriendo a una escritura cualquiera, sino a esa escritura que sujeta los momentos, que señala las repeticiones, que explicita las ausencias. Esa escritura que intenta objetivar, explicarse lo que ocurre, reflexionar sobre los hechos cotidianos. Esa escritura que pone en serie lo que va pasando, que permite «re-leer» los acontecimientos, que ayuda a recordar, a comentar, a atrapar la vida a pedacitos.

Primero apuntaba tan sólo algunas frases dichas por los niños, las que me chocaban por algún motivo. Después empecé a escribir una especie de crónica de las sesiones de psicomotricidad relacional y de juego libre. Al mismo tiempo, tomaba nota de algunos de los comportamientos, habilidades y aprendizajes adquiridos en un cuaderno de observaciones individuales. Todo esto me servía para conocer y entender un poco a cada niño y al grupo, para decidir en qué o cómo convendría intervenir... y también para preparar las entrevistas con las familias o las asambleas de padres de cada trimestre.

Hace unos años decidí anotar las incidencias que iba viendo sobre «amores, celos y envidias», debido a que tenía un grupo con una intensa problemática de rivalidades, que empezaban con los hermanos en las casas y seguían con los compañeros en la clase. En otra ocasión me dio por tomar nota de las peripecias sentimentales de los comienzos del grupo: la adaptación de «los nuevos», la nostalgia de los ausentes, las relaciones entre ellos, el vínculo que tenían que crear conmigo... Recuerdo otra vez que anoté cómo iban llevando adelante los diversos «proyectos de trabajo colectivo».

Hasta que un septiembre, hace ya varios años, me decidí a escribir una especie de *diario de clase* (aunque «no del todo pedagógico»). En él incluí lo que yo pensaba de los niños, de los sucesos escolares, grupales y afectivos, de los padres, de cómo iba el curso... Incluí mis dudas, mis miedos y hasta un esguince que tuve de la emoción al ir a exponer (y «exponerme») a un congreso de educación infantil. Incluí poesías, sentimientos, fotos, bromas, momentos tristes o divertidos, frases de los niños. También incluí mi *estar* como maestra... Una buena mezcla que me gustó y me sirvió bastante.

Ahora cada año hago un diario. Pero... como es «de uso y disfrute», y como es para mí misma (y yo ahora me tengo más paciencia que jamás), pues lo hago como quiero, cuando puedo y de la manera que mejor me viene.

Si tuviera que definir este poco ortodoxo diario, tendría que decir que:

- No es un diario que se escriba a diario, por tanto no es tan cansado como parece.
- Es una libreta llena de papeles de cualquier clase, no demasiado bonita, pero de mucha utilidad.
- Es un sitio para descargar los acontecimientos y liberar la memoria.
- Es un espacio para estar en soledad y pensar sobre la tarea, sobre los alumnos y sobre uno mismo.
- Es un lugar adonde se puede acudir para recabar información para entrevistas, asambleas, informes, artículos...
- Es una manera rápida y eficaz de recordar el ambiente de cada grupo-clase. (De hecho, a mí, aunque hayan pasado los años, al leerlo, «me vienen» las caras, las voces y casi el aroma de los niños de cada grupo concreto.)
- Es un registro de encuentros y desencuentros, que hablan de curiosidades, juegos y vivencias afectivas.
- Es un ejercicio de escritura.
- *Es... como un tesoro en forma de palabras, algo bonito (así lo siento), y que de todas todas, vale la pena hacer.*

He pensado que podía acabar este libro incluyendo algunos fragmentos del diario de clase de este año. Espero que sean una elocuente muestra de ese *piso de abajo de la escuela* del que he venido hablando a lo largo de estas páginas. Y, de paso, espero que me pongan un poco más fácil la despedida.

18 de octubre de 2001

¡Hemos estrenado los lápices! Los niños los tocan, los huelen y escuchan mis recuerdos de cómo me alegraba cuando estrenaba un lápiz «de pequeña», de cuánto me gustaba sacarle punta, de un día que otra niña me pinchó con la punta afilada de su lápiz...

Les indico cómo se han de coger para que frenen, para que doblen, para que rellenen, para que pinten fuerte o flojo, para que «nos hagan caso»...

6 de noviembre de 2001

Hemos empezado el día contándonos lo que habíamos hecho en «el puente». Paseos, películas, cumpleaños, viajes... Yo he contado que fui a Montserrat, que subí en funicular, que la montaña estaba preciosa y que al bajar había 1.200 escalones que me pusieron las rodillas malísimas.

También que fui al parque zoológico de Barcelona y vi al gorila blanco Copito de nieve, que celebraba su cumpleaños número 35. Con él estaban sus seis «novias» y sus veintiún hijos.

Oigo que hablan luego de los novios comparándose con Copito de nieve. María les está diciendo a Jairo, Yoel y Marc que ella sólo puede tener un novio, porque es una chica, y *es persona y no gorila*, y que si fuera una gorila sí que podría ser la novia de los tres.

9 de noviembre de 2001

La entrevista con los padres de Diana es tranquila y distendida. Empieza de manera bastante informal: al entrar dice la madre que vienen peleándose, porque ella es muy puntual y él ha hecho que llegaran tarde. Él se ríe y me dice en tono cómplice: «hoy me castigan», a lo que la madre añade, rápida: «y mañana también». Era bonito ver el coqueteo entre ellos, la seducción, la broma...

Hablamos de cómo se relaciona la niña. Me preguntan cómo se porta aquí, si es tímida o no... Les digo que se porta muy bien, que está siempre alegre, que se muestra entusiasta con el aprendizaje, atenta a los demás, respetuosa con las normas... y que me parece más «vergonzosa» que tímida. Comentamos sus pequeños rasgos de inseguridad, dependencia, imitación, y quedamos en ayudarla a decidir y a ampliar su círculo de amigos, ahora bastante reducido.

La relación con su hermano es el otro tema que se toca. Veo que van a una. Hablan y escuchan. Son fuertes los dos. También independientes. Y amorosos entre sí y con sus hijos.

La entrevista de Luis fue distinta, aunque también muy relajada y agradable. La madre reconoció su sobreprotección, el padre quiere empujarlo hacia posiciones más cercanas a la fuerza, la energía, la decisión... Hasta hizo un chiste sobre el hijo: «Se ve que su madre quiere que sea empleado de un híper, porque lo está haciendo *hiperdependiente*...». Pero era un decir amable, sin recriminaciones, comprensivo. Quieren mucho al hijo y se nota.

Cuentan que a veces no se defiende, se muestra inseguro, tiene miedo y pregunta frecuentemente por la muerte. Hablamos un poco de todo eso.

Veo que la relación que mantengo con los padres influye en la relación que mantengo con los hijos y viceversa. Tengo que intentar pensar más sobre esto y escribirlo para ver si puedo hacer conscientes los hilos que mueven estas dobles relaciones transferenciales, tan unidas entre sí.

10 de diciembre de 2001

La madre de Joanna se ha ofrecido a venir a ayudarnos para decorar el escenario de cara a la fiesta de Navidad. Ha venido varias mañanas cargada con un papel blandito para hacer un muñeco de nieve gordo y fofo, que no sabemos si durará más de un segundo cuando los niños suban para hacer su primer ensayo.

Entre Inma y ella han hecho un fondo precioso con el muñeco a la izquierda, el cartel de «25 años de escuela» arriba, el Feliz Navidad a los lados y en el centro pinturas de los niños. Ha quedado muy bien.

Los niños lo han respetado y ni se ha ladeado, ni se ha caído la escoba como temíamos.

Una colaboración justa y cabal. Discreta y agradable.

20 de diciembre de 2001

Hace tiempo que la madre de María propuso venir a clase a maquillar a los niños. Cuando me lo dijo estábamos muy ocupados con los piratas, después con los dinosaurios y luego con las Navidades... Total, que tuvo que volver a recordármelo y, una vez terminada la fiesta de Navidad, preparamos el montaje de una tienda de productos de belleza por todo lo alto.

El día acordado, Reme vino temprano con un enorme maletín negro y un montón de bolsas. Extendió delicadamente todas las pinturas, cremas, pintalabios, tónicos, maquillajes, etcétera y se maquilló de «gata» para ir ambientando al personal. (También vino la madre de María, de la clase vecina, para ayudarla.)

Cuando ya estuvimos todos... la tienda abrió sus puertas. En la entrada había un cartel que decía: *Tienda Gadea* (sucursal). Los niños llegaban, miraban y se sentaban, bastante nerviosos. Empezamos la sesión con una serie de preguntas que ya teníamos preparadas y a las que Reme contestó estupendamente. Después nos dijo que convenía empezar poniéndose una crema hidratante y extenderla con suavidad por toda la cara haciendo círculos para preparar la piel. Repartió un pequeño tubo de crema para cada uno de los niños, que procedieron a «hidratarse» lenta y cuidadosamente.

A continuación, uno a uno, iban eligiendo en los muestrarios cómo querían ser maquillados y nuestras dos expertas, con tanta eficiencia como cariño, los pintaban. Mariposas, moras, monstruos, abejas, *Batmans*, princesas...

¡Todo el mundo quedó guapísimo!

13 de enero de 2002

Esta tarde he visto a Robert besando (bastante agobiado) a Guillermo. Habían chocado en el patio y Guillermo estaba llorando amargamente. Robert parecía tener la impresión de que alguien iba a culparlo, o bien la duda de si tenía o no culpa de lo ocurrido. No lo sé, pero estaba mal, y al llegar yo, rompió a llorar también. Los dos se han explicado brevemente. Les he dicho que esas cosas pasan si se juega demasiado «fuerte» y que lo sentía por el daño que se habían hecho. Les he acariciado y les he sujetado un ratito las cabezas doloridas.

23 de enero de 2002

Hoy ha sido un día de lo más completito. Primero ha venido Joanna cargada con un aparato metálico que utiliza para dormir, y que ha de ponerse en las piernas para que se le vayan arreglando poco a poco. Su mamá se lo ha puesto para que todos la viéramos, y comprendiéramos y valoráramos su esfuerzo, cosa que hemos hecho con nuestra atención y con un aplauso.

Alejandra ha traído un cuadro del *Guernica* prestado por sus abuelos y Carlos un *Guernica* pequeñísimo ¡que cabía en un sello! Alexandra venía muy contenta con una nota en la que los vecinos del colegio de al lado, en el que trabaja su mamá, nos invitaban a ver el gran rompecabezas del *Guernica* que tienen en un panel de varios metros realizado entre todos los niños de la escuela.

Cuando volvemos de ver el *Guernica* nos sentamos un rato a hablar a demanda de varios de los niños que querían discutir algo sobre los besos. Que si tiraban microbios, que si daban mucho gusto, que si mi madre no me deja besar, que si eran contagiosos, que si eran «libres», que si los padres se besan y no les pasa nada, que si los novios también, etcétera.

Otros querían quejarse de que Francisco continúa tirando arena a los demás, Rocío mandando mucho y Rebeca arañando. María comenta que Jairo y Marc se portan mejor, porque ya no le quitan los cubos a la gente.

Por la tarde pintamos en tonalidades rosa, como hizo Picasso durante un tiempo. La mayoría «repitió»... Un día realmente lleno.

3 de mayo de 2002

Antes de leerles la poesía de esta semana, que es de Miguel Hernández, les cuento algo de él y de su vida. Cada día un poco. El miércoles les dije que la poesía de la cabrita («En cuclillas ordeño una cabrita y un sueño...») me ponía muy alegre, pero que las «Nanas de la cebolla» me ponían triste.

Al preguntarme por qué, les conté que se las escribió el poeta desde la cárcel a su hijo y a su mujer, que sólo tenía para comer cebollas. Durante un rato tuve que detallar, e incluso leerles varios párrafos de su biografía. Marc preguntó entonces si Miguel Hernández ahora estaba vivo o muerto. Les dije que murió en la cárcel, enfermo de los pulmones.

—Se puede morir también de pararse el corazón, que nos lo dijo la madre de Jairo.
—Y de hacerse muy viejecito, como el abuelo de mi madre, añadió Rebeca.
—Y de que te pille un coche.
—O una moto.
—O un tren.
—O un camión.

—O de que se te rompa el cerebro.
—O de no comer.
—O de caerte en un volcán.
—O de dormirte en la nieve.
—O de caerte por una ventana.
—O de quemarte.
—O de una bomba que te caiga en tu casa.
—O en tu coche.
—Pues ayer en las fiestas de San Vicente, yo vi a un hombre que estaba hablando subido en su caballo y de pronto se murió, porque se le paró el corazón, y se cayó del caballo, contó Joanna con la expresión muy seria.
—¿Y tú lo viste?
—Sí, lo vimos muchos y la fiesta se acabó.

Nombran todas las maneras de morir que saben. Van tomando conciencia del hecho, aunque aún no se lo creen del todo, salvo que se les haya muerto alguien.

12 de mayo de 2002

Hoy Juan llega contentísimo anunciando que ha llegado el barco de la Argentina con sus juguetes. A raíz de la buena noticia propongo un juego, que empieza a contestar Juan, y en el que cada uno completará la frase:

De la Argentina ha llegado un barco de...
—juguetes,
—corazones,
—anillos,
—camiones,
—coches,
—vestidos,
—pelotas,
—princesas,
—novias,
—muñecas,
—dinosaurios,
—esqueletos,
—tiburones,
—peces,
—flores,
—dragonas,
—espadas,
—*airgamboys*,
—cajas,
—delfines,
—gafas,
—aviones,
—amigos.

Epílogo

Ojalá que este acercamiento al olor y al sabor de mi escuela y de mi gente haya dejado traslucir qué significa para mí eso del *piso de abajo*.

Ojalá haya sido capaz de transmitir a qué me refiero cuando hablo de una escuela en la que se desee estar, en la que se pueda sentir, pensar y vivir con los otros, placenteramente. Lo que desde aquí propongo es, sencillamente, vivir la cotidianidad en la escuela amarrando con un mismo hilo lo del pensar y lo del sentir, lo de aprender y lo de estar juntos, lo de ser inteligentes, con lo de ser gente.

Ojalá os haya podido convocar algunos recuerdos, abrir algunas dudas, despertar algunas emociones...

Ojalá mis palabras hayan podido volar hacia vosotros, y entrar a formar parte, un poquito al menos, de vuestros *pisos de abajo*, para notar, vosotros y yo, que cada día somos más los que soñamos una escuela escuchadora, sensible, alegre, aventurera, incierta, curiosa..., viva.

Bibliografía

ABERASTURY, A. (1981): *El niño y sus juegos*. Buenos Aires/Barcelona. Paidós.
ALBAIGÉS, J.M. (1995): *Enciclopedia de los nombres propios*. Barcelona. Planeta.
BACH, E.; DARDER, P. (2002): *Sedueix-te per seduir. Viure i educar les emocions*. Barcelona. Ed. 62. (Serie Rosa Sensat.)
BASSEDAS, E.; HUGUET, T.; SOLÉ, I. (1996): *Aprendre i ensenyar a l'educació infantil*. Barcelona. Graó.
BETTELHEIM, B. (1986): *Psicoanálisis de los cuentos de hadas*. Barcelona. Crítica.
– (1988): *No hay padres perfectos*. Barcelona. Crítica.
BETTELHEIM, B.; ZELAN, K. (1982): *Aprender a leer*. Barcelona. Grijalbo.
BOWLBY, J. (1973): *El vínculo afectivo*. Barcelona. Paidós.
BRUNER, J. (1985): *La parla dels infants*. Vic. Eumo.
BUZZAQUI, A. (1990): *Trabajo social con grupos*. Madrid. Ayuntamiento de Madrid. Área de Servicios Sociales.
CAIATI, M.; DELAC, S.; MÜLLER, A. (1987): *Juego libre en el Jardín de Infancia*. Barcelona. Ceac.
CELA, J.; PALOU, J. (1984): *Con voz de maestro. (Un epistolario sobre la experiencia docente)*. Madrid. Celeste.
DARDER, P.; FRANCH, J. (1991): *El grup-classe. Un potencial educatiu fonamental*. Vic. Eumo.
DÍEZ NAVARRO, M.C. (1995): *La oreja verde de la escuela: trabajo por proyectos y vida cotidiana en la escuela infantil*. Madrid. Ediciones de la Torre.
– (1996): *Proyectando otra escuela*. Madrid. Ediciones de la Torre.
– (1999): *Un diario de clase no del todo pedagógico*. Madrid. Ediciones de la Torre/A. M. Rosa Sensat.
– (2000): *Col·leccionant moments*. Barcelona. A.M. Rosa Sensat. (Temes d'Infància, 37.)
– (2002): *Emocions*. Barcelona. A.M. Rosa Sensat. (Temes d'Infància, 42.)
DOLTÓ, F. (1982): *La dificultad de vivir*. Barcelona. Gedisa.
ESCARDÓ BAS, M. (2002): *La biblioteca, un espai de convivència, un espai educador*. Barcelona. Centre UNESCO de Catalunya.
ESCUELAS INFANTILES DE REGGIO EMILIA (1995): *La inteligencia se construye usándola*. Madrid. MEC/Morata.
FREINET, C. (1972): *L'educació moral i cívica*. Barcelona. Laia.
GALEANO, E. (1993): *Las palabras andantes*. Madrid. Siglo XXI.
– (1997): *El libro de los abrazos*. Madrid. Siglo XXI.
GÓMEZ, J. (2002): *Educació emocional i llenguatge en el marc de l'escola*. Barcelona. A.M. Rosa Sensat.
HERRÁN, A. DE LA y otros (2000): *¿Todos los caracoles se mueren siempre?* Madrid. Ediciones de la Torre.
JUBERT, J.; DOMINGO, M.; DOMÉNECH, M.A. (1998): *De nadó a company*. Barcelona. A.M. Rosa Sensat. (Temes d'Infància, 8-9.)

KAMII, C.; DEVRIES, R. (1986): *El niño reinventa la aritmética.* Madrid. Visor Distribuciones.

– (1988): *Juegos colectivos en la primera enseñanza.* Madrid. Visor Distribuciones.

LAGUÍA, M.J.; VIDAL, C. (1987): *Rincones de actividad en la escuela infantil (0-6 años).* Barcelona. Graó.

MARINA, J.A. (1998): *El laberinto sentimental.* Barcelona. Anagrama.

MARINA, J.A.; LÓPEZ PENAS, M. (1999): *Diccionario de los sentimientos.* Barcelona. Anagrama.

NEMIROVSKY, M. (1999): *Sobre la enseñanza del lenguaje escrito... y temas aledaños.* México. Paidós.

PUJOL, M.; ROCA, N. (1991): *Treballar per projectes.* Vic. Eumo.

SALZBERGER-WITTENBERG, I.; HENRY, G.; OSBORNE, E. (1998): *L'experiència emocional d'ensenyar i aprendre.* Barcelona. Edicions 62.

SANTOS GUERRA, M.Á. (2000): *Entre bastidores. El lado oculto de la organización escolar.* Málaga. Aljibe.

TEBEROSKY, A. (1993): *Aprendiendo a escribir.* Barcelona. ICE/Horsori. (Cuadernos de Educación, 8.)

TOLCHINSKY, L. (1993): *Aprendizaje del lenguaje escrito.* Barcelona. Anthropos

TRUEBA, B.; PABLO, P. DE (1994): *Espacios para ti, para mí, para todos.* Madrid. Escuela Española.

WILD, R. (1998): *Educar para ser.* Barcelona. Herder.

ZIMMERMANN, D. (1987): *Observación y comunicación no verbal en la escuela infantil.* Madrid. MEC/Morata.